PAUL BOURGET

Outre-Mer

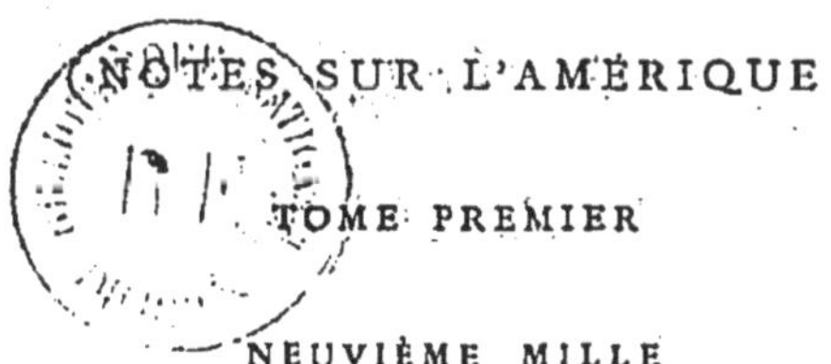

NOTES SUR L'AMÉRIQUE

TOME PREMIER

NEUVIÈME MILLE

PARIS
ALPHONSE LEMERRE, ÉDITEUR
23-31, PASSAGE CHOISEUL
NEW-YORK, 13 WEST, 24th STREET

M DCCC XCV

Outre-Mer

ŒUVRES

DE

Paul Bourget

Édition elzévirienne

POÉSIES (1872-1876). *Au bord de la Mer. — La Vie inquiète. — Petits Poèmes.* 1 vol. . . . . 6 fr.

POÉSIES (1876-1882). *Edel. — Les Aveux.* 1 vol. . . . . . 6 »

L'IRRÉPARABLE. — *L'Irréparable. — Deuxième Amour. — Profils perdus.* 1 vol. . . . . 6 »

CRUELLE ÉNIGME. 1 vol. . . . . 6 »

Édition in-18

ROMAN

L'IRRÉPARABLE. — *L'Irréparable. — Deuxième Amour. Profils perdus.* 1 vol. 3 50

PASTELS *(Dix portraits de femmes).* 1 vol. 3 50

NOUVEAUX PASTELS *(Dix portraits d'hommes).* 1 vol. . . 3 50

CRUELLE ÉNIGME. 1 vol. 3 50

UN CRIME D'AMOUR. 1 vol. 3 50

ANDRÉ CORNÉLIS. 1 vol. 3 50

MENSONGES. 1 vol. 3 50

LE DISCIPLE. 1 vol. 3 50

UN CŒUR DE FEMME. 1 vol. 3 50

PHYSIOLOGIE DE L'AMOUR MODERNE. 1 vol. 3 50

LA TERRE PROMISE. 1 vol. 3 50

COSMOPOLIS. 1 vol. 3 50

CRUELLE ÉNIGME *(Collection Guillaume-Lemerre)* 1 v. in-18. 4 »

UN SCRUPULE. 1 vol. in-32 illustré par Myrbach. . . . 2 »

UN SAINT. 1 vol. in-32 illustré par Paul Chabas . . . . 2 »

STEEPLE-CHASE. 1 vol. in-32 illustré par André Brouillet. . 2 »

ESSAIS DE PSYCHOLOGIE CONTEMPORAINE. *(Baudelaire. — M. Renan. — Flaubert. — M. Taine. — Stendhal.)* 1 vol. 3 50

NOUVEAUX ESSAIS DE PSYCHOLOGIE CONTEMPORAINE. — *(M. Dumas fils. — M. Leconte de Lisle. — MM. de Goncourt. — Tourguéniev. — Amiel.)* 1 vol. . . . 3 50

ÉTUDES ET PORTRAITS. *(I. Portraits d'écrivains. — II. Notes d'esthétique. — III. Études Anglaises. — IV. Fantaisies.)* 2 vol. . . . . 7 »

SENSATIONS D'ITALIE *(Toscane. Ombrie. Grande-Grèce).* 1 vol. 3 50

OUTRE-MER *(Notes sur l'Amérique).* 2 vol. . . . . . . 7 »

COSMOPOLIS, roman. 1 vol. in-8° illustré par *Duez, Jeanniot et Myrbach.* Broché, 10 fr.; relié, 15 fr. *(Épuisé).*

PAUL BOURGET

Outre-Mer

(NOTES SUR L'AMÉRIQUE)

TOME PREMIER

PARIS
ALPHONSE LEMERRE, ÉDITEUR
23-31, PASSAGE CHOISEUL
NEW-YORK, 13 WEST, 24th STREET

M DCCC XCV

A M. JAMES GORDON BENNETT

Je vous envoie, cher monsieur et ami, le recueil des notes de mon voyage aux États-Unis dont vous avez désiré que les lecteurs du Herald *eussent la primeur. En vous priant d'en accepter la dédicace, j'acquitte simplement une dette de reconnaissance. Si vous ne m'aviez donné, d'une part, les lettres d'introduction les plus précieuses, et si, d'autre part, votre journal n'avait pas présenté, comme il a fait,* Cosmopolis *au public Américain, je n'aurais pas trouvé tant de facilités à regarder de près ce Nouveau-Monde que nous connaissons trop mal, nous autres gens « de l'autre côté de l'eau », comme disent vos compatriotes. Ils parlent de Southampton et du Havre à New-York ou à Boston, comme à Paris un habitant du faubourg Saint-Germain ou du Quartier Latin parle de la Madeleine et du boulevard. Ils sont sur un côté du trottoir aujour-*

d'hui. Dans sept ou huit jours ils seront sur l'autre. Une rue à franchir et c'est tout. Il est vrai que c'est une rue qui bouge et qui s'appelle l'Océan. Mais, comme ils disent encore, avec cette bonhomie ironique dont ils ont le secret : « En Amérique tout est sur une plus grande échelle que dans la Old Country ! »

En les relisant, ces notes, prises au jour le jour, je les ai jugées bien incomplètes et bien superficielles. Ce n'est pas huit mois, c'est des années qu'il faudrait passer ici et avec des connaissances spéciales de politicien, d'économiste, d'ingénieur, de géologue, d'anthropologiste, pour lever un moulage exact de cette énorme civilisation en train d'installer ses quelque cinquante États ou territoires sur une étendue de sol presque aussi vaste que l'Europe et dans des conditions prodigieusement complexes de climats et de races. Malgré des travaux de la valeur de ceux de Tocqueville, il y a un demi-siècle, et de M. Bryce, voici quelques années, le livre qui résume une pareille société reste à écrire. S'il doit jamais être composé, c'est à la condition que beaucoup de monographies particulières aient été rédigées par des voyageurs de bonne foi qui se bornent à transcrire leurs impressions. Cette modeste ambition d'un service à rendre m'encouragerait seule à donner ce journal de route pour qu'il prît place à côté de tant d'autres, quand je n'aurais pas un espoir encore, celui de décider quelques-uns de mes compatriotes à entreprendre un voyage, aujourd'hui facile, et dont j'ai éprouvé qu'il a sa bienfaisante influence. Si les Américains souffrent d'une espèce d'abus de l'énergie, beaucoup d'Européens souffrent du mal contraire, à qui un séjour de quelques semaines aux États-Unis referait de la volonté, surtout dans la jeunesse, comme l'air de la montagne refait du sang à un anémique, tout naturellement. Ils y gagneraient aussi de mieux comprendre le monde que nous préparent la Démocratie et la Science, ces deux grandes ouvrières de nos destinées futures. Je suis, pour ma part, comme vous le verrez dans ces notes, parti de France avec une inquiétude profonde devant l'avenir social. Elle s'est apaisée, sinon guérie, dans l'atmosphère d'action qui se respire de New-York à Chicago et de Saint-Paul à la Floride. Beaucoup de choses en Amérique sont brutalisantes et déplaisantes. On y regrette souvent la douce et lente Europe. On y a, par instants, de véritables nostalgies d'une terre d'histoire où il y ait des morts derrière ceux qui vivent. Et pourtant on éprouve, au moment de quitter cette étonnante République, une émotion qui tient de la gratitude et de la piété. On s'y est repris à ne plus trop craindre ce lendemain mystérieux vers lequel marche tout l'univers civilisé parmi tant de destructions douloureuses et des écroulements que l'on a trop de peine à croire nécessaires.

Voilà de bien grands mots, mon cher ami, en tête

d'un ouvrage qui n'a d'autre prétention que d'être une causerie d'un touriste en train de classer ses « instantanées » entre deux départs de train ou de bateau. Mais dans cet âge de révolutions, le sérieux et le tragique se rencontrent à tous les tournants d'horizon. C'est ainsi que la grande ligne redoutable de l'Océan sert de fond à tous les racontars de table ou de fumoir échangés à bord d'un yacht de plaisance, comme celui où vous serez sans doute quand ce manuscrit vous arrivera. Si ces notes réalisaient mon intention, elles seraient exactement cela : une suite de propos d'un voyageur qui s'amuse au détail quotidien, puéril quelquefois, de son voyage, avec de larges aperçus d'idées entr'ouverts par instants. Je ne suis pas sûr d'avoir exécuté ce que je voulais, mais je suis sûr que le Herald *et son directeur accueilleront ce* diary *d'un étranger avec une sympathie que je leur rends à l'un et à l'autre, et dont je vous prie de trouver ici l'expression sincère.*

PAUL BOURGET.

Paris, 15 septembre 1894.

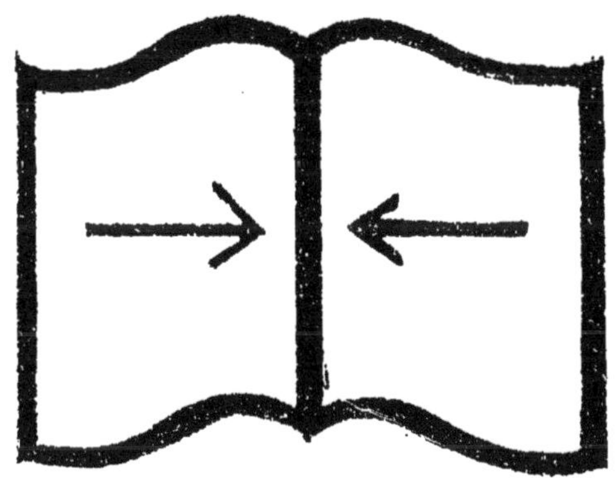

RELIURE SERREE
Absence de marges
intérieures

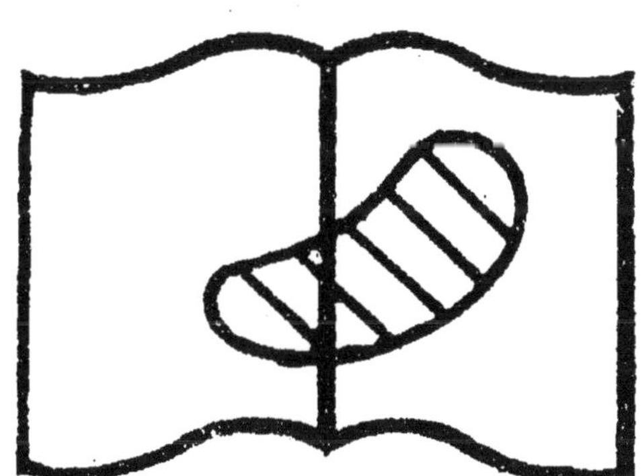

Illisibilité partielle

Outre-Mer

I

EN MER

*A bord du ***. — Août 1893.*

L'ÉNORME bateau — il a trois cheminées il jauge plus de dix mille tonnes et sa vitesse moyenne est de cinq cents milles pa jour — marche à toute vapeur sur l'énorme mer. C ciel d'une après-midi du mois d'août pèse sur l'Atlan tique avec des nuages d'automne. C'est comme u couvercle bas et gris sous lequel, infatigablemen monotonement, la houle enfle et se boursoufle, un houle grise, terne, opaque comme ce ciel, et don les lames montent, s'escaladant, s'écrasant les une les autres. Une seconde, et quand l'une d'elles se dresse toute haute, l'eau plus mince, et comme écorchée, de la cime, se teinte de vert, une frange d'écume ondule blanche et souple, puis la crête mobile s'écroule, le mur d'émeraude s'abat en un lourd paquet d'eau saumâtre sous l'enflure d'une autre lame. Elles sont des milliers et des milliers ainsi, soulevées, déchaînées, heurtées dans la frénésie d'une bataille retentissante que domine parfois le passage d'un oiseau, ailes ouvertes, noir sur le ciel gris, en train de chasser dans le vent et dans la tempête. Le bateau, lui, est si puissant qu'il déchire cette formidable palpitation de la mer sans rouler et sans tanguer. Il donnerait, tant son plancher demeure solide, l'idée d'un cauchemar fantastique : l'immobilité dans la vitesse, n'était que son armature de métal frémit d'une vibration ininterrompue. C'est un de ces cinq ou six paquebots que les marins appellent des « lévriers de la mer ». Il le mérite, ce joli surnom, autant par ses proportions et par l'élégance de ses lignes qui effilent en minceur son corps colossal, que par le train prodigieux de sa course. Nous sommes partis depuis bien peu d'heures, et déjà la côte d'Irlande s'efface, confondue avec le bord plombé du dôme de nuages qui cerne l'horizon. Encore quelques secousses de la double hélice, et il n'y aura plus pour toute une semaine autour de nous que l'abîme insondable des vagues, et là-bas, — le Nouveau-Monde. Comme il m'attire, moi, ce Nouveau-Monde, et pour des raisons sans doute assez étrangères à celles qui entraînent de ce côté la plupart de mes compagnons de voyage! Le pavillon sous lequel nous naviguons porte en bleu sur son fond blanc l'aigle éployée des États-Unis. Il est Américain, et la plupart des passagers le sont aussi. J'ai préféré, puisque je me décidais, une fois de plus, à quitter la France, couper le fil tout de suite, et me voici déjà en pays Yankee, sur ce pont où je n'entends plus que de l'Anglais, un Anglais nasillard où le mot « *well* » a remplacé le mot « *yes* » et revient sans cesse. J'ai déjà dû changer ma monnaie française, et apprendre tout de suite que l'unité de dépense a sauté du franc au dollar, c'est-à-dire qu'elle a quintuplé. Ce sont les deux toutes premières sensations d'expatriement, et aussi l'inexprimable insolence d'allures des domestiques du bord, ou mieux des aides. Mais ne sais-je pas depuis longtemps qu'il n'y a pas de domestiques aux États-Unis? Aucun peut-être de mes voisins — ils sont une centaine installés à l'air sur des chaises longues et des pliants — n'a même remarqué ces riens. C'est pour l'étranger le petit frisson de froid dont tremble le nageur qui s'élance de la berge. Si habitué soit-on à ce que le tragique et inquiet Maupassant appelait « la vie errante », il y a dans cette saute subite hors de tout *home* une vague sensation de mélancolie, ou plutôt, car le mot serait bien gros pour un effet de simple resserrement nerveux, c'est comme une petite crise d'involontaire retour sur soi-même. On prévoit les mille contrariétés du déracinement et l'on se demande : — Pourquoi ce nouveau voyage? Que vais-je chercher par delà les mers, loin de mes amis, loin de mes livres, loin des paysages familiers de la terre où j'ai grandi?... — Hélas! Ce n'est déjà plus cette terre qui s'évanouit là-bas dans la brume, puisque cette côte s'appelle le Land's End! N'importe. Le cap de la Cornouailles appartenait encore à l'Europe. Son phare qui vient de s'allumer annonce sans doute le retour à d'autres voyageurs qui ont fait, pour des raisons ou pour d'autres, l'expérience que je vais tenter. Lorsque dans huit ou dix mois, si Dieu permet, je verrai cette même pointe de terre et cette même flamme se détacher sur l'horizon, aurai-je rapporté d'outre-mer une opulente moisson d'idées et d'images? Me dirai-je que j'ai eu tort ou que j'ai eu raison de m'exiler de nouveau pour un si long temps? A ces deux questions d'*après*, je ne peux encore répondre, mais je vois nettement ma réponse aux deux premières, aux questions d'*avant*. Ce que l'Amérique me donnera, je l'ignore. Ce que j'attends d'elle, je le sais très bien, et je voudrais tracer en quelques lignes cette espèce de programme ou d'examen de conscience intellectuel sur les premières pages de mon journal de route. Quand je rédigerai mes notes, c'en sera, je crois, la meilleure préface, et c'est aussi la meilleure manière de tromper l'ennui du paquebot, cette sensation que je connais trop bien pour l'avoir tant subie sur les mers d'Orient, ce vide à la fois et ce long des jours. Il n'y a plus de temps en mer, plus de distribution des heures, plus d'émiettement de la vie. On est comme bercé, comme roulé par une puissance trop forte, et qui vous supprime, qui vous dissout votre volonté. Les infiniment petits de la vie du bord et les songes d'idées très générales peuvent seuls vous aider à passer ces matins et ces après-midi d'une langueur presque végétative. J'essaierai des deux remèdes. Je commence par le second qui correspond trop bien à la passion maîtresse de mon intelligence, à ce goût, à cette manie presque de ramasser des milliers de faits épars dans le raccourci d'une formule. Mais : « Quiconque est loup agisse en loup, » a dit un sage. C'est une façon de penser et de regarder que celle-là. Elle doit avoir sa valeur comme elle a ses limitations. En tout cas, c'est mon impressionnisme à moi. Je ne puis être sincère qu'en y obéissant et m'excusant à l'avance, auprès du lecteur qui voudra bien suivre ces notes, pour cet abus de la réflexion abstraite.

« L'expatriement », ai-je écrit tout à l'heure. Que ce mot est grossier et qu'il sonne faux ! Je l'ai senti dans tous mes voyages et je le sens plus encore à ce départ-ci, on ne s'expatrie jamais. Si loin qu'on soit de sa terre et de toute terre, on n'a qu'à descendre au plus intime de sa pensée pour se retrouver citoyen, non pas du monde, mais du petit coin de sol dont on est issu. Ce qui m'attire en Amérique, ce n'est pas l'Amérique elle-même, c'est l'Europe et c'est la France, c'est l'inquiétude des problèmes où l'avenir de cette Europe et de cette France est enveloppé. Trois puissances sont aujourd'hui à l'œuvre pour le fabriquer, cet avenir, trois Divinités aux mains brutales et inévitables comme celles des Parques, et il nous faut bien reconnaître leur souveraineté sur tous les intérêts comme sur toutes les entreprises du vieux monde : l'une est la Démocratie, la seconde est la Science, la troisième, — la dernière apparue et la moins aisément nommable, — c'est l'idée de la Race. Vers quelque coin du continent que l'on se tourne, de Saint-Pétersbourg à Londres ou de Rome à Paris, on voit ces trois forces à l'œuvre, en train d'ébaucher les linéaments d'un monde nouveau, — du moins leurs sectateurs le prétendent, — en train de détruire pièce par pièce l'antique édifice où la vie humaine s'est abritée depuis des siècles, sans rien dresser qui puisse le remplacer, disent leurs adversaires. Et ces derniers n'ont pas de peine à nous montrer quelle Europe ces nouvelles Divinités nous ont faite, combien sinistre, combien différente de celle que rêvaient nos pères quand ils saluèrent, à la fin du dernier siècle, d'un tel cri de naïve espérance l'aube de la Révolution. Le suffrage universel, c'est-à-dire la tyrannie imbécile du nombre, le règne de la force sous sa forme la plus injuste et la plus aveugle, voilà le régime que la Démocratie a établi partout où elle a triomphé. Elle y a joint un furieux réveil des appétits d'en bas, un universel mécontententement du sort et la menace constante d'une révolte de ce quatrième État de la misère et de l'envie contre une civilisation qui a promis la liberté, l'égalité, la fraternité, et qui fait banqueroute à ces irréalisables promesses ! — Un maniement plus adroit de la nature, enfin connue avec exactitude, voilà le bienfait certain de la Science; mais qu'il est payé cher, s'il est vrai que le nihilisme philosophique soit l'aboutissement dernier de ce gigantesque effort d'enquête sans conclusion possible! Acculée aujourd'hui à l'Inconnaissable, et contrainte d'avouer que sa méthode est impuissante à jamais démêler les causes derrière les phénomènes et la substance derrière les accidents, quel aliment apporte-t-elle à l'âme, cette Science, sinon un pain d'amertume et un breuvage de mort? En développant à outrance dans l'homme moderne l'esprit d'expérimentation et de critique, elle a rendu la foi au surnaturel presque impossible à la légion innombrable des consciences moyennes, et c'est l'addition de ces consciences moyennes qui forme ce que l'on appelle une conscience nationale. Aussi quelle diminution d'Idéal dans cette Europe contemporaine! Quelle incertitude des convictions et, c'en est la conséquence nécessaire, quelle faiblesse incohérente des volontés! Quelle diminution du caractère, quel déréglement de l'énergie, que de maladies morales, sans cesse renaissantes et de plus en plus fécondes en complications, dans les dernières années de cette fin d'un siècle qui a tant souhaité de bien faire! — L'idée de la Race enfin, et qui semblait si généreuse, si logique aux éclairs du canon de Solferino, dans quelle menace de barbarie elle s'est résolue, aujourd'hui que toute cette Europe du progrès n'est plus qu'une suite de camps retranchés, où des millions d'hommes attendent derrière des canons chargés l'heure stupidement criminelle d'une extermination comme l'histoire n'en a pas connu!...

Oui, telle est leur besogne évidente, à ces trois effrayantes ouvrières, qu'il est vain cependant de maudire, — et coupable peut-être. Car il y a dans toutes les grandes forces irrésistibles de la société comme dans celles de la nature un caractère fatal et partant sacré. Dépassant la prévision de l'homme et son contrôle, elles nous apparaissent comme des émanations mystérieuses du principe même d'où découle toute réalité. Ce qu'elles ont d'irrésistible et d'illimité s'impose à notre acceptation comme la naissance et comme la mort, comme le jour et comme la nuit, comme cette mer qui bat de sa lame le vaisseau où j'écris ces lignes. En présence d'une pareille nécessité il n'est pas permis de désespérer avant d'avoir étudié toutes les chances d'un plus heureux avenir, je veux dire avant de s'être assuré que les effets produits par ces causes implacables sont toujours les mêmes. Or un pays s'est rencontré où ces trois forces si meurtrières à notre vieux monde ont été appelées à façonner de toutes pièces un univers nouveau, un pays qui s'est constitué dès le premier jour en démocratie, et en démocratie scientifique parce qu'il a dû employer à dompter une terre toute vierge l'appareil le plus moderne des machines et de l'industrie, un pays devant lequel le problème des races s'est dressé dès son origine, et qui s'y heurte encore à chaque instant, puisqu'il est un terrain d'alluvion pour toutes les nations d'Europe, d'Afrique et d'Asie, et qu'il lui faut faire vivre ensemble non seulement des Anglais et des Irlandais, des Allemands et des Français, mais des noirs et des jaunes avec des blancs. Jusqu'à présent il paraît y avoir réussi. Chaque année sa population augmente, sa richesse grandit, ses villes poussent avec des énergies de plantes des Tropiques. Il y a quarante ans, qu'étaient Saint-Louis, Saint-Paul, Minneapolis? Qu'était Chicago elle-même? Aujourd'hui c'est par cent mille, deux cent mille, cinq cent mille que se comptent les habitants de ces cités nées d'hier. Cette année, la plus étonnante d'entre elles vient d'ouvrir une exposition à laquelle elle a convié le monde entier, et le monde est allé à ce rendez-vous! Vingt-cinq mille hommes d'armée suffisent à ce peuple, qui prouvait cependant, voici moins de trente ans, que les énergies militaires surabondent en lui comme les autres, et il est retourné, sitôt la lutte finie, aux travaux de la paix avec la même rapidité qu'il avait mise à organiser l'outillage formidable de sa guerre. Comment savoir qu'une pareille nation existe sans ressentir la curiosité de regarder ailleurs qu'à travers les livres les conditions de cette existence? Comment perdre cette occasion d'éprouver sur place la valeur de cette société qui se prétend celle de l'avenir, qui est en tout cas une des possibilités de l'avenir? Je crois me rendre un compte assez exact par avance de ce qui me choquera dans cette contrée où manque la poésie du passé, moi qui ai tant aimé l'Italie, la Grèce, la Syrie, ces terres pétries de la poussière des morts. Je sais que je ne vais pas chez ceux de ma lignée d'esprit et de cœur. Mais où n'irais-je pas et chez qui, pour reprendre un peu de foi dans le lendemain de cette civilisation qui, chez nous, semble parfois à la veille de s'abîmer pour toujours?...

J'ai laissé passer cinq jours depuis cette après-midi de départ où je m'essayais à cette espèce de bilan intellectuel qu'il est bon de dresser aux premières comme aux dernières heures d'un long voyage. Durant ce voyage lui-même, il faut être tout à la sensation présente. L'écrivain doit utiliser ses idées générales à la manière dont un peintre utilise le mur de son atelier. Il s'en sert pour accrocher des études que cette paroi soutient — et qui la cachent. J'ai donc oublié de mon mieux mes théories pendant ces cinq jours, comme j'espère les oublier pendant les mois qui viendront, et je me suis abandonné à cette vie de paquebot qui semble pareille à elle-même sous tous les climats et sur toutes les mers. Pourtant, à y regarder de près, ce bateau-ci est déjà un coin d'Amérique, et un visionnaire de mœurs y saurait démêler comme toujours le ton national, l'irréductible petit trait où un peuple empreint toujours sa physionomie. Qui a pu quitter un steamer de la compagnie péninsulaire, la classique P. O. de l'Égypte et des Indes, pour un vapeur des Messageries sans éprouver que toute l'Angleterre est déjà dans l'un et toute la France dans l'autre, de même que toute l'Italie tient dans l'entrepont d'un des Florios qui cabotent la côte de Gênes à Patras? Mais la condition pour bien discerner ces nuances est de connaître déjà les peuples. Voici à tout hasard le crayonnage de quelques-unes des visions que j'emporterai de cette traversée une fois finie, — bientôt donc. Nous avons marché si vite que, partis de Southampton le samedi dans l'après-midi, nous serons à New-York demain vendredi, au soir, malgré que la mer nous ait assaillis rudement à de certaines heures, surtout dans ce milieu de l'Océan que les marins appellent le *devil's hole,* — le trou du diable, — et quoique à ce moment, où je reprends mon journal de route, le brouillard s'épaississe, sur cette même mer redevenue lisse, à peine moirée. Une houle de fond la soulève d'une large ondulation paisible, tandis qu'une blanche et molle nuée enveloppe le bateau, si dense que d'une extrémité à l'autre les objets et les personnes se fondent dans un vague tremblement de fantômes. La sirène, de minute en minute, perce cette vapeur de son appel strident, mais la vitesse de notre course n'en est pas diminuée d'un nœud.

— « C'est beaucoup plus sûr, » m'a dit un de mes voisins de table. « En cas de rencontre, le bateau le plus rapide coupe toujours l'autre... »

... Ce pont de vaisseau tout d'abord, sur lequel j'ai passé tant d'heures, quand les lames fouettées par le vent l'aspergeaient de leur embrun salé, que j'en reverrai de fois les deux galeries, le long des cabines, avec la ligne des fauteuils de canne pressés les uns contre les autres! Les hommes et les femmes y passaient leurs journées, lisant, causant, s'étirant, dormant, et les couleurs des plaids, tout mêlés de vert et de jaune, de rouge et de noir, faisaient ressortir l'éclat ou la flétrissure des visages. C'étaient pour moi, ces faces, jeunes ou vieilles, que je retrouvais chaque matin à la même place comme des énigmes de race où ma fantaisie s'amusait à deviner avec une curiosité singulière des hérédités invérifiables, tous les métaux divers coulés dans cet airain de Corinthe : la race Américaine. Plus rien dans cette foule de ce dessin serré qui fait la physionomie de presque tous les Anglais, — leur caractère d'imprimerie, si net, si dru, si découpé, en est l'analogue, — mais des visages si disparates et des physiologies si contradictoires que j'y déchiffrais naturellement les vingt atavismes différents dont les États-Unis sont la synthèse. Ce personnage aux épaules carrées, aux mains solides comme des battoirs, aux pieds larges comme des bases de colonnes, qui fume de gros cigares avec un souffle puissant, et dont les yeux petits dardent sous leurs lunettes cerclées d'or des regards de bonhomie et de ruse, ai-je besoin de savoir que son nom se termine en *mann* et qu'il regagne Chicago pour être sûr qu'il est un Allemand ou un fils d'Allemand? — Cet autre, avec cette gaieté nerveuse de ses yeux trop bleus, sa barbe rousse, ses gestes excitables, le visible à peu près de sa tenue, comment douter qu'il soit un Irlandais ou un fils d'Irlandais? — Ce troisième, aux prunelles trop noires dans un masque olivâtre et maigre, quel indiscutable Espagnol en qui revit la silhouette de quelque aventurier de Californie!... — Et puis ce sont, à côté de ces visages marqués d'un si net caractère, d'autres visages comme pétris de cinq ou six types divers, gris, neutres, et ternes, avec de grands traits qui les tailladent et qui, presque tous, disent l'effort. Ils sourient, et même dans ce sourire ils restent tendus, presque amers, comme si le travail et la peine de plusieurs générations y demeuraient empreints. Beaucoup de femmes, et de très jolies, causent familièrement avec l'un et avec l'autre. Plusieurs actrices parmi elles reviennent au pays natal d'une tournée en Angleterre. J'imagine ce que cette intimité du bord représenterait de galanterie actuelle ou prochaine dans un bateau de pays Latin. Ici l'impression contraire domine, celle de mœurs déjà plus rudes et qui sont à base d'énergie et de volonté, comme les nôtres sont à base de plaisir ou d'esprit. J'en retrouve le symbole dans l'âpreté avec laquelle, depuis le départ et quelle qu'ait été la mer, plusieurs des jeunes femmes se sont obstinées à arpenter le pont d'un pied décidé, tandis qu'un groupe de jeunes garçons et d'hommes faits jouait sur l'avant à une sorte de cricket, souffletés par l'écume, percés par la pluie.

— « Si mon frère n'a pas ses deux heures d'exercice violent par jour, » me disait une jeune fille qui elle-même lisait avec le plus grand soin dans une revue un article sur la *physical culture,* « il ne se sent pas confortable... »

..... La salle à manger me demeure aussi dans les yeux, avec le luxe brutal de ses dorures neuves et la rumeur du peuple assis à ses tables. Ç'a été, depuis le départ, une abondance de nourriture aussi brutale que ce luxe, des listes de vingt-cinq plats à choisir au déjeuner, au lunch et au dîner. J'avais entendu parler souvent du gâchage Américain. J'en avais la sensation trois fois le jour devant cette prodigalité de victuailles qui supposait des bœufs, des porcs, des moutons pendus entiers et par cinquantaines dans les chambres glacées de l'entrepont, des amoncellements de poisson dans d'autres glacières, des provisions de laitage et de fruits de quoi soutenir un siège. Et rien qu'à voir comment ces dévorateurs arrosaient cette nourriture, je pouvais mesurer à quelle distance j'étais de la terre de la vigne. Le whiskey, l'ale, le soda, le thé, la limonade, le porto, le sherry, le champagne sec, l'eau-de-vie, l'apollinaris apparaissaient sur toutes les tables, attestant cette habitude de *vouloir* son régime, si caractéristique des contrées Anglo-Saxonnes. Il n'y a pas de type de nourriture ici comme chez nous. Chaque estomac suit ses caprices. Et dans la demi-hallucination que donne le bercement de la mer, toujours je voyais flotter sur cette assemblée le sourire d'un étrange personnage, d'un dentiste de New-York établi à Rome et retrouvé sur ce bateau, en route pour un congrès de Chicago, un de ces infatigables artistes en aurification qui creusent des tunnels dans les dents de leurs clients, qui construisent dans les bouches les plus démontées des ponts de métal avec des habiletés et des audaces d'ingénieur. Par moments, il revêtait à mes yeux la dignité d'un président de cette table d'hôte flottante, tant les convives manifestaient, dès le premier déjeuner, cette avidité physiologique d'une race de proie, pour qui l'entretien du grand outil masticateur a dû devenir aussi important que celui de la serre pour le vautour ou de la griffe pour le lion...

..... Cette salle à manger, je l'ai dans les yeux une autre fois, mais recueillie, et elle s'emplissait solennellement de la voix d'un pasteur qui disait les prières. C'est le dimanche matin, et sur les deux cents passagers plus de cent assistent à cet office! Ces mêmes faces que j'ai vues hier, que je verrai demain congestionnées de nourriture, se penchent maintenant sur des Bibles avec le recueillement d'une conviction personnelle et sincère. Tous ces gens voyagent avec leur livre de prière à eux. Je les regardais à travers la croisée avec le sentiment que malgré le prodigieux afflux d'immigration, l'âme des *Pilgrim Fathers* qui sont partis sur la *May Flower* n'est pas morte encore, et je me souvenais de ce départ qui fut précédé, dit la chronique, d'un jour d'humiliation et de jeûne, « le pasteur ayant pris comme texte ce verset d'Ezra : — Le long de la rivière Ahava j'ai proclamé un jour pour que nous pussions nous humilier nous-mêmes devant notre Dieu, et obtenir de lui la voie droite pour nous, pour nos enfants et pour toute notre substance... » Voilà le profond sentiment qui s'agite encore parmi ces *revivals* de l'Amérique, assez passionnés pour que, dans notre dix-neuvième siècle, de nouvelles sectes en jaillissent sans cesse. Il palpitait là entre les parois dorées de cette salle banale, à laquelle il restera pour moi associé, comme j'y reverrai toujours une autre scène bien différente : un concert organisé par un régisseur de théâtre qui va faire une tournée à San Francisco. Le produit en devait être affecté à la caisse des pauvres matelots. Un ancien ministre des États-Unis auprès d'une des plus grandes cours d'Europe avait accepté la présidence. Toute la bonhomie d'un pays de *debaters*, d'hommes habitués à sans cesse parler en public et au public, était empreinte dans le ton avec lequel il commença, faisant allusion à ses infortunes de cabine : « *I present you a very poor sailor*... Je vous présente un très pauvre matelot. » — Je n'aurais pas su vers quelle terre de démocratie je m'en allais, je l'aurais deviné à l'absolue simplicité d'allures de cet ancien diplomate. C'était de quoi me consoler d'un refrain que j'entendrai longtemps aussi sur les « doux agneaux qui sont dans les prairies — où ils ne rêvent pas de la sauce à la menthe », et de quoi oublier la cruelle vulgarité d'une chanteuse qui mimait une femme de chambre Irlandaise sur le point de devenir actrice. Et elle hurlait, lançant son poing avec des violences de boxeur qui se prépare à donner un *punishment*, un si formidable : « *I want to be a Hactress, a Hactress !...* » que les vitres en tremblaient malgré la rumeur de la mer.

..... Quel cours de physiologie internationale encore que le fumoir d'en bas, vers neuf heures, le soir ! Hier surtout. On y tirait les numéros d'une des dernières poules sur le chiffre des milles franchis par le bateau dans les vingt-quatre heures. Cinquante personnes peut-être se pressent dans une atmosphère qui sent le paquebot, le tabac, les eaux de toilette, — car la boutique du barbier donne à côté, et il est en train de laver la tête à un client, la porte ouverte, — et les alcools. Un bar est au fond, où l'alchimiste préposé aux cocktails manipule quelques-uns de ces corrosifs mélanges dont les Américains se brûlent l'estomac avec délices. Là, dans cette pièce revêtue de bois jaune, qu'une électricité tamisée par des globes bleuâtres ou roses éclaire d'une lumière de féerie, les pokéristes prolongent leurs parties la nuit entière, lisant leurs points à l'angle des énormes cartes sans que leur immobile visage tendu pour le *bluff* laisse rien deviner que cette fièvre froide du pari qui se déchaîne maintenant autour des numéros de la poule. Un acteur aux bajoues verdâtres, à la bouche lippue, les a mis dans un sac, et il les tire pour les attribuer aux divers ponteurs qui se sont inscrits durant le jour sur la feuille de papier attachée là-bas, contre la glace embue de fumée. Il faut ensuite les mettre à l'encan, et le gros homme commence d'allumer les enchères, accompagnant chaque nombre d'un boniment où il y a de la blague de commis voyageur, mais sinistre: « 481... il y aura un terrible brouillard. — 480... c'est le plus bas, c'est le meilleur. Nous coulerons comme la *Victoria*. — 480... qui veut de quoi payer son assurance? — 504... c'est le plus haut, le meilleur. Un temps alcyonique. Nous ferons 506... » Et les enchères de monter: un dollar, cinq dollars, dix dollars, vingt dollars, quarante dollars, cent dollars, jusqu'au « ... Un, deux, trois, adjugé à l'honorable... » Ce sont les faces des parieurs qui me restent dans la mémoire, avec leurs yeux si vivaces et si durs, avec le mouvement si affirmé, à demi cruel, de leur bouche. Presque toutes grises plutôt que rouges, le teint empoisonné par l'abus des redoutables eaux-de-vie, ces faces évoquent invinciblement pour moi l'idée des légendes de l'Ouest, où un revolver prêt à partir est toujours à la portée du joueur. Deux surtout m'apparaissent si nettes: une, carrée et franche avec une casquette de yachting abaissée sur le front une pipe courte et droite au coin de la lèvre, et une poussée goguenarde dans la surenchère; — l'autre pointue et insolente avec un regard finaud et faraud. Les deux voix qui sortaient de ces deux bouches trahissaient, en s'exaspérant l'une contre l'autre, dans cette lutte de dollars, presque la haine de deux espèces, comme si dans l'arrière-fond du jeu, pris ainsi, à la manière d'un duel, il y avait le déploiement d'une force presque animale. Et ce combat à peine fini autour du chiffre des milles, un autre recommençait autour du numéro du premier pilote à rencontrer.

..... Ce bateau, celui de ce premier pilote, qu'il était petit, courant à nous, toutes voiles dehors, sous le vent qui le couchait par instants sur les lames! Nous étions à six cents milles du port. Il s'agissait pour l'homme de gagner trois cents dollars. Nous en rencontrâmes un autre, le soir, qui avait, lui, fait ses cinq cents milles pour rien, sous le vent terrible de ces derniers jours. Une seconde, le vapeur stoppe. Une petite barque se détache, sur laquelle est un rameur avec le pilote. Ce dernier s'agrippe des mains à une échelle de cordes qu'on lui jette du pont. Il n'a pas touché le bastingage que déjà la machine a repris sa force et le paquebot sa vitesse. Encore cinq minutes et le courageux voilier n'est plus qu'un point blanc dans l'étendue, sans cesse abîmé dans les énormes vallées que creusent les lames, et que nous fendons, nous, avec la vitesse toujours maintenue de gens qui veulent : « *break the record* ». — C'est l'intraduisible mot par lequel les Américains expriment si bien ce qui fait dès le premier abord le fond de leur nature : considérer comme possible tout ce qui s'est fait déjà et le dépasser. Est-ce l'amour-propre? Est-ce la folie de l'action? Est-ce un autre atavisme encore, puisqu'ils sont tous, à quelques générations près, des fils ou des petits-fils de désespérés, de gens qui ont franchi ce même Océan avec l'idée fixe d'un dernier va-tout à jouer? Je n'en sais rien, mais je sais que de longtemps je n'oublierai cette course frénétique du lévrier de mer à travers cette dernière journée d'épais brouillard et cette première approche du pays de toutes les audaces dans cette audace d'un élan à couper un cuirassé, si nous l'eussions rencontré!... Mais qui y pense, excepté moi? Tous sont occupés déjà à lire les journaux que le bateau-pilote vient d'apporter avec lui... « Ce n'est pourtant pas la peine... » dit un d'eux. « Ils ont deux jours!... »

Le septième jour, nous arrivons en vue de New-York, par un matin d'été à la fois brûlant et voilé. Nous n'avons pu débarquer hier, à cause de l'heure tardive, et je m'en réjouis devant l'incomparable tableau de cette entrée. Le paquebot remonte la bouche de l'Hudson, qui sert de port à la grande ville, avec un mouvement aussi doux qu'il était rapide voici vingt-quatre heures. Rien que cette sensation vaudrait le voyage, tant elle est inattendue et profonde. L'énorme estuaire frissonne et clapote, remué par le dernier battement de l'Atlantique, et sur ses deux rives, si loin que le regard puisse aller, à droite où s'étale New-York, à gauche où grouille Jersey-City, indéfiniment, interminablement, c'est une suite de courtes jetées en bois, larges et couvertes. Des noms s'y inscrivent, ici d'une compagnie de chemins de fer, là d'une compagnie de bateaux, puis d'une autre compagnie de chemins de fer, puis d'une autre compagnie de bateaux, et indéfiniment aussi de chacune de ces jetées un gigantesque bac se détache ou s'approche, emportant ou vomissant des passagers par centaines, des dizaines de voitures tout attelées, des trains entiers de marchandises. Je compte cinq et six de ces bacs, puis quinze, puis vingt. Énormes, surplombant l'eau verte de leurs deux étages peints en blanc et en brun, ils vont, battant cette eau pesante de leurs roues de fer, et sur leur sommet un gigantesque balancier rythme leur mouvement uniforme. Ils vont, se croisant, se frôlant, sans jamais se heurter, tant leur marche est précise, avec des apparences de colossales bêtes laborieuses dont chacune accomplit sa tâche avec une sûre conscience. D'innombrables petites chaloupes, agiles et trapues, courent au travers. Ce sont des remorqueurs. Le remous secoue durement leurs coques minces, et l'on entend le souffle rude de leurs machines, robustes et larges poumons d'acier qui remplissent tout leur petit corps. On la sent cette robustesse à leur élan, mesuré si juste que, sans jamais le ralentir, ils volent entre les lourdes masses dont le choc les chavirerait. Derrière eux ils traînent de toutes fragiles barques chargées de deux, de trois, de quatre hommes. — Le mince et pauvre esquif tremble, disparaît presque dans le glauque sillage, creusé profond sur cette eau, si labourée, si fouettée, qu'elle se dresse en vagues. De temps en temps un de ces remorqueurs jette un coup de sifflet, aigu et déchirant, qui se mêle au rauque beuglement des bateaux passeurs. Et les uns et les autres circulent sur cette vaste rivière que remontent et que redescendent, avec la même lenteur que nous, cinquante paquebots peut-être, grands comme le nôtre, venus de l'Europe, venus de l'Amérique du Sud, venus de celle du Nord. Les hautes coques rouges fendent avec une douceur puissante la nappe écumeuse, chargée de tant de travail humain, de tant de vies humaines. Dans la brume chaude les formes s'effacent, les contours s'estompent, se fantômatisent. D'autres paquebots apparaissent, s'esquissant, se devinant par derrière ceux-là, et par derrière encore un monstrueux entrecroisement de vergues et de mâts, colossale, dominant cette gigantesque usine mouvante, qui donne l'impression d'être l'entrepôt du monde entier, la statue de la Liberté surgit, silhouettée dans la buée et haute comme un phare. Cependant les deux villes, à droite et à gauche, continuent de s'étendre à perte de rêve. Penché du côté de New-York, je démêle des maisons toutes petites, un océan de constructions basses d'où émergent, comme des îlots aux abruptes falaises, des bâtisses de brique si hardiment colossales que, même d'ici, leur hauteur écrase le regard. Je compte les étages au-dessus de la ligne des toits : une d'elles en a dix, une autre en a douze. Une autre n'est pas finie. Une armature de fer évidée dessine dans le ciel le projet de six de ces étages au-dessus de huit autres déjà construits... Gigantesque, colossal, démesuré, effréné, — on répète malgré soi les mêmes formules, car les mots manquent pour égaler cette apparition, ce paysage où la bouche énorme du fleuve sert de cadre à un déploiement d'énergie humaine plus énorme que lui. Arrivée à cette intensité d'effort collectif, cette énergie devient un élément de la nature. L'histoire ajoute à cette impression, pour la redoubler, la brutalité indiscutable de ses chiffres. En 1624, — il n'y a pas beaucoup plus de deux cent cinquante ans, — les Indiens vendaient à un Westphalien la pointe de cette île de Manhattan. Il fondait cette ville que voici devant moi. C'est la poésie de la Démocratie et c'en est une que ces poussées de vitalité populaire, où l'individu disparaît, où l'effort personnel n'est plus qu'une note perdue dans un immense concert. Ce n'est certes pas le Parthénon, ce petit temple sur une petite colline, où les Hellènes ont résumé leur Idéal : presque pas de matière, et de l'Esprit de quoi l'animer toute, jusqu'au moindre atome, avec de la mesure et de l'harmonie. Mais c'est l'obscure et violente poésie du monde moderne, qui vous donne un frisson tragique, tant il tient d'humanité volontaire et forcenée dans un horizon comme celui de ce matin, — et il est le même tous les jours!...

II

PREMIÈRE SEMAINE

Je viens de passer une semaine à New-York, sans presque voir aucune des personnes pour qui j'apporte des mots d'introduction. Elles sont toutes, durant ces brûlantes chaleurs d'un mois d'août aussi étouffant que celui de Madrid, à la campagne, au bord de la mer, en Europe. Moi-même je me prépare à partir pour Newport, le Deauville de l'Amérique, afin d'y voir de près la Société. J'ai donc eu le loisir, durant ces quelque huit jours, de courir la ville en simple touriste et d'en recevoir une première impression, — un premier choc, comme me disait l'aimable professeur Charles N*** de Cambridge, qui m'engageait à intituler ce livre de voyage *American shocks,* pour faire contraste aux *Sensations d'Italie.* Je voudrais transcrire ici le journal de cette semaine, non que je m'exagère l'importance et l'intérêt de ces toutes superficielles expériences d'hôtel et de rue. Elles n'autorisent aucune conclusion générale. Pourtant elles ont leur valeur. C'est comme un sursaut d'exotisme qu'un séjour plus prolongé atténuera, qu'il abolira, pour le remplacer par des remarques plus justifiées, moins exactes peut-être. Car ces perceptions presque animales de la différence d'atmosphère entre le pays d'où nous venons et celui ou nous arrivons ne nous trompent que si nous les interprétons. Déjà j'entrevois à leur terme quelques hypothèses très générales. Il est probable que ces hypothèses sont très incomplètes et que j'en changerai plusieurs fois avant de quitter ce continent. Fixons du moins les surprises de la première heure avant qu'elles ne s'effacent, quand ce ne serait qu'à titre de document.

Samedi. — Henry J*** m'avait dit à Londres quand nous nous sommes quittés : « J'attends votre impression du quai de bois de New-York. Vous voudrez revenir par le premier paquebot comme a fait C***. » Ce dernier est un jeune Français d'une rare distinction d'esprit qui a prétendu, lui aussi, faire dans le Nouveau-Monde une cure d'activité et de démocratie. Il a débarqué sur le quai de bois, comme j'y ai débarqué. Il a gagné un hôtel quelconque comme je viens d'en gagner un, porté ses lettres de recommandation comme je porterai les miennes. Cinq jours après, il remontait sur un vaisseau en partance pour l'Europe. « Je n'ai pas pu supporter le coup... » fut sa seule réponse à la surprise de ses parents. Il est rude en effet, ce coup du débarquement, du moins pour un Français habitué à cet ordre administratif, dont on maudit les lenteurs quand on les subit, dont on regrette les commodités dans ce heurt des foules Anglo-Saxonnes où la lutte pour la vie a déjà son humble et pénible symbole dans la lutte pour le bagage. Aussitôt le vapeur mis à quai, on descend dans un immense hangar encombré de gens qui vont et qui viennent en se bousculant et vous bousculant. Des policiers gigantesques, le ventre bedonnant sous le ceinturon, se tiennent dans cette foule comme des colonnes contre lesquelles elle va se briser. Des douaniers en uniforme déboutonné, parce qu'il fait chaud, dont une chique enfle la joue, souillent de longs jets de salive brune la place qui attend les malles, et, ces malles à peine arrivées et renversées, c'est autour d'elles une poussée des entrepreneurs d'express qui offrent leurs chèques, tandis que des charpentiers, avec des varlopes et des marteaux, déclouent, reclouent les caisses, que des bras d'employés plongent dans les casiers ouverts, tournant, retournant du linge et des robes avec des brutalités de gens pressés. Puis, ces malles sitôt refermées et chéquées, des portefaix les saisissent. Ils les précipitent le long d'une pente en bois dans l'étage inférieur au risque de les briser, et une âcre, une écœurante odeur de suée humaine pèse sur cette bagarre retentissante. Voilà l'entrée dans la grande ville Américaine. C'est brutal et rapide comme une passe de boxe. Des petits hommes aux yeux aigus courent à travers la mêlée des gens et des colis, qui vous happent au passage. Ce sont des reporters en quête d'interview. Je vois le dentiste du bateau se débattre contre l'un d'entre eux qui l'interroge sur le choléra en Italie. Le landau délabré où je finis par monter me semble un paradis roulant au sortir de cette cohue, quoiqu'il chemine sûr un pavé de bois cruellement entretenu, — premier signe des dilapidations de budget municipal, — et que ce quartier entre le port et la cinquième avenue, où se trouve l'hôtel, soit abominable de laideur.

Des maisons rouges s'allongent indéfiniment par files, toutes pareilles, avec des fenêtres à guillotine et sans volets. D'autres maisons apparaissent, sales d'affiches, avec des bars dans leurs rez-de-chaussée ou bien des étalages de pauvres choses : fruits au rabais, grêles légumes. Sur le sol souillé traîne comme une boue gluante, moins pétrie de terre que de détritus. Pas un arbre devant ces maisons, pas un carré d'herbes, mais des rails à terre pour les tramways, des poteaux pour des fils de télégraphes, et presque tout de suite un long et double tunnel dressé sur des piliers de fonte. C'est la voie d'un chemin de fer aérien, ou « élevé », comme ils disent. Il y en a quatre qui desservent toute la longueur de la ville et qui transportent par an deux cents millions de passagers. Dans le peu de temps que la rue suit cette ligne, je compte le passage des trains, trois qui montent et trois qui redescendent. La formidable armature qui les soutient tremble sous le poids et sous la vitesse. Quelle est la vie des habitants dont les fenêtres ouvrent sur cette continuelle fuite éperdue de locomotives et de wagons?... Le landau franchit deux rues plus paisibles et c'est pour tomber dans une avenue que sillonnent, lancés de même éperdument, des files de tramways à câble. Une chaîne sans fin court sous le sol, qui fait marcher ces lourdes voitures sur les rails où notre attelage trébuche. Leur mouvement automatique effrayerait comme un cauchemar, n'était qu'à l'avant un homme est debout. Ses doigts crispés manœuvrent les poignées de la pince qui tour à tour mord ou abandonne la chaîne, invisible à travers une longue fissure, tracée elle-même comme un troisième rail entre les deux autres. Il y en a tant, de ces *cable-cars,* ils vont si vite, ils encombrent l'avenue d'une masse si compacte que les voitures à chevaux ont à peine la place de cheminer. Aussi se font-elles si rares que la physionomie de la rue ne rappelle aucun coin d'aucune ville d'Europe. Plus de ces fiacres qui sont la gouaillerie des rues de Paris, de ces *hansoms* qui sont la joliesse de celles de Londres, de ces *botte* qui courent dans Rome au trot si leste de leurs chevaux. On a du coup l'évidence que cette fantaisie bourgeoise, le petit véhicule particulier de louage, n'a pas de place ici. Si l'on est un travailleur ou un homme d'affaires, on a le chemin de fer ou le *car* qui vont plus vite que les meilleurs chevaux. Si l'on n'est ni l'un ni l'autre, on est riche et on a sa voiture...

Une place avec des arbres et du gazon, que domine un clocher pareil à la Giralda de Séville, — c'est *Madison Square* et le point où le commerçant Broadway croise cette élégante cinquième avenue qui s'étend, interminable, sans tramway à câble du moins et sans chemin de fer élevé. Au sommet de la tour se dresse la silhouette d'une statue. Je reconnais la Diane du grand sculpteur Saint-Gaudens dont j'ai vu des photographies. Le svelte corps de la déesse se détache en finesse sur l'air devenu bleu. C'est la première apparition de beauté que j'aurai eue depuis que j'ai mis le pied hors du bateau. Au-dessous de la Diane et le long de la tour, l'annonce d'une exposition de bicycles descend en énormes lettres de fer. Entre la noble création de l'artiste et l'immédiate réclame, le contraste est presque aussi grand qu'entre le New-York du travail que je viens de traverser et le New-York de la fortune où j'entre en ce moment. Cette absence totale de transitions a-t-elle une cause? Accuse-t-elle une absence totale de ce sens de l'harmonie que nous appelons — que nous appelions — le goût? Est-ce simplement que la ville ayant grandi trop vite sur un sol trop resserré, l'espace manque à sa poussée, comme il manque, paraît-il, aux affichages? Je résoudrai ces problèmes lorsque je n'aurai pas à m'installer dans un hôtel nouveau, et que je ne serai pas lassé par sept jours de mer. Un nègre en livrée, avec un masque souriant et des dents blanches où étincellent des morceaux d'or larges comme la moitié d'un ongle, vient de m'ouvrir la porte de ma voiture. A peine ai-je eu le temps de parler au secrétaire qu'un autre nègre m'a ouvert la porte d'un ascenseur lequel est monté avec une vitesse vertigineuse le long de sept étages, — et voici qu'un troisième nègre entre dans ce salon où je suis en train de griffonner ces notes, pour m'apporter un broc d'eau filtrée que surplombe un morceau de glace presque aussi gros que sa tête. Je le vois avec stupeur qui, très offensé de ma distraction et attendant mes ordres, tire de sa poche une clef, prend celle d'un secrétaire, celle d'une porte, et il se met à jongler avec elles, pour attirer mon regard...

— « Que faites-vous là ? » lui demandé-je.

— « Je croyais que vous aviez un télégramme à me donner, » me répond-il avec une familiarité dans la fourberie qui désarmerait un négrier. Je l'envoie chercher un journal qu'il me rapporte et qui est marqué trois *cents*. Il en demande dix et, pour s'excuser, il ajoute philosophiquement :

— « *You know, on the other side everything is cheaper*... Vous savez, tout est meilleur marché de l'autre côté de l'eau... »

Dimanche. — A la messe ce matin, dans une petite église à la hauteur de la trentième rue. C'est un des faits les plus connus et les plus commentés en France que la vitalité du catholicisme aux États-Unis. Les noms des trois grands ouvriers de cette renaissance, le cardinal Gibbons, l'archevêque Ireland et monseigneur Keane, nous sont aussi familiers qu'aux Américains eux-mêmes. En quoi consiste précisément cette vitalité? J'essaierai de le savoir un jour. En ce moment je ne saisis que la différence trop évidente entre nos églises à nous et celle-ci. Au dehors, et dans son enveloppe de pierre grise autour de laquelle frémit une vigne du Japon, elle est à peu près pareille aux hôtels du reste de l'avenue. Pour y entrer, il faut traverser une antichambre où chaque fidèle doit payer quinze *cents*, c'est-à-dire un peu plus de soixante-quinze centimes. Que feraient d'ailleurs les pauvres dans le vaste hall de bois vernissé qui sert de chapelle? Des coussins de cuir garnissent chaque banc. Pour fermer l'entrée de ces bancs des cordonnets de soie rouge sont accrochés à des agrafes de cuivre. Un tapis court partout. Les tableaux des murs sont houssés parce que c'est l'été. J'ai l'impression d'une espèce de club de prière. Tout est battant neuf, cossu, confortable et pourtant religieux, car les assistants suivent l'office sans un chuchotement, sans une distraction. Par contraste, et en reconnaissant derrière les enveloppes de gaze verte la copie de quelques tableaux : une madone du passionné Andrea, une vierge du lucide Raphaël, la tragique Judith d'Allori, je pense soudain aux églises d'Italie, délabrées, malpropres, souillées de superstition, — et d'une telle beauté, parce qu'elles ont duré, et que tout y remue le cœur de la profonde émotion du passé, d'un long passé! Mais les fidèles réunis dans cette église-ci ont l'édifice qui leur convient. Ce sont des hommes du présent, et pour qui leur religion n'est ni une rêverie, ni une nostalgie. Le sermon que le prêtre rattache à l'évangile du jour — l'épisode du bon Samaritain — révèle mieux encore cette étreinte serrée de la chose actuelle. Il parle de la descente de Jérusalem à Jéricho, avec les mêmes termes qui servent ici à désigner la descente du haut de la ville vers la Batterie. Il rappelle saint Paul et sa conversion, « comme il chevauchait près de *Damascus corner* ». Puis c'est des comparaisons où le mot dollar passe et repasse sans cesse : « Si vous avez gagné mille dollars... Si vous avez payé un objet cent dollars... » et son dur visage aux grands traits se fait amer, sa voix véhémente pour invectiver le clergé d'Europe « avec ses prélats qui veulent vivre comme des princes ». Tandis qu'il remue son bras, je vois l'ornement rouge qu'il a revêtu pour prêcher, briller, lui aussi, d'un éclat tout neuf qui s'harmonise à cette église, à ces bancs, à ce tapis, à ces gens, à ce sermon. Mais encore une fois, à quelle heure et où prient les pauvres?...

.....En voiture par la cinquième avenue et à travers

le *Central Park*, qui est comme le Bois de Boulogne de New-York, durant deux heures de l'après-midi. Quatre dollars, soit vingt et un francs, pour une course qui chez nous vaudrait cent sous et cinq shillings à Londres. Un de mes compagnons de bateau, qui m'a tout de suite inscrit à son club, avec cette admirable hospitalité propre aux pays Anglo-Saxons, et qui m'a conseillé cette promenade, me donne plusieurs raisons de cette cherté. La première, et la plus évidente, je l'ai déjà dite. Une voiture est un luxe et tout luxe se paie cher ici, tandis que le nécessaire y est à bon marché. C'est pour cela que l'Amérique reste le rêve de l'ouvrier et que tant de ses enrichis passent en Europe. Ils y ont ce même luxe et supérieur, à un prix cinq ou six fois moindre. La seconde raison c'est que toute la corporation des cochers se tient, comme toutes les autres, d'une imbrisable étreinte de solidarité. D'ailleurs il est trop visible que l'argent ne doit plus avoir de valeur ici. Il y en a trop. L'interminable suite des habitations luxueuses qui bordent cette cinquième avenue proclame cette folle abondance. Plus de boutiques, sinon d'objets de luxe, quelques modistes, quelques marchands de tableaux, — dernière écume où vient mourir la vague de la marée d'affaires qui noie le reste de la ville, — mais des maisons toutes indépendantes, et dont chacune implique, étant donné le prix du terrain, un revenu que l'on n'ose supputer. De vastes constructions de place en place reproduisent des palais et des châteaux d'Europe. Je reconnais une gentilhommière française du XVIe siècle. Une autre maison, rouge et blanche, rappelle le style du temps de Louis XIII. L'absence d'unité de cette architecture révèle assez que c'est ici le pays de la volonté individuelle, comme l'absence de jardins et d'arbres autour de ces demeures somptueuses prouve la nouveauté de ces richesses et de cette ville. Cette avenue a été visiblement voulue et créée à coups de millions, dans une fièvre de spéculation sur les terrains qui n'a pas laissé la place à un pouce de sol inutile. Cette rapidité se manifeste aussi par l'absence presque totale de figures animées dans les sculptures dont se décorent les colonnades et les fenêtres de ces palais improvisés. Il faut du temps à l'artiste pour observer, pour suivre patiemment les formes de la vie, et si les États-Unis tout entiers ne s'étaient pas passés du temps, où en seraient-ils? Ils l'ont remplacé par des à-coups d'énergie. C'est de quoi triompher dans le monde industriel. Le monde des arts veut plus d'inconscience, une poussée de vie qui s'ignore, des alternances de paresse qui rêve et d'âpre exécution. Des années passeront avant que ces conditions ne soient possibles au bord de l'Hudson.

Le parc est-il, lui aussi, un produit hâtif et volontaire? En tout cas la virginale puissance du sol s'y épanouit en feuillages d'une opulence admirable. Il me semble — mais est-ce une vision juste? — qu'il y a comme une disproportion entre cette surcharge de feuilles et les branches elles-mêmes, comme si ces beaux arbres étaient de tronc plus élancé, de ramure plus nerveuse que les nôtres? Ont-ils, comme les maisons, poussé trop vite? — L'étendue de ce parc est énorme et on demeure surpris quand, après avoir suivi des chemins étranglés sous la verdure, d'autres enroulés autour d'un lac, d'autres développés le long d'immenses prairies où paissent des moutons, on aperçoit, par-dessus les cimes vivantes des massifs, un train qui court, lancé à dix mètres en l'air sur une voie de métal rouge, et la ville qui recommence. Ce parc n'est qu'un jardin, qui coupe en deux une des avenues, la septième. Tout un peuple y circule par cette après-midi de dimanche, un véritable peuple de travailleurs au repos. Je n'ai pas rencontré deux victorias de maître dans ces allées qui foisonnent de voitures, mais ce sont des chars à bancs de famille où des femmes et des enfants s'empilent, des tilburys que leurs propriétaires conduisent eux-mêmes. Je remarque parmi ces voitures une espèce de carriole nouvelle pour moi : une caisse oblongue, avec un soufflet capable d'abriter au besoin deux personnes, disparaît presque entre quatre énormes roues d'une minceur effrayante; un cheval y est attelé qui va comme le vent, sans collier, libre dans un réseau de souples lanières. On dirait, à voir filer ces voitures, avec leur armature de métal si grande à la fois et si grêle, une course de gigantesques araignées affolées. Dans ces véhicules et sur le trottoir, des gens passent, mis solidement et sans élégance. Pas une blouse. Pas un haillon non plus qui trahisse la misère. Les hommes sont plutôt petits, maigres, et d'allure nerveuse. Les femmes petites aussi et sans grande beauté. Dans les toilettes de ces dernières il y a un visible abus de couleurs voyantes et de façonnage. C'est comme un immense magasin de confection qui marche. D'ailleurs un air de santé sociale et de bonne humeur se respire dans cette foule que traversent de temps en temps des hommes de police à cheval. Ils ont aussi peu l'air de la surveiller qu'elle n'a elle-même l'air de mériter qu'on la surveille. Ce que je sens avec beaucoup de force, mais sans que je puisse donner de cette impression une raison positive, c'est que je suis terriblement loin, et dans un pays terriblement autre.

Lundi. — A quelle heure meurt-on ici? A quelle heure aime-t-on? A quelle heure pense-t-on? A quelle heure est-on un homme enfin, rien qu'un homme, comme le criait le vieux Faust, et pas une machine à travail et à mouvement? C'est la question que je me pose malgré moi après une journée dépensée à prendre des *cable-cars,* des *elevated,* — le *L,* pour emprunter l'abréviation New-Yorkaise, — des cars électriques, des bateaux-passeurs, afin de voir la ville. Les uns succèdent aux autres si rapidement, on est si vite transbordé d'un tramway dans un tramway, d'un train dans un train, que l'étranger, et qui n'est pas au ton, éprouve un ahurissement, un peu celui d'un paisible bourgeois jeté dans une pantomime de Hanlon-Lees. C'est là, entre parenthèses, l'origine probable de cet art en Amérique. Les acrobates n'ont eu qu'à hâter, à presser, à exaspérer jusqu'à la frénésie cette fièvre d'aller qui a conduit les gens d'ici à cette invention singulière de faire marcher la rue. Car c'est cela, ces tramways à câble, ces chemins de fer à même les avenues, ces tramways électriques, c'est la rue qui marche, qui court. Vous manquez une de ces voitures, et déjà l'autre est là, comblée à ne pas laisser tomber un dollar par terre. Vous y montez pourtant, quitte à vous tenir debout, sur la plate-forme, dans l'intérieur, sur le marche-pied, et des gamins en haillons, hâves à faire peur, tout nerfs et tout énergie, trouvent le moyen de se hisser dans chacun de ces tramways entre deux rues, dans chacun de ces wagons entre deux stations du train, et ils crient le journal du jour, non, pas même, de l'heure, de la minute. Edison a commencé de la sorte, prétend la légende.

Que de visages j'ai rencontrés, dans l'affolement de cette course sans but, des milliers de visages, que je ne reverrai jamais plus! Le caractère le plus frappant de ces innombrables masques est, pour moi, l'absence de regard. Le contraste est saisissant entre la bonhomie de l'omnibus « complet » de Paris, où tous les voisins s'observent, où pour un rien la conversation se lierait. Ici chaque prunelle semble fixée sur l'idée intérieure, sur *l'affaire*, quelle qu'elle soit, qui n'attend pas, et qui veut qu'aussitôt sortis du car ou du wagon, l'homme et la femme courent, qu'ils courent pour y entrer, qu'ils courent pour monter l'escalier du chemin de fer et pour le descendre. M***, un de mes confrères et qui m'a servi aujourd'hui de guide, prétend qu'ils ne sont pas plus pressés qu'un Parisien quelconque. « S'ils vont si vite, c'est par habitude, par manie, par névropathie... Ils ont avec cela d'étranges paresses. Vous les verrez à l'hôtel, au restaurant, acheter un journal, et le payer trois sous de plus qu'il n'est marqué, par nonchalance d'aller le chercher dans la rue... » — J'entrevois la conciliation de cette négligence et de cette activité, en observant le peu de fini de ces cars eux-mêmes, l'à-peu-près de la tenue des gens. Mais c'est l'individu, cela, et aussitôt que l'on se heurte à des choses d'ensemble on éprouve de nouveau cette impression de la Babel qui a bien sa splendeur, et que j'ai subie très fortement — faut-il l'avouer? — à propos d'un bâtiment destiné à des offices d'hommes d'affaires et d'un pont sur qui passaient des trains.

Le bâtiment s'appelle l'*Équitable,* du nom de la compagnie d'assurances qui l'a construit. C'est un gigantesque palais à façade de marbre qui se dresse presque à l'extrémité de *Wall Street,* la rue des milliards, et tout près du cimetière de Trinity Church, où repose, bercé par le tumulte effréné de la vie et le grincement du cable-car, l'imprimeur de la première gazette publiée à New-York, William Bradford. — Quel tombeau pour un journaliste! — Les chiffres seuls peuvent donner une idée, non pas exacte, mais approchante de cette ruche humaine qui contient quinze cents locataires. M*** me dit que dix mille personnes par jour usent de l'ascenseur où nous nous engageons pour aller jusqu'au toit. Le bourdonnement de l'énorme bâtisse, le fourmillement des allées et venues, l'entre-croisement sans fin des corridors, toutes ces sensations additionnées se fondent dans une espèce de stupeur presque admirative, comme aussi devant la ville contemplée d'en haut. Elle s'étend à perte de regard, avec les deux rivières qui cernent son île, toute longue. A travers les innombrables fumées, l'œil distingue la netteté pratique de la construction, les larges avenues longitudinales coupées à angle droit par des rues qui distribuent les paquets de maisons en masses égales. Cette ville est connue aussitôt qu'elle est comprise. Le numéro de la rue, le mot *Est* et *Ouest*, à la suite, pour savoir si cette rue est à droite ou à gauche de la cinquième avenue, et, à dix mètres près, vous savez le chemin que vous avez à faire, tous les blocs étant pareils. Ce n'est même plus une ville au sens où nous entendons ce mot, nous qui avons grandi dans le charme des cités irrégulières, poussées comme des arbres, avec la lenteur, la variété, le pittoresque de la chose naturelle. C'est une table des matières, d'un genre unique, et qu'il s'agit de manier commodément. Vue d'ici, elle est si colossale, elle résume un si formidable amoncellement d'efforts humains que l'imagination en est dépassée. On croit rêver quand on regarde, par delà les rivières, les deux autres villes, Jersey City et Brooklyn, étalées sur les rives. Cette dernière n'est qu'un faubourg et elle a neuf cent mille habitants.

Un pont réunit New-York à Brooklyn, suspendu sur un bras de mer. Même aperçu de loin, ce pont vous saisit comme un de ces cauchemars d'architecture ébauchés par Piranèse dans ses tragiques eaux-fortes. On voit des vaisseaux de haut bord passer sous lui, et ce signe indiscutable de sa hauteur déconcerte la pensée. Mais d'y marcher soi-même, de fouler ce monstrueux treillis de fer et d'acier tramé pendant seize cents pieds sur cent trente-cinq pieds d'abîme, de regarder les trains qui le suivent dans les deux sens, et ces paquebots, là, sous vos pieds à vous, tandis que des voitures vont et viennent et que les passants se pressent en foule hâtive, — c'est de quoi reconnaître dans l'ingénieur le grand artiste de notre époque, et de quoi donner raison à ces gens quand ils se targuent de leur audace, de ce *go-ahead* qui n'a jamais hésité. En même temps, on se demande de quel droit ils se prétendent un peuple jeune. Ils sont récents, et d'une nouveauté d'avènement si étonnante qu'on a peine à croire aux dates devant ces prodiges d'activité. Mais, récente ou jeune, cette civilisation est visiblement *faite,* ici du moins. J'ai l'impression, ce soir, que je viens de parcourir une cité qui est un achèvement et non pas un commencement. Cette vie n'est pas un essai, c'est une manière d'être, et qui a ses inconvénients si elle a ses splendeurs. Car le *go-ahead,* l'infatigable *en avant* ne s'exerce pas seulement à propos des trains et des machines. Il me faut quitter ce journal pour répondre à quinze lettres d'autographes et à six demandes d'interview. Cet empressement me rendrait vaniteux, si je ne savais pas que n'importe quel voyageur dont la presse annonce l'arrivée et qui appartient d'une façon quelconque à la publicité, quand ce serait par un procès scandaleux, doit payer son tribut d'entrée, signer des centaines de fois son nom et dire bien haut ce qu'il pense de l'Amérique, — avant de l'avoir vue.

Mardi et Mercredi. — Des courses d'affaires m'ont ramené du côté de l'*Équitable* et de la Batterie sans que mon impression ait fait que se renouveler et se redoubler. Le souci, non moins prosaïque, d'assurer un gîte agréable à un séjour d'hiver plus prolongé m'a conduit à examiner, au hasard de ces courses, plusieurs hôtels. De telles visites donnent des indications très superficielles. Cependant, par tout pays, l'hôtel a cette valeur documentaire qu'il répond à ce que l'homme de ce pays demande. Un entrepreneur d'une maison meublée ou d'un restaurant est à sa manière un psychologue dont le talent consiste à capter son client. Et de quelle manière, sinon en comprenant et en flattant ses goûts? Une simple auberge, du moment qu'elle réussit, ressemble à l'imagination de ceux qui fréquentent là, et qui s'y plaisent, puisqu'ils y fréquentent. Dans la province Française, par exemple, les hôtels sont médiocrement tenus, avec des pots à eau tout petits dans de petites cuvettes; les meubles s'en vont en loques; les tapis sont râpés; mais la cuisine de la table d'hôte est presque toujours excellente et la cave savamment garnie. C'est bien le goût du bourgeois moyen de notre pays, habitué, par l'internat du collège et ensuite par la caserne, à se passer de confortable, ennemi né de toute grosse dépense inutile et dont l'économie fait durer les objets indéfiniment. Mais il est, par contre, fin de sensations, gourmet, connaisseur en vins; il aime à causer et il s'attarde volontiers à table, dans la cordialité du café et du pousse-café. De même en Italie, le grand palais dénudé qui sert si souvent de *locanda,* avec ses plafonds peints à fresque, ses murs garnis d'énormes tableaux, mal chauffé par une cheminée mal construite, avec des domestiques au frac délabré, intelligents et familiers, avec les fritures, le *risotto* et les *fiaschi* de vin naturel épars sur la table, convient si bien au voyageur de Toscane, de Romagne et de Vénétie! Pas un de ces traits dont la correspondance ne se retrouve dans cet homme, habitué à une existence pauvre dans quelque décor de magnificence, naturellement bonhomme avec ses inférieurs et peu difficile sur leur tenue, fils d'un pays où l'argent est rare, l'activité industrielle plus rare encore, et où la parcimonie gouverne même la nourriture. De même encore l'hôtel Anglais, avec l'abondance de ses petits appartements, ses domestiques distants et actifs, son copieux déjeuner du matin, les grandes pièces rôties de son lunch froid et ses dîners servis à des tables séparées, révèle à lui seul tout le goût du home et du « quant à soi » qui fait le fond de dix-neuf Anglais sur vingt. Ils emploient un mot pour cela, dont ni les Français ni les Italiens n'ont la traduction, tant ils ont peu la chose, c'est la *privacy*, ce qu'un *gentleman* a le devoir de respecter dans la vie personnelle d'un autre *gentleman* et le droit de faire respecter dans sa propre vie. Même dans un caravansérail de passage ils trouvent le moyen que cette loi soit observée.

Ces images diverses et ces réflexions me poursuivaient en franchissant le seuil des quelques hôtels de New-York que l'on m'a indiqués comme les plus récemment construits. Tous sont des édifices du genre de ceux que les gens de Chicago appellent des « écorcheurs de ciel » ou des « presseurs de de nuages », — *sky-scrapers* et *cloud-pressers*. Un a dix étages, un autre douze, un autre quatorze. C'est d'abord un hall de marbre orné avec plus ou moins de splendeur, et sur lequel ouvrent un restaurant, un bar, d'autres magasins. Une main vous indique que le barbier est au sous-sol. Dans une cage des ascenseurs sont rangés, par quatre, par cinq et par six, prêts à partir avec une rapidité de dépêche électrique. J'ai eu hier l'impression que les Américains font marcher la rue, j'ai aujourd'hui celle qu'ils font voler l'étage. Aussi ces hôtels, somptueux jusqu'à la folie, n'ont de tapis que dans les couloirs. Les escaliers, eux, montrent leur marbre nu où personne ne met le pied, sinon les domestiques, et par hasard. Ils ont leur ascenseur à eux. Et sur les murs de ces couloirs comme sur ceux des moindres chambres, ce ne sont qu'appareils fantastiques pour continuer ainsi sous toutes les formes cette course de l'étage, et vous donner, si vous vivez au quatorzième, la sensation d'être au premier. Sur une boîte de chaque corridor sont écrits ces mots : *United States Mail-Chute*. Je demande ce qu'ils signifient, et mon guide me montre un grand chemin de verre le long duquel une lettre jetée dans cette bouche descend et va d'elle-même tomber vers la boîte centrale que le facteur lève. Un disque mystérieux, où repose une aiguille et que couvrent des caractères imprimés, attire mon attention. Le même guide m'explique qu'en pressant un bouton le voyageur se fait apporter celui des objets sur le nom duquel il a fixé la pointe de cette aiguille. Je regarde cet étrange menu. J'y vois qu'on peut se procurer ainsi, dans les cinq minutes, toute la série des cocktails et des champagnes bruts, toute celle des journaux et des revues, une voiture à un ou à deux chevaux, un médecin, un barbier, des billets de chemin de fer, dix sortes de plats froids et chauds, des billets de théâtre. On s'étonne qu'on n'ait pas encore perfectionné cette machine et obtenu le moyen de se marier aussi, de divorcer, de tester, de voter. En attendant, il convient d'ajouter que ces enfantillages de raffinement ne font qu'en compléter d'autres, plus appréciables. On compte les chambres à coucher qui n'aient pas à côté d'elles un cabinet de toilette, avec une salle de bains où l'eau chaude et l'eau froide coulent à volonté à toute heure du jour et de la nuit. C'est avec cela un luxe insensé de boiseries et d'étoffes. Je revois, en transcrivant ces notes, un tout petit salon au neuvième étage d'un de ces hôtels, à l'angle et tout juste à la même hauteur qu'une horloge placée dans le clocher d'une église voisine. Avec son canapé et ses fauteuils de soie havane, ses minces bandes souples de soie blanche sur les tables et sur le dos des sièges, avec l'acajou clair de sa boiserie, la finesse de ses chaises à bascule cannées et les eaux-fortes de ses murs, — c'était à ne jamais se croire dans un appartement d'hôtel, loué au jour ou à la nuit. Il y a ainsi deux cents chambres ou salons dans l'immense bâtisse. En la regardant du dehors, et calculant que tous ces appartements sont chauffés par un appareil de tubes en métal où l'eau chaude arrive et d'où elle s'en va par un tour de roue, que l'électricité en éclaire les moindres recoins, et fait marcher depuis les sonnettes jusqu'aux pendules, que le gaz est installé à côté pour le cas où cette lumière électrique s'arrêterait, je songe à l'innombrable quantité de tuyaux dont est perforée cette espèce de bête vivante en briques et en fer. Elle ne bouge pas, mais elle souffle là-haut, à cette distance invraisemblable, une colonne de noire fumée, épaisse comme celle d'un navire. Je songe à ce qu'il tient d'invention humaine dans l'ajustage ingénieux de tant de menues pièces. J'ai compté, dans ces visites à cinq hôtels, cinq systèmes différents pour vider les lavabos et les baignoires. Traduit en réalités concrètes, cet humble détail signifie que cinq intelligences subtiles, au service de cinq volontés de faire fortune, ont étudié ce problème, puéril d'apparence, avec l'espoir, justifié par le résultat, de rencontrer des capitalistes qui patroneraient l'invention et des architectes qui l'adopteraient. En est-il ainsi du petit au grand ? Il est bien probable, et c'est une jeunesse évidemment que ce génie de nouveauté. Mais, voyant ce qu'un Américain en voyage demande à un gîte de hasard, constatant ce qu'il lui faut d'argent pour satisfaire des goûts de confortable aussi compliqués, mesurant le degré d'ingéniosité où en arrive ici l'asservissement de la matière aux besoins de l'homme, je ne puis de nouveau me retenir de conclure comme avant-hier : cette civilisation manifeste aussitôt, à celui qui l'aborde en passant et sans préjugés, des signes de maturité bien plus que de début et d'hésitation. Seulement New-York ne résume pas plus tous les États-Unis que Paris ne résume la France, et il faudra voir.

Jeudi. — Deux oasis dans cette existence de touriste que je mène ici depuis quatre jours : — un déjeuner au club des *Players* avec des hommes de lettres attachés à une grande revue et une soirée au théâtre avec un autre homme de lettres qui dirige un important journal. Je note mes impressions sans souci de trop les rattacher aux précédentes, et en comprenant que si la copie des choses physiques est toujours légitime, celle des choses morales a besoin d'être contrôlée plus soigneusement. J'espère rester aux États-Unis d'assez longs mois pour que ce contrôle me soit assuré.

L'histoire de ce club est singulière. Elle confirme ce que j'avais souvent entendu dire sur la place particulière que les comédiens occupent en Amérique. C'est l'acteur Booth qui l'a fondé. Il a acheté la maison. Il l'a meublée. Il l'a ornée des précieuses collections réunies par ses soins et toutes composées d'objets qui se rapportent au théâtre. Puis il l'a donnée au club, en se réservant d'y habiter un appartement où il est mort. Je suis frappé par l'extrême tenue de l'endroit, par son caractère si prononcé de chose Anglo-Saxonne. Le square sous les fenêtres, Gramercy Park, a la physionomie d'un coin de Kensington. La respectabilité de l'artiste est écrite partout, et mille détails attestent qu'elle ne lui était pas personnelle. C'est l'art même du comédien dont cette maison révèle le culte. Deux beaux portraits, l'un de Booth lui-même, l'autre de Jefferson, — par le peintre John Sargent, — montrent des faces pétries de pensée et de volonté, presque trop intellectuelles pour une profession qui veut plus d'instinct, plus d'inconscience. Tous les autres acteurs dont les images décorent les murs ont cette même expression qui va jusqu'au tendu. Je crois y deviner l'énergie de la race appliquée à la culture. Il faut entendre les Américains prononcer le mot *art*, tout simplement et sans article, pour comprendre l'ardeur profonde avec laquelle ils éprouvent le souci de se raffiner, et c'est aussi ce mot *refined* qui revient sans cesse dans les propos des confrères avec lesquels je visite le club. Peu ou point d'anecdotes de vie privée dans les conversations que la vue des portraits leur suggère. En revanche, je reste étonné de constater combien ils gardent le souvenir des moindres nuances observées dans le jeu de ces acteurs, et particulièrement comme l'interprétation de tel ou tel rôle de Shakespeare passionne leur esprit. J'aperçois une fois de plus la force nationale du génie de ce poète, et à quel degré la littérature dérive de lui dans les pays de langue Anglaise. Molière n'a pas cette position chez nous, ni Gœthe en Allemagne. Leur œuvre ne projette pas cette influence, unique et continue, qui est celle aussi de Dante sur l'âme Italienne. Peut-être les Américains tiennent-ils à Shakespeare par des fibres plus passionnées encore que les Anglais. C'est une façon pour eux de se rattacher à une tradition, et j'ai déjà cru reconnaître à plusieurs reprises ce besoin d'un peu de lointain derrière le présent, dans cette contrée toute en présent et en actualité. J'en ai une preuve nouvelle, quoique très petite, en sortant avec un de mes compagnons de ce matin qui me montre sur une place deux lanternes plantées devant une maison :

— « On les avait mises là, » dit-il, « durant le temps que le maître de cette maison était le premier magistrat de New-York. C'est l'usage. — Il est mort, et on les y a laissées... Vous ne pouvez pas comprendre cela, vous qui vivez dans un pays d'histoire, — j'ai du plaisir à les regarder parce qu'elles sont une chose d'il y a déjà vingt-cinq ans, et cela fait du bien de retrouver un peu de passé dans une ville si neuve... »

Rien de plus actuel en revanche, de plus exclusivement et absolument local, de moins Shakespearien aussi, que la pièce à laquelle un autre confrère me conduit le soir :

— « Ce n'est pas très bon, » me dit-il, « mais vous verrez comme c'est fait pour notre public... »

Nous entrons dans un petit théâtre qui présente cette particularité de n'avoir presque pas de loges. Aucun théâtre n'en a davantage à New-York, sinon l'Opéra. Est-ce une maladresse ou une hâte dans la construction des salles? Est-ce le désir de multiplier les places? Est-ce un signe de la démocratie des mœurs, ou simplement la préoccupation, constante ici, de l'incendie? Toujours est-il que les femmes et les hommes, pêle-mêle et un peu de toutes classes, se pressent à l'orchestre et au balcon. Ils suivent avec un intérêt passionné ce drame, qu'ils connaissent déjà, — car il a eu un nombre incalculable de représentations. — Il s'appelle le *Nouveau Sud*. Le sujet de la pièce suppose à lui seul de curieuses différences, non seulement de mœurs, mais de législations. Un officier du Nord, en garnison dans le Sud, se trouve, peu après la guerre, avoir une querelle avec le frère de sa fiancée, qui est un planteur de Géorgie. Cet homme lui arrache son sabre et le menace. L'officier se défend avec le fourreau. Il frappe à la tête son agresseur et l'étend du coup à terre. Épouvanté de sa propre action, il court chercher du secours, et, pendant son absence, un nègre, autrefois insulté par le planteur, et qui voit cet homme sans connaissance, l'égorge avec le sabre même de l'officier. Ce dernier, convaincu d'assassinat, est condamné aux galères. Mais sa fiancée a foi en lui, et, profitant du code particulier à l'État qui autorise chaque citoyen à choisir un convict pour domestique avec l'autorisation du gouverneur, elle tire du bagne l'assassin présumé de son frère, et elle le prend à son service afin qu'il puisse prouver son innocence. Le caractère de cette fille, si extraordinaire pour un étranger, soulève des tempêtes d'applaudissements. Quand elle dit à son père : « Suivez votre chemin, moi je suis le mien... » la frénésie du public ne se connaît plus. La force personnelle de la volonté, la poussée en avant de l'être qui agit d'après sa conscience, voilà sans doute ce que ces gens applaudissent. Je pense, par contraste, à l'accueil que ferait un public de chez nous à l'attitude de cette fille vis-à-vis de son père. Il faut croire que les relations de famille ne sont pas tout à fait au regard des spectateurs d'ici ce qu'elles sont au nôtre, car une seconde scène soulève le fou rire qui choquerait cruellement une salle Parisienne. La sœur de l'héroïne, éprise d'un médecin à qui elle fait la première une déclaration mimée, au cours d'une consultation et en lui tirant une langue d'un pied, surprend ce même père en train de demander une vieille dame en mariage. La férocité avec laquelle l'insolente éclate de rire et saute en l'air, tout en montrant le bonhomme au doigt, paraît la plus plaisante du monde à ce public qui, visiblement, trouve très naturelle cette égalité absolue des enfants et des parents. Mon confrère, à qui je communique ma remarque, admet que chez nous la famille est bien plus unie que dans les pays Anglo-Saxons, et notamment en Amérique :

— « Mais, » dit-il, « vous avez cette misère qu'une fille chez vous ne peut pas se constituer une vie à elle hors de cette famille. Ses parents l'aiment trop et elle les aime trop. Elle n'apprend pas à compter sur elle-même. Elle n'a pas de *self-reliance*, comme nous disons... Cette indépendance a cet avantage ici qu'une femme sans fortune pense à gagner son pain, honnêtement et bravement, comme un homme. Elle se fait docteur, elle se fait professeur, elle se fait secrétaire de n'importe quelle administration, et elle est heureuse... »

A-t-il raison sur ce dernier point? Ni lui ni moi ne le saurons jamais. Tout en rentrant, je me rappelle pourtant à l'appui de son dire le quart d'heure que j'ai passé au sortir de mon déjeuner à visiter les bureaux de la revue où collaborent mes hôtes des *Players*. Je revois la quantité de femmes occupées, en effet, à des travaux de tout genre dans ces bureaux, une surtout, jeune et gracieuse, assise devant une machine à écrire. Elle recopiait un manuscrit d'article. Ses doigts fins jouaient sur les touches de cet instrument, comme sur celles d'un piano. C'était une besogne propre, délicate, pas trop fatigante, et sur son charmant visage se lisait une sérénité profonde de conscience, une volonté calme, comme une dignité touchante chez une créature si jeune et évidemment si pauvre. — Faut-il croire que cette indépendance active de la femme a pour condition ce relâchement des liens de la famille? C'est possible, après tout, puisque la durée de cette même famille paraît bien avoir pour condition le droit d'aînesse, ou tout au moins la liberté de tester, et l'inégalité en apparence la plus injuste : celle de l'héritage.

Vendredi. — J'ai repris ce journal dans le train qui va de New-York à Newport, assez confortablement installé à une table d'une de ces voitures Pullmann qui portent le nom pompeux de *palace-car*. Entre parenthèses, quoique je n'aie encore passé que sept jours aux États-Unis, j'ai pu constater à quel habituel excès de métaphore les Américains se livrent instinctivement. Le moindre produit est sur les annonces « *the best in the world*, — le meilleur au monde! » Un vainqueur de boxe devient « le champion du monde, *the champion of the world* ». J'ouvrais par hasard hier un annuaire de l'école militaire de West-Point et j'y voyais : « Science et art où les cadets excellent ». — Où finit la naïveté? Où commence ce charlatanisme si bien défini par ces trois mots presque intraduisibles et que nous sommes d'ailleurs en train d'adopter et de pratiquer : le *puff*, le *boom* et le *bluff*? Certes les somptuosités d'un vrai palais n'ont rien de commun avec les élégances par trop voyantes de ces longues voitures. Telles quelles, leur raffinement fait honte à nos meilleurs wagons d'Europe. Elles sont ajustées de manière à former d'un bout à l'autre du train un vestibule couvert. Un buffet roulant y est attaché. Si elles devaient, au lieu d'un trajet de six heures, en accomplir un de plusieurs jours, il s'y trouverait des salles de bain, un barbier, un salon de lecture. Et ce sont à peine des places de luxe, puisqu'il n'y a qu'une classe aux États-Unis, et que le supplément à payer pour passer de cette classe dans ces wagons-ci est insignifiant. — J'ai acheté un dollar mon fauteuil pour la distance de New-

York à Newport. — Encore ici cet esprit singulier de complication, qui me frappe à chaque minute depuis le débarquement, se manifeste à cinquante signes. Tout est ajusté, machiné, truqué, pour enfermer dans le plus petit espace le plus grand nombre d'objets possible et d'objets manœuvrables. Le fauteuil où vous vous asseyez se tourne sur pivot et se penche à votre gré. Si vous voulez ouvrir la fenêtre, le nègre arrive, porteur d'un treillis de métal destiné à vous protéger de la poussière et qu'il glisse sur une rainure spéciale entre les rebords de cette fenêtre et celui du carreau ainsi soulevé. Si vous voulez déjeuner, jouer aux cartes ou écrire, il dresse devant vous une table qui, d'un pied mobile, s'appuie au plancher, et par son autre extrémité s'adapte à la paroi du wagon. Sans cesse des enfants passent, offrant des journaux et des livres. J'y distingue dans le paquet le roman d'Alphonse Daudet, *Sapho,* avec ce sous-titre : « *Or lured by a bad woman's fatal beauty !* — Ou trompé par la fatale beauté d'une mauvaise femme... » — Et c'est partout une prodigalité de tapis, de peluches, d'acajou sculpté, d'ornements nickelés. Les nègres eux-mêmes, qui se promènent, revêtus tantôt de leur uniforme et tantôt d'un immense tablier blanc, semblent des animaux de luxe, une fantaisie de la compagnie qui achève pour moi l'exotisme de ce décor. Armés d'une sorte de plumeau-brosse qu'ils manient avec une agilité simiesque, ils vont, époussetant les voyageurs avant les stations, sans les consulter, comme des meubles. J'ai vu un d'entre eux, tout à l'heure, prendre le chapeau d'un gentleman âgé qui lisait un journal. Il l'a nettoyé, puis il l'a remis sur la tête du patient sans lui demander la permission. L'autre n'a pas même levé les yeux. Cependant les villes se succèdent et les paysages. Le train traverse sur des ponts très bas, et à toute vapeur, de larges rivières qui coulent entre des forêts, — des restes de forêts plutôt, violées, massacrées, et dont la végétation vigoureuse atteste encore la splendeur primitive de cette contrée avant que n'y débarquât

Le destructeur des bois, l'homme au pâle visage !

Des cottages succèdent à des cottages, sans un jardin, sans un seul de ces petits salons en plein air faits de verdures et de fleurs, où le bourgeois Français aime tant à flâner, son sécateur et son arrosoir à la main. Mais où les Américains le prendraient-ils, le temps de flâner, de regarder un rosier qui pousse, de se laisser vivre ? Leurs rosiers à eux, ce sont ces vastes cheminées d'usines qui vont se multipliant. Leurs jardins, ce sont ces maisons, bâties si vite que, d'une génération à l'autre, elles ont quintuplé, décuplé, et au delà. En 1800, New-Haven, que le train vient de dépasser, avait cinq mille habitants, elle en a quatre-vingt mille aujourd'hui, et son commerce est évalué à plus de cent cinquante millions de francs par an. Tout à l'heure, c'était Bridgeport, qui a fabriqué l'année dernière pour cent millions de machines à coudre et de voitures, Hartford dont les compagnies d'assurances ont toutes ensemble un capital de sept cents millions de francs. Ces chiffres deviennent comme concrets devant ce paysage, qu'ils expliquent et avec lequel ils se mêlent, tant il y a de bateaux à vapeur dans les moindres ports, de lignes de tramways électriques dans les rues des cités, d'usines dans la campagne et d'annonces, — des annonces, encore des annonces. J'avais pris mon papier pour résumer mes impressions de cette première semaine en quelques traits un peu généraux. Je ne le peux pas, tant ce mélange d'une nature par moments si primitive, si voisine de la sauvagerie virginale et de cet industrialisme exaspéré, absorbe mon attention. — Et cependant, à peine si le wagon bouge malgré la vitesse. — Une brochure écrite par un de nos ingénieurs les plus distingués, M. de Chasseloup-Laubat*, et que j'ai lue avant de partir, m'en a donné la raison par avance en me montrant avec quel bon sens le constructeur a placé la longue voiture sur de tout petits chariots à six roues, de manière à ce que les parties réservées aux sièges soient en dehors de l'axe de trépidation. Elle m'a fait comprendre aussi la locomotive, — joli et puissant outil de vitesse, — très haute et aménagée de façon à ce que le mécanicien voie au loin toute la route à travers une cage vitrée où il est assis. Tous les organes sont dehors, cylindres, tiroirs, bielles, à portée de la main.

* *Voyage en Amérique et principalement à Chicago*, par le marquis de Chasseloup-Laubat. Paris, 1893.

Cette locomotive pose à l'avant, elle aussi, sur un tout petit chariot directeur, qui permet des courbes plus rapides et une voie établie plus légèrement. Qui a inventé ces perfectionnements? Qui a imaginé aussi tout le détail si étrangement compliqué de ces wagons? C'est toujours la même réponse : personne et tout le monde, cette volonté sans cesse en arrêt, cet œil toujours en éveil, cette audace toujours en quête de nouveauté, et cette sorte d'insatiabilité de raffinement qui me semble, jusqu'ici, le trait le plus marqué de cette civilisation, celui que je m'attendais le moins à trouver. S'il me fallait retourner demain en Europe, c'est dans cette sensation pourtant que se résumerait ce premier contact si rapide avec ce peuple. Il semble qu'il ait en effet triomphé du temps, puisque cet extrême atteint dans le luxe touche de si près à la barbarie de l'Ouest et plus simplement à celle des quartiers populaires de New-York. Je suis curieux de savoir si je trouverai le même contraste, la même saute étonnante d'atmosphère dans cette ville d'eaux où je serai ce soir, et dont tous les Américains qui m'en ont parlé m'ont semblé un peu fiers et un peu dégoûtés :

— « Il n'y a qu'un Newport au monde, » disent-ils, et ils ajoutent invariablement : « Mais Newport n'est qu'une coterie de millionnaires, ce n'est qu'un *set,* ce n'est pas l'Amérique... »

— « Pourquoi? » Ai-je demandé à plusieurs.

— « Vous le comprendrez quand vous y serez

allé, » répondent-ils, non moins invariablement. Puis avec une reprise d'orgueil : « Il y a plus de millions de dollars représentés sur cette petite extrémité de cette petite île que dans tout Londres et dans tout Paris réunis... »

III

LE MONDE

I. UNE VILLE D'ÉTÉ

J'ÉTAIS venu à Newport pour quelques jours. J'y suis resté tout un mois, me laissant vivre de cette vie qui n'a pas son analogue en effet, du moins à ma connaissance. Ni Deauville, ni Brighton, ni Biarritz ne lui ressemblent, ni même Cannes, quoique cette dernière en approche par la somptuosité de ses villas et par l'absence presque totale de petite bourgeoisie. Mais Cannes est une *Cosmopolis* comme Rome, comme Florence, davantage peut-être, au lieu que Newport demeure exclusivement, absolument Américain. Quelques visiteurs d'Europe l'ont traversé cette année, en route pour Chicago et la *World's fair*.

D'habitude c'est par six ou par sept qu'ils se comptent. Les Français ignorent Newport. Les Anglais y viennent par goût du yachting, — peu d'Anglais. Tous préfèrent l'île de Wight avec Cowes et la commode rivière du Solent. Cette rareté des voyageurs, explicable par l'éloignement et par la brève durée de la saison, assure à cette ville de bains de mer un irréductible caractère d'originalité nationale. Non, cette coterie élégante, ou, comme disent avec mépris les détracteurs de Newport, ce *set*, n'est pas l'Amérique, mais c'est son monde; et la vie mondaine, si vide paraisse-t-elle et si factice, tient toujours par de profondes fibres secrètes au pays dont elle est la fleur, quelquefois insipide, plus souvent empoisonnée. Même quand les mœurs du monde, comme en France, sont totalement différentes des mœurs générales du pays, elles manifestent chez ceux qui les pratiquent les défauts et les qualités d'esprit propres à la race. Les oisifs s'amusent, ou cherchent à s'amuser, avec la même sensibilité, le même caractère, la même intelligence que les laborieux apportent à leur besogne. Dans la haute existence Parisienne, par exemple, vous retrouvez, appliquées aux arts, au luxe, à la débauche, toutes les puissances et toutes les faiblesses de l'âme Française : — l'extrême vivacité de pensée et son inconsistance, une prodigieuse désillusion de critique et des naïvetés inattendues d'enthousiasme, une hardiesse forcenée d'ironie et l'esclavage devant l'opinion, de l'humanité aussi, je ne sais quoi de moyen, comme un air de bon goût même dans le désordre et de bon sens même dans la folie, de l'agrément par-dessus tout, ce génie de sociabilité qui flotte dans l'atmosphère de nos clubs, de nos salons, de nos restaurants, de nos théâtres, de nos promenades. La nature d'un peuple demeure toujours pareille à elle-même dans ses vices et dans ses vertus, dans ses frivolités et dans ses travaux. C'est cette physionomie qu'il s'agit de découvrir, et tout document y est bon, depuis une salle de casino jusqu'à une église, et le papotage d'une femme à la mode comme les propos d'un ouvrier révolutionnaire. Je suis donc bien sûr que cette âme Américaine, l'intérêt véritable et la grande raison de mon voyage, transparaît derrière les fastes de Newport pour qui sait la voir. Mais ai-je su la voir? — En tout cas, voici tout un lot de notes prises sur le vif et en réponse aux toutes premières questions qu'une enquête sur des gens du monde doit se poser : Comment se logent-ils et se meublent-ils? Comment se recrutent-ils? Comment s'amusent-ils? Comment causent-ils? Les hypothèses plus générales viendront ensuite, si elles doivent venir.

Comment ils se logent?... Des villas séparées les unes des autres, et cependant presque à même la route, avec du gazon très vert, très épais, et de sveltes grues de bronze debout, sous des arbres, parmi des massifs bleus d'hortensias; — des portiques devant ces villas, autour desquels frissonne de la vigne du Japon, ce lierre improvisé, qui ne dure pas comme l'autre, mais qui se fane à chaque saison, symbole gracieux de cette instantanéité Américaine incapable d'attendre; — vingt, trente, quarante types divers de construction, presque autant que de demeures : les unes carrées et comme écrasées, d'autres minces et hautes, d'autres minces et longues, toutes avec des fenêtres à guillotine et qui bombent, presque toutes avec un revêtement de bois vernissé qui leur met comme une gaîne sombre et claire d'élégante propreté; — et c'est ainsi indéfiniment sur Bellevue Avenue, sur Narragansett, sur toutes les allées de ce Newport nouveau, celui que la fantaisie des millionnaires a construit sur la falaise en quelques années. L'endroit semble à la mode presque d'hier. Et pourtant une autre ville, la vraie, descend là-bas vers le quai, avec ses petites maisons de bois clair qui gardent leur grâce. Elles racontent un Newport plus bourgeois, plus intime, celui des vieilles familles de New-York et de Boston qui ont précédé l'invasion des millionnaires. On aime à imaginer, par derrière ces maisons plus simples, un troisième Newport plus lointain encore, et ses cabanes primitives, rustiques abris fragiles que le colon devait se bâtir de ses mains dans ce pays de forêts avec des poutres mal équarries et des lattes mal jointes. Même aujourd'hui les bâtisses de pierre sont rares aux États-Unis. C'est la brique et c'est le fer qui succèdent au bois. L'exploitation des carrières et la taille des blocs voudraient trop de temps, trop de main-d'œuvre. Entre ce vieux Newport qui continue de vivre bourgeoisement, paisiblement, tout l'hiver, et l'autre, le Newport actuel des mois d'été, fashionable et momentané, pas d'intermédiaire. Rien qui révèle une ébauche première et continue, des essais corrigés, des prises et des reprises, un accroissement progressif de la vogue. Ce même à-coup de volonté qui a dressé les palais de la cinquième avenue à New-York, presque à la façon de la lampe d'Aladin, a créé dans un éclair de miracle ce quartier des cottages. Toute la différence est dans les complications d'architecture où se sont acharnés les riches d'entre les riches, ceux qui ont voulu dépasser les autres. C'est ici que cet esprit de *go-ahead* propre à l'Amérique se reconnaît, à des magnificences de construction bien significatives, lorsqu'on songe que ces demeures servent pour six semaines, pour deux mois de l'année peut-être, et que chacune suppose, comme accompagnement habituel, des chevaux et un coach, de quoi mener à quatre, un yacht, quelquefois deux, pour croiser à la voile ou à la vapeur le long de la côte, un wagon privé pour être chez soi sur toutes les lignes de chemin de fer, une maison à New-York et une autre maison à la campagne... Celui-ci a beaucoup vécu en Angleterre et il lui a plu d'avoir à lui, sur une des pelouses de *Rhode Island*, une abbaye Anglaise dans le style de la reine Élisabeth. La voici qui se dresse, grise et sévère, si exacte, si complète qu'elle pourrait être transportée à Oxford sur les bords de l'Isis ou du Cherwell sans qu'on eût à changer une seule pierre pour faire d'elle la sœur du cloître de New-College ou de la façade de Jesus. Cet autre aime la France, et il lui a convenu de posséder en vue de l'Atlantique un château de la Renaissance française. Ce château est là, qui vous rappelle Azay, Chenonceaux, et la Loire, avec le paresseux, le clair ruban de son eau, noué, dénoué, renoué autour du sable jaune des îles. Un troisième a édifié un palais de marbre, semblable à Trianon, avec des pilastres à chapiteaux Corinthiens larges comme ceux du temple du soleil à Baalbek. Et ce ne sont pas des à-peu-près, de ces prétentieuses et insuffisantes tentatives qui font le ridicule, par tout pays, des glorieux et des parvenus. Non. Le détail et son fini décèlent l'étude consciencieuse, le souci technique. Visiblement, le meilleur artiste a été choisi. Il a eu la liberté et il a eu l'argent. L'argent surtout. De pareils caprices en supposent une telle quantité qu'après une promenade de cottage en cottage et de châteaux en abbayes, vous éprouvez l'impression à demi fantastique d'une visite à quelque île consacrée au dieu Plutus, devenu dans la plus moderne de ses incarnations le dieu Dollar. Mais c'est un Plutus qui s'asseyait, hier encore, au foyer de Penia, la sauvage déesse de la pauvreté; un Plutus que ni les richesses, ni les voluptés n'ont énervé, ni alangui; un Plutus qui, n'ayant plus à travailler, veut que son or travaille, que cet or se montre, s'étale, qu'il *show off,* pour prendre le mot vraiment Yankee. Et cet or se montre tant, il s'étale avec une si violente intensité que cela vous saisit comme le déploiement d'une puissance. Flaubert écrivait à un de ses élèves : « Si vous ne pouvez pas construire le Parthénon, dressez une pyramide... » Ce conseil brutal mais fort, tous les Américains semblent se le répéter d'instinct avec d'autres paroles. De même que dans le port et dans les rues de New-York tant d'activité terrasse, dans ces avenues de Newport tant de richesse étonne. Elle vous révolte ou elle vous ravit, selon que vous êtes plus voisin du socialisme ou du snobisme. L'observateur désintéressé qui regarde une ville comme il regarderait une fourmilière, y reconnaît ce même fait observé dès la première heure, un je ne sais quoi d'intempérant et d'effréné. Le génie Américain semble ne pas connaître la mesure. Les bâtisses d'utilité que ces gens construisent, quand elles sont hautes, sont trop hautes. Leurs maisons de plaisance, quand elles sont raffinées, sont trop raffinées. Leurs trains, quand ils vont vite, vont trop vite. Leurs journaux ont trop de pages, trop de nouvelles; et, quand ils se mettent à dépenser de l'argent, il faut qu'ils en dépensent trop, pour avoir la sensation qu'ils en dépensent assez.

Comment ils se meublent?... J'ai dans les yeux, en écrivant ces mots, trente intérieurs de ces villas, davantage peut-être. Dès la semaine de mon arrivée, et sur la remise de mes lettres d'introduction, j'avais commencé d'être entraîné dans ce tourbillon de déjeuners, de parties de coaches, de promenades en yachts, de dîners et de bals qui passe sur Newport pendant quelques semaines à la façon d'un de ces ouragans qui faisaient dire à une jeune fille de Minneapolis, vantant sa ville : « Et puis nous avons de si bonnes caves à cyclones ! » — « *Be in the rush,* » affirme une réclame affichée dans le car électrique qui fait le service de la plage à la ville basse. La recommandation d'une levure spéciale accompagne cet éloquent appel, ce « soyez dans le train » que les Américains vous forcent bien vite à pratiquer. Leur énergie s'étend jusqu'à leur hospitalité qui se fait active, qui multiplie les *five o'clock teas* et les *to meet*. C'est une chaude spontanéité d'accueil dont nous ne nous doutons plus en pays Latin. L'étranger, chez nous, est à la mode lorsqu'il s'établit et qu'il nous fait l'honneur de préférer notre pays au sien. Pour celui qui passe et qui ne reviendra pas, nous mettons du temps à vaincre une certaine défiance, et nous ne passons qu'à bon escient de la politesse correcte à l'intimité. L'Américain vous ouvre sa maison, quand vous lui êtes dûment présenté, toute grande. Il veut que vous connaissiez ses amis, que tout son monde vous traite comme il fait lui-même. Ses détracteurs disent qu'il n'y a pas de mérite, qu'il est habitué à cette large manière d'exister commune aux pays Anglo-Saxons, où les enfants sont nombreux, les besoins compliqués, les revenus en proportion, où l'on ignore l'économie. Un hôte de plus ne compte guère dans une telle demeure. Cela est vrai. Ici pourtant je crois apercevoir des sentiments plus complexes que cette sorte d'opulente et indifférente ouverture des portes qui reste aussi celle des riches Levantins. L'Américain, qui vit si vite, a au plus haut degré le goût de se regarder vivre. Il semble qu'il se considère, lui et son entourage, comme une expérience singulière de la nature sociale et dont il ne sait pas très bien ce qu'il doit penser. Il tient à ce que vous, Européen, vous soyez exactement renseigné avant de juger cette expérience, et il vous facilite ce renseignement. « Voyez telle ou telle personne, » vous dit-il, « c'est un type excellent d'Américain de telle ou telle espèce... Lisez tel livre, vous y trouverez un vrai caractère d'Américain de tel État... » S'il sait que vous voyagez pour prendre des notes, il s'en inquiète, car il est sensitif, — *touchy,* comme ils disent, — au plus haut degré. En même temps il s'en félicite comme d'un hommage. Il veut que ces notes soient écrites d'après nature. S'il voit en vous un simple touriste, il tient à ce que vos discours, une fois rentré, soient différents des légendes erronées dont il trouve la trace dans nos journaux et qui l'exaspèrent. Il y a un curieux mélange d'incertitude et de fierté, d'amour-propre susceptible et d'aplomb, dans le plaisir qu'il éprouve à vous conduire d'une extrémité à l'autre de sa demeure, vous montrant pêle-mêle la galerie de tableaux et la lingerie, les salons et les chambres à coucher. Un des meilleurs romanciers d'ici, Howells, a finement noté ce trait particulier de caractère, cette facilité à se donner comme leçon de choses : « Nous autres gens de l'Ouest, » dit March dans le *Hasard d'une nouvelle Fortune,* « nous sommes portés à nous prendre nous-mêmes trop objectivement et à nous considérer comme plus représentatifs qu'il ne faudrait... » En attendant, et pour un voyageur dûment présenté, cette disposition d'esprit facilite la moitié de la tâche. Il est si malaisé en Italie, en Espagne, en France même, de se figurer le home des personnes que l'on connaît le mieux, et quel témoignage plus révélateur pourtant que ces objets sécrétés autour de nous par notre fantaisie ? Un salon, une chambre à coucher, une salle à manger n'ont-ils pas des physionomies, presque des visages, à la ressemblance de nos goûts, de nos besoins, de choses de nous que parfois nous ne soupçonnons point ?

Des intérieurs de Newport une première impression se dégage, qui doit être exacte, tant elle se raccorde au reste de l'existence Américaine et au dehors même de ces villas. C'est à nouveau l'évidence du trop, de l'abus, de l'absence de mesure. Il y a trop de tapis précieux de Perse et d'Orient sur le parquet des halls, qui sont trop hauts. Trop de tapisseries, trop de tableaux garnissent les murs des salons. Les chambres d'amis renferment trop de bibelots, trop de meubles rares, comme il y a sur la table du lunch ou du dîner trop de fleurs, trop de verdure, trop de cristaux, trop d'argenterie. Je revois en ce moment, au milieu d'une de ces tables, un vase d'argent massif, large et profond comme le cache-pot d'une plante grasse, et d'où débordait une grappe de raisin, d'un raisin-prodige aux grains aussi gros que de petits boulets. Je revois un paravent fait avec un tableau Italien de l'école des Carrache, coupé en trois morceaux. La toile n'a pas été gâtée et le travail a été très bien exécuté; mais quel symbole de cette constante outrance dans le luxe et le raffinement! Cet excès a son image dans cette rose qu'ils dénomment si justement *American beauty,* et dont les touffes énormes couronnent ces tables. Elle est si haute sur sa tige, si intensément rouge, si largement épanouie, si violemment parfumée, qu'elle n'a plus l'air d'une fleur naturelle. C'est un produit qui appelle la serre, l'exposition, l'étalage. Splendide comme elle est, on se prend à regretter devant elle la mince églantine des buissons avec ses pétales rosés, qu'un souffle de vent froisse. Mais cette modeste églantine, c'est la nature et c'est aussi l'aristocratie, du moins dans le sens où nous autres Européens nous comprenons ce mot, qui ne va pas pour nous sans une idée de demi-teinte et d'effacement. Il est certain que cet abus révèle chez ces gens-ci une force beaucoup plus pareille, sous des formes diverses, à la Renaissance, par exemple, que la pauvreté de tempérament déguisée par les modernes en distinction. La vigueur du sang et des nerfs qui a permis à l'homme des États-Unis la conquête de la fortune, persiste en lui à travers cette fortune. Elle se manifeste par cette somptuosité du dedans comme elle se manifestait par celle du dehors. Il y a de la sève partout ici et jusque dans ces prodigalités folles de la haute vie.

Cependant ces millionnaires ne s'acceptent pas eux-mêmes tout à fait. Voilà une seconde impression qu'impose un coup d'œil plus attentif sur ces halls et sur ces salons. Ils n'admettent pas qu'ils soient ainsi différents du vieux monde, et, s'ils l'admettent, c'est pour prétendre qu'ils sont capables, quand ils le veulent, d'égaler ce vieux monde, ou tout au moins de le goûter. Un architecte me disait : « Nous avons fait assez d'argent pour être artistes maintenant, et nous n'avons pas le temps d'attendre... Ainsi, moi, j'étudie le XVIIIe siècle Français. Je veux bâtir des maisons qui soient de ce type, avec tout le confort moderne : des appareils pour l'eau, pour la lumière, pour l'électricité... » Son patriotisme était très sincère, très intense, et il le faisait consister dans l'emprunt ou mieux la conquête d'un style étranger. Les ameublements de Newport traduisent un effort pareil, un constant, un infatigable souci d'absorption Européenne. On compterait dans ces villas les objets fabriqués en Amérique. C'est en Europe qu'a été tissée la soie de ces fauteuils et l'étoffe de ces rideaux, en Europe que cette table a été tournée et tournée cette chaise. C'est d'Europe que vient cette argenterie, de même que cette robe a été tramée, coupée, cousue en Europe, que ces souliers, ces bas, ces gants viennent d'Europe. « *When I was in Paris... Then we go to Paris... We want to go to Paris to buy our gowns...* » Ces phrases passent continuellement dans la conversation, et c'est bien un salon de Paris qui a dû servir de modèle à celui où vous vous trouvez, ces toilettes sont bien composées sur le même patron que celles des élégantes de Paris. Seulement, salon et toilettes ont, comme le reste, le je ne sais quoi en trop. La mode de ces robes n'est pas d'aujourd'hui, elle est de demain. Nos couturières ont un mot d'argot bien expressif pour traduire cette presque intraduisible nuance. Elles disent : « Nous essayons d'abord sur les étrangères les coupes nouvelles. Puis pour les Parisiennes, nous *épurons...* » Ainsi s'explique ce caractère d'au-delà, cet air d'être parées jusqu'au costume, que ces femmes, souvent si belles, augmentent par des profusions de bijoux portés en plein jour. Elles ont, dès midi, des turquoises à leur corsage grosses comme des amandes, des perles au cou grosses comme des noisettes, des rubis et des diamants longs comme leur ongle. Oui, c'est bien l'Europe, mais poussée, mais exaspérée, et cette imitation trop intense ne fait qu'accentuer la différence entre le Vieux-Monde et le Nouveau.

Parmi les fantaisies de décoration ainsi empruntées à nos pays, il en est une qui se transforme d'une façon singulière en passant l'Atlantique. Je veux parler de ce goût des vieilles choses justement, de cette manie du bibelot et du bric-à-brac propre à notre âge. Elle est devenue haïssable chez nous, parce que l'universelle surenchère a tant haussé les prix que très peu de nos fortunes Européennes sont aujourd'hui assez fortes pour y suffire. La contrefaçon a suivi et surtout l'abondance d'objets de seconde classe. Les Américains, eux, sont arrivés sur le marché avec leurs énormes capitaux. Un millionnaire, chez nous, est un homme qui a un million de francs. Un millionnaire ici est un homme qui a un million de dollars. Ils y ont apporté cette universalité de connaissances que donne l'habitude constante du voyage. Depuis trente ou quarante ans, grâce à ce double pouvoir, ils ont mis la main sur les plus belles toiles, les plus belles tapisseries, les plus belles boiseries, les plus belles médailles, les plus beaux livres, et non seulement en France, en Angleterre, en Hollande, en Italie, mais en Grèce, en Égypte, aux Indes, au Japon. De là, dans leurs maisons de ville ou de campagne, une prodigalité de chefs-d'œuvre dignes d'un musée. Dans telle de ces villas de Newport que je pourrais nommer, toute une galerie privée a été transportée d'un coup, que son premier possesseur avait mis des années à ramasser parmi les plus délicats des primitifs Allemands. Et ils continuent. J'entendais l'autre jour un amateur dire avec mélancolie, en faisant allusion à la crise financière qui se trouve sévir à la fois en Italie et aux États-Unis : « *The Italian are* *rather low down just now, and there are things to be had* sub rosâ. *But in this moment nobody can profit by it...** » On se demande où il les mettrait, ces objets Italiens, tant le cuir de Cordoue dont sont revêtues les parois de sa maison disparaît sous les toiles! Et ce sont des vitrines sous lesquelles des trésors de pierres gravées attendent la loupe, des émaux, des armures ciselées, des volumes précieux, des médailles, des portraits surtout. Rien que dans trois villas contiguës, à un quart d'heure de distance, j'ai vu ainsi un portrait d'un grand seigneur Génois, celui d'un amiral Vénitien, celui d'un lord Anglais du dernier siècle, celui de Louis XV par Vanloo, avec cette inscription : « donné par le roy », celui de Louis XIV par Mignard avec la même inscription, celui de Napoléon avec un des drapeaux des grenadiers de la garde. Quelqu'un qui ne les aime pas, me disait avec ironie :

— « Oui, ils ont le portrait du grand empereur, mais où est celui de leur grand-père? »

Et il attribuait ce goût des toiles historiques à un vague et timide effort vers une fausse galerie d'ancêtres. A mon avis, cette critique ne tenait pas compte de ce qu'a de sincère, de touchant presque, cet amour des Américains pour les objets autour desquels il flotte du temps et de la durée. Cette sensation, si difficile à concevoir pour nous autres et

* « Les Italiens sont si bas de ce moment qu'il y a bien des choses que l'on pourrait acheter en secret. Mais aujourd'hui personne ne peut profiter de l'occasion... »

que mon compagnon des Players m'exprimait naïvement à New-York, je la comprends, je la partage après ces quelques semaines des États-Unis. Le regard éprouve une satisfaction presque physique à rencontrer ici les tons flétris d'une peinture ancienne, le coin effacé d'une monnaie antique, les nuances éteintes d'une tapisserie du moyen-âge. Dans cette contrée où tout date de la veille, on a des appétits, des soifs d'un autrefois. Il faut croire que c'est un indestructible instinct pour l'âme humaine d'avoir autour d'elle du passé, puisque même ces comblés du luxe le subissent. Ils ne le discernent pas en eux-mêmes, cet instinct, mais ils le satisfont tout de même. Un d'eux faisait, la semaine dernière, détourner sa voiture, pour me montrer la statue d'un Newportais qui a été l'ami de son grand-père. « On aime à penser à des temps déjà lointains... » me disait-il. Ce besoin du terreau préalable, un arbre le ressentirait qu'on aurait transporté dans un coin trop nouveau, avec des racines trop à fleur du sol. Cet inconscient effort pour s'entourer, pour s'ennoblir de passé, sauve ce que ces intérieurs de millionnaires auraient de si brutal, de si fait à coups de dollars et pour la montre. C'est un peu de poésie inattendue dans ce qui ne serait sans cela que l'apothéose du chèque et du chic, — pour reprendre une basse plaisanterie d'une basse opérette du temps jadis. Cela console de voir, échouées là parmi ces magnificences, quelques cocasseries inexprimablement vulgaires et enfantines, telles qu'un monstrueux jouet, une danseuse à face de lune, à monocle, à chapeau haut de forme, et en travesti, qui fume une cigarette allumée, tandis qu'une boîte à musique cachée dans son corps joue un air canaille. Et il y a écrit au-dessous, pour la honte des écrivains qui ont les premiers employé ce terme : « Fin de siècle... » Quelle mosaïque dans le goût de cette race qui prend pêle-mêle de tout à notre civilisation : de l'excellent et du pire, nos plus belles œuvres d'art et nos plus déplorables caricatures!

Comment ils se recrutent?... D'une seule manière et dans une seule classe. C'est là, quand on compare ce Newport d'été à notre Deauville ou au Brighton de nos voisins d'outre-Manche, un point de différence à ne jamais oublier. Il n'y a pas ici, comme en Angleterre, une caste d'en haut, un Olympe d'aristocratie et qui impose sa mode à tous les *tuft-hunters,* — ce mot si pittoresque avec lequel les jeunes gens d'Oxford raillent déjà leurs jeunes camarades en chasse de hautes relations et hypnotisés par le petit gland d'or qui tremble sur le bonnet carré des étudiants nobles. Il n'y a pas, comme en France, cette irrationnelle et puissante survie de l'ancien régime en pleine poussée démocratique dont le signe le plus expressif est notre conception du *club*. Le cercle, chez nous, a cessé d'être le milieu naturel, presque nécessaire, des personnes de même fortune qui vivent d'une même façon. Il est devenu comme un brevet, presque un grade dans un vague régiment social dont l'état-major résiderait à l'Union ou au Jockey. Ici, tous les gens du monde ont été, sont encore des hommes d'affaires. Ils ne sont point nés dans la vie sociale, ils y sont arrivés. Ils ne l'ont point reçue toute faite et toute transmise. Ils la font eux-mêmes, parce qu'il leur convient d'ajouter cette élégance à leur fortune, comme le couronnement de l'édifice. Il résulte de là qu'il y a une profonde égalité entre eux, une unité singulière d'habitudes, d'idées, de goûts, qui traduit l'absolue unité sinon de dates au moins d'origine. On a bien essayé, durant ces dernières années, de la briser, cette unité, et d'établir un Olympe factice, celui des « quatre cents », lequel aurait été recruté parmi les familles les plus anciennes de tradition et de richesse. Cette fantaisie ne pouvait pas réussir. Ce n'est pas qu'il n'y ait aux États-Unis des familles très anciennes en effet, mais elles n'ont pu se maintenir qu'en continuant à travailler, à faire des affaires. Elles n'ont pas pu se donner des mœurs à part ni s'isoler. Vieux et nouveaux riches se coudoient de trop près sur le terrain du travail pour être séparés sur celui du plaisir. C'est la différence d'occupation qui fait seule la différence des castes, et ici elle n'existe pas. Une mine d'or, découverte voici vingt-cinq ans, a enrichi celui-ci, mais cet autre, riche depuis deux générations, a saisi l'occasion de cette découverte pour doubler son capital. Un chemin de fer construit en 1868 a rendu celui-là millionnaire, mais il a empêché cet autre de cesser de l'être. Derrière chacun des noms qui défilent dans les comptes rendus des fêtes, publiés par les journaux, tout Américain peut évoquer ainsi telle ou telle usine, telle maison de commerce, telle banque, telle spéculation de terrain. Et l'usine est en pleine activité, les guichets de la maison de commerce et de la banque sont toujours ouverts, la spéculation continue. Les démocrates ont-ils tort de dire que de tels titres à la vie mondaine valent bien des blasons faussés par la bâtardise ou par des mariages véreux, et des notoriétés historiques sans réalité contemporaine? A coup sûr, ces dessous de la mondanité Américaine sont francs et nets. Leurs conséquences immédiates ne le sont pas moins.

La première est l'absence presque totale, dans une ville d'eaux comme Newport, d'aventuriers et d'aventurières. Une société composite est facile à tromper. Une société de gens d'affaires l'est beaucoup moins. Un ménage dont les revenus sont douteux peut faire figure dans un monde où des nobles authentiques se soutiennent eux-mêmes par des expédients et où règne cet esprit d'à-peu-près en matière d'argent habituel à ceux qui n'en gagnent point. En Amérique, chacun sait ce que « vaut » son voisin, et d'ailleurs, comme la vie sociale y représente un luxe, les menues dépenses quotidiennes y sont si fortes qu'un budget mal équilibré n'y suffirait pas. Les romanciers Français ont souvent peint, depuis Balzac, le type du jeune homme ambitieux et pauvre qui se maintient en plein courant de haute vie par un maniement supérieur de ses très médiocres revenus. Ici un costume de soirée présentable coûte cent vingt dollars; une course en fiacre pour aller dîner en ville en coûte trois, et cinq s'il s'agit d'aller et de revenir. La toilette de soirée que porte une jeune femme a dû payer, quand elle vient de Paris, cinquante pour cent de droits d'entrée. Les prix des modistes et des couturières de New-York montent presque au même niveau. La copie des modèles des grands faiseurs par une ouvrière prise à la maison, cette ressource de la Parisienne avisée, serait à peine une économie dans un endroit où une femme de chambre adroite gagne quarante dollars par mois et une couturière habile trois dollars par jour. Cette espèce d'abus de la richesse, propre non seulement à Newport mais à toute l'Amérique, est à la fois une folie et une purification. On peut railler la frivolité de cette existence, en condamner la somptuosité. Elle mérite bien des satires. Elle est du moins assez droite et assez saine.

Elle l'est aussi, dans ce séjour d'été, par la suppression non moins totale de l'élément qui corrompt en Europe tant de villes de bains de mer ou d'eaux, je veux dire le demi-monde. Comme cette société est avant tout recrutée parmi les gens d'affaires, les hommes n'y ont que peu de loisir. Tous sont absents plusieurs jours de la semaine, occupés à gagner cet argent que les femmes ont pour fonction de montrer. Il suit de là que s'ils ont des liaisons en dehors de leur ménage, ils ne les ont pas ici. Ceux qui restent à Newport sont en très petit nombre, âgés déjà pour la plupart puisqu'ils sont « *out of business* », retirés des affaires, ou très jeunes puisqu'ils n'y sont pas entrés encore. Quelques diplomates en villégiature, quelques visiteurs de passage et quelques malades complètent ce personnel masculin à qui la tenue serait imposée par son petit nombre, quand bien même le vieux fond de moralité puritaine, toujours présent dans les pays de tradition Anglo-Saxonne, au moins sous la forme d'hypocrisie, ne rendrait pas tout scandale impossible. Comment d'ailleurs la demi-mondaine la plus habile arriverait-elle à frôler le vrai monde, à en donner l'à-peu-près facile, comme chez nous, dans une société où tout plaisir s'organise en club, où il faut une admission, une présentation, un patronage pour prendre une tasse de thé ici, pour assister ailleurs à une partie de tennis? Et puis la race n'y est pas assez vieille pour que la Fille y soit déjà la créature dépravée, mais affinée, blagueuse et spirituelle, qui amuse l'homme et peu à peu s'impose à son intimité quotidienne. Rien qu'à constater comme elle est absente d'une ville qui serait ailleurs son champ favori d'opération, vous la devinez réduite à l'état de machine à plaisir. Th***, qui habite les États-Unis depuis dix ans, me disait : « L'Américain n'a pas besoin de la femme comme nous. S'il va chez les filles, c'est toujours qu'il est un peu ivre et pour boire encore... » Il est possible que le sentimentalisme dont on relève en France la galanterie, soit, par certains côtés, plus humain. Socialement, l'Américain est dans le vrai, je veux dire que cette ligne si définitive de démarcation entre la femme du monde et les autres lui fait regarder la première avec de tout autres yeux. Il la respecte davantage dans son imagination et dans ses manières. Il peut être un débauché. Il est rarement un libertin. La distance est grande entre ces deux mots. On en a la preuve en prêtant l'oreille aux conversations de cercle entre jeunes gens. Ils parlent de sport, de jeu, d'affaires. Jamais un nom de femme n'y est prononcé.

Cette unité de recrutement, si l'on peut dire, produit encore ce résultat que cette vie sociale a son but et sa fin en elle-même. Toutes les familles qui la mènent étant riches et ne pouvant aspirer par elle à rien d'autre, cela crée une sorte d'atmosphère plus sereine, plus heureuse et plus innocente. Il y a moins de dessous dans les relations parce qu'elles ne sont pas, qu'elles ne peuvent pas être des moyens à se pousser bien loin. Les classes riches n'ayant en Amérique aucune espèce d'influence sur les élections, un politicien ambitieux n'a que faire dans la société. Il n'y a pas ici d'Académie à laquelle la faveur d'une coterie mondaine puisse conduire un écrivain ou un artiste. Il n'y a pas non plus de centre d'où la réputation littéraire irradie et qui se ramasse lui-même dans quelques salons. Les filles ne reçoivent de dot que par exception, en sorte que les coureurs de grands mariages sont réduits à des étrangers titrés et ruinés, qui, le plus souvent, disparaissent après une saison. Ils sentent trop vite que la vieille Europe est encore le terrain le plus sûr pour cette sorte de spéculation. Comme d'autre part les mœurs semblent plutôt bonnes et qu'une liaison avouée est ici un phénomène, la vie du monde ne saurait non plus servir de paravent aux complications de la vie passionnelle. Réduite de la sorte à son fonds propre, elle s'exaspère dans le sens de la fête fastueuse et publique. Puis comme il faut partout un aliment réel, une occupation positive à des activités si vigoureuses, cette vie du monde finit, à Newport du moins, par se porter presque tout entière du côté du sport. De nouveau ce qui devrait logiquement être un défaut devient un principe de santé, tant il est vrai que dans les races fortes tout se tourne en force, même la frivolité et la vanité, tandis que, chez les peuples qui vieillissent, même la culture et la délicatesse n'aboutissent qu'à la maladie et à la corruption.

Comment ils s'amusent?... Je me suis amusé moi-même, pour répondre à cette question avec un peu d'exactitude, à suivre, heure par heure, et pendant plusieurs jours, l'emploi du temps de quelques-unes des femmes qui sont ici ce que l'on appelle des *leaders of society*. Je transcris une des esquisses tracées de la sorte, en la prenant au hasard parmi vingt autres. Elles sont toutes à peu près pareilles par la puissance de physiologie qu'elles supposent, le goût de la vie en plein air et de l'exercice, quoique les Américaines, sous ce rapport, soient loin d'égaler les Anglaises. Cette façon de se divertir explique pourquoi ces mondaines, au lieu d'avoir l'estomac perdu, le teint fané, l'air « vieux gant », comme disait un cruel humoriste, ainsi que tant de leurs sœurs dans les grandes villes d'Europe, gardent au contraire cet éclat de leur peau, cette souplesse de leurs mouvements, cette force de leur vitalité. Elles le savent et elles en sont orgueilleuses. « Ce qui me fait plaisir, » me disait l'une d'elles, « en pensant que je suis Américaine, c'est de savoir que j'appartiens à une belle race bien portante... » Je me rappelle aussi avec quel mépris une autre, parlant d'une actrice de l'Odéon qui avait passé un mois à New-York, me la dépeignit : « *That little woman with a wishy-washy complexion**... » Elles ne tarissent pas sur cette critique à l'égard des Parisiennes. J'entends encore une troisième déplorer le changement d'une de ses compatriotes récemment mariée à un Français : « Elle était si robuste, avec un si beau teint, — *with a very good complexion;* — et maintenant elle est devenue mince et blême, — *thin and quite sallow*... » Et elles rient en disant des phrases pareilles, de leur rire heureux, où il y a ce que nous pouvons si difficilement comprendre,

* « Cette petite femme avec une figure de papier mâché... » c'est l'équivalent de cette intraduisible expression.

de l'animalisme honnête, avec leurs dents nettoyées comme des objets, et, quand le dentiste a dû passer par là, il y a mis de l'or qui reluit d'un éclat si neuf qu'il n'a plus l'air d'une infirmité.

Donc, avant neuf heures, la jeune femme dont j'évoque en ce moment la hardie silhouette, était à cheval, ayant déjeuné d'un de ces forts déjeuners du matin qui sont le repas essentiel des Anglo-Saxons, celui où ils prennent des forces pour la dépense de la journée. Elle a trotté et galopé deux heures dans l'air salé pour revenir à onze, le temps de changer de toilette et d'aller au Casino où il se tient un concours de tennis. Deux de ses amies, une jeune fille et une jeune femme mariée depuis deux ans, doivent y prendre part. C'est le rendez-vous du Newport fashionable que cette pelouse encadrée de bâtiments d'une jolie architecture, auxquels la vigne du Japon donne ce même revêtement vivant de lierre temporaire. Autour des joueurs se presse un public de femmes vêtues surtout de couleurs claires, avec cette surcharge de luxe léger qui fait d'une toilette une chose visiblement fragile autant que coûteuse. Tout cela semble porté pour une heure, sans rien qui individualise la beauté de ces personnes ainsi parées. Un mot me revient devant cette espèce d'impersonnalité de suprême élégance, mot délicat et romanesque. Il explique toute la différence qu'il y a entre cette élégance-là et une autre. C'était dans un de ces portraits comme on s'amuse à en tracer par jeu de salon. Une Française avait écrit, voulant dépeindre son caractère : « Je ne me suis jamais habillée pour le bal sans savoir pour qui j'y allais... » Les Américaines s'habillent pour être belles, parce qu'elles sont des « belles femmes bien portantes », comme leur race, et, pour le moment, aucune d'elles ne pense à coqueter, absorbées qu'elles sont par le spectacle du jeu, auquel la nouvelle venue se laisse prendre aussitôt comme les autres. Rompues elles-mêmes aux leçons de la *physical culture,* elles comprennent l'athlétisme, partout où elles le rencontrent, avec cette intelligence quasi professionnelle, qui fait que devant un assaut d'armes un escrimeur mesure d'un coup d'œil la vitesse des champions et leur détente. A un moment un des jeunes gens qui vient de lancer la balle fait nettoyer par un assistant sa semelle de caoutchouc engluée de boue. Il trouve moyen, durant cette action vulgaire, d'avoir une telle grâce d'attitude, que j'entends une jeune fille s'écrier : « Ah! comme je voudrais qu'il gagnât! — *He is so nice looking!* » Cri naïf où éclate la profonde admiration de l'Américaine pour les *looks,* pour cette beauté physique considérée à la manière païenne. Elle va si loin, cette admiration, qu'un des gymnastes célèbres des États-Unis réunit dans sa loge, après le spectacle, des femmes de la meilleure société, et là, le torse nu, il leur donne « *a lecture about his body* », une conférence de musculature. La photographie de ce torse, musclé comme celui du Vatican sur lequel Michel-Ange vieilli promenait ses mains, se vend dans toutes les boutiques, et plus d'une parmi ces spectatrices du tennis le possède dans son petit salon : « Il y a des gens qui trouvent cela terriblement indécent, » me disait une d'elles en me montrant ce singulier document de son indépendance d'idées. « Moi pas... C'est une chose grecque, voilà tout... »

Midi et demi... La partie de tennis est finie pour aujourd'hui. La belle cavalière du matin, qui vient de se reposer en regardant ce jeu d'agilité vigoureuse et de respirer à l'air comme une belle plante, quitte le casino pour gagner un yacht où elle doit prendre son lunch. Je la vois qui monte sur sa voiture, un duc très élevé dont elle saisit elle-même les rênes. Elle part au grand trot de son cheval qu'elle conduit de ses petites mains souples et fermes, hardiment, lestement, dans cette toilette déjà si parée et avec ses bijoux. C'est un *whip,* — un *fouet,* — comme on dit ici, une des cinq ou six femmes qui mènent le mieux un coach, et à qui quatre chevaux à manœuvrer ne font pas plus peur que cet unique alezan. Une demi-heure plus tard, je la retrouve dans la chaloupe électrique qui fait le service des invités entre le yacht et le quai d'embarcadère. La machine de ce mince bateau a été modifiée d'après l'invention d'un autre yachtsman, propriétaire lui-même d'un des bateaux de plaisance amarrés dans le port. Th*** me parlait de l'ignorance où grandissent certains enfants riches.

Ils y gagnent, lorsqu'ils sont intelligents, de garder ce pouvoir si Américain de la vision directe. Ils perçoivent les choses et non les idées des choses. D'ailleurs une existence continûment active développe encore chez eux cette vertu d'un rapport immédiat avec la réalité. Le nombre des yachts rangés dans cette rade démontre assez combien ce goût d'une vie toute d'action et de mouvement est national. Ils constituent une petite flotte, les uns presque aussi grands que les paquebots d'une compagnie transatlantique et capables de croiser autour du monde, dussent-ils subir l'énorme houle de fond du Pacifique et les paquets de mer du cap Horn; — d'autres petits, des bijoux de navires, de quoi gagner Bar-Harbour ou New-York en longeant la côte, doublant les caps, entrant dans les criques; et il y a des yoles à voiles, des cutters pontés qui me rappellent le *Bel-Ami*, le cabinet de travail flottant de Maupassant. Celui où nous montons est de dimensions moyennes, installé avec une magnificence qui, de nouveau, me donne l'impression de ce qu'il y a d'effréné dans cet étrange pays. La chambre à coucher avec le damas vieux-rose de sa tenture et ses meubles laqués de blanc, — le salon clair aussi, garni de plantes et de fleurs, avec sa bibliothèque, son piano, ses fauteuils profonds, ses tapis anciens, ses aquarelles de maître, — la salle à manger d'acajou sombre, avec la table dressée, où le doux éclat des orchidées se mélange à l'éclat plus dur des cristaux et de l'argenterie, — le salon vitré d'en haut où des musiciens noirs se tiennent, le banjo à la main, et ses coussins brodés sur ses larges canapés, — le pont enfin avec ses rockings parmi des palmiers et une volière d'oiseaux exotiques aux ailes étincelantes, — tout atteste un extrême atteint dans le raffinement, qui touche à la féerie. L'imagination recule de vingt-cinq, de cinquante ans en arrière. Elle voit quelque pionnier cheminant dans les plaines de l'Ouest, quelque pauvre Irlandais abordant à New-York sur un bateau d'émigrants, quelque Allemand assis comme secrétaire dans un bureau d'hôtel. C'étaient des métiers pareils qu'exerçaient les pères ou les grands-pères, ou tout au plus les arrière-grands-pères des convives qui sont là, si accoutumés déjà à ces splendeurs fines qu'ils y sont à leur aise comme des princes du sang Il faut des générations pour faire un vrai noble et chez qui l'aristocratie réside dans les façons de penser et de sentir, mais pour faire un homme de haute vie et qui ait autant d'aplomb facile dans l'élégance qu'un des innombrables grands seigneurs oisifs dont foisonnent les clubs de Londres et de Paris, deux générations suffisent. Une seule même est le plus souvent assez.

Quatre heures et demie... Le lunch, où l'inévitable champagne sec a de nouveau coulé par flots, a cédé la place à la conversation sur le pont. D'autres femmes sont venues, deux jeunes filles seules, deux autres escortées par deux étudiants de Yale qui ne leur sont même pas apparentés, quatre ou cinq célibataires, véritables citoyens de *Cosmopolis* qui dépensent leurs revenus entre Paris, Londres, Cannes et ce coin-ci, lorsque la gestion de leur fortune les ramène aux États-Unis. Mais déjà la chaloupe électrique commence à se charger de passagers qui regagnent le débarcadère. Toute la partie réunie sur le bateau va se disperser. La plupart, et la jeune femme dont je raconte la journée est du nombre, vont assister au match de polo. Je l'accompagne. Un quart d'heure sur l'eau toujours remuée du port, vingt minutes de voiture, et nous voici à la porte de l'enclos fermé de planches où se joue cet admirable et redoutable jeu. Un talus domine, où se masse la foule des gens du peuple qui viennent regarder le match, du dehors. Ce divertissement est si national, son énergie et son danger conviennent si bien à la race, que d'humbles ouvrières, des blanchisseuses par exemple, commencent leur journée vers quatre heures du matin, pour expédier plus tôt leur ouvrage et finir ici leur après-midi.

— « Elles ont raison, » me dit l'Américaine qui me raconte ce trait, « c'est un jeu magnifique... Il y a vingt ans, les jeunes gens ne pensaient qu'à boire. A présent qu'ils ont pris le goût des sports, de celui-là surtout, il faut qu'ils soient sobres, n'est-ce pas, pour ne pas devenir lourds?... Ils mangent peu. Ils ne boivent plus. Ils se couchent tôt... Sans ce régime ils ne tiendraient pas huit jours de suite... »

Le fait est qu'une fois entré sur la pelouse et à voir les joueurs des deux bandes courir sur leurs chevaux le torse penché, le long maillet de bois balancé dans leur main libre, il est difficile d'associer l'entraînement qu'un si mâle exercice suppose à de l'ivrognerie et à de la débauche. Ils sont là huit, en train de galoper de petits poneys, râblés et agiles. La jambe prise dans la botte jaune, la culotte bouffante, avec une chemise et une casquette aux couleurs de leur clan, ils se pressent en peloton autour de la balle blanche qui court sur l'herbe verte. Les chevaux, moirés de sueur, la suivent d'eux-mêmes, cette balle, avec la jolie intelligence de la bête montée par un cavalier si adroit qu'il ne fait plus qu'un avec elle. La balle a sauté sous un coup de maillet plus précis que les autres, et voilà les deux bandes parties au galop. Elles défilent tout près des voitures alignées en galerie. On entend le sabot des chevaux battre le gazon foulé. C'est un bruit sourd et leste à la fois, qu'accompagne le bruit plus rude de leur souffle. Il passe sur l'assistance ce petit frémissement ému devant les gladiateurs qui secoue les nerfs des Sévillanes en train de suivre le duel de la quadrilla et du taureau. Peut-être le danger est-il plus réel ici, quoique l'appareil soit moins féroce. Je ne suis resté qu'une heure, et déjà l'un des cavaliers a roulé sous les pieds des chevaux. Un autre l'a remplacé, qui, après dix minutes, reçoit un coup de maillet en plein visage. Je le vois qui descend de cheval, aveuglé de sang. Il s'évanouit, puis se relève et se retire, porté par deux de ses amis sans que personne y prenne trop garde. Le grand regret est que voilà une partie interrompue. On s'en console par la nécessité de la toilette du soir. Car cette longue journée d'allées et venues va se clore, comme toutes les autres, par un dîner en ville, suivi d'un bal au Casino ou ailleurs, à moins que le grand air et tant de mouvement n'aient eu raison de la femme à la mode. Cette lassitude des journées explique pourquoi les réceptions nocturnes sont rares à Newport en dehors de ces bals. On se retire, de la maison où l'on dîne, vers les dix heures et demie ou même plus tôt, laissant les maîtres de cette maison si fatigués quelquefois que l'on se ferait scrupule de rester un quart d'heure de plus.

— « Bien souvent, » me disait miss L***, la plus belle des lionnes de cette saison, « il m'est arrivé, ayant commandé ma voiture trop tard, de rester à l'attendre dans l'antichambre, et je m'endormais sur une banquette, tant je me sentais épuisée, et sans vouloir rentrer dans le salon, tant je savais que mes pauvres hôtes étaient épuisés aussi... »

Comment ils causent?... C'est la dernière question, celle-là, et la plus essentielle à se poser, sur des hommes et des femmes qui pratiquent la vie mondaine. Le reste n'est que du décor et de la gesticulation. L'art de causer, c'est au contraire le monde lui-même, sa meilleure raison d'être quand la causerie en vaut la peine, son pire ennui quand cette causerie est vide ou sotte, et toujours, bonne ou mauvaise, sa caractéristique. Mais comment rendre la nature spéciale d'une conversation, sans transcrire toute une série de dialogues réels, ce qui serait à la fois incohérent et indiscret? C'est dans les romans des écrivains qui ont connu et aimé une société qu'il faut en chercher le ton. De ce point de vue-là, les premières nouvelles de M. Henry James me paraissent être un des meilleurs documents. Je dis les premières, car cet observateur si aigu a depuis étudié plus particulièrement ses compatriotes à l'étranger. Ceux d'ici le lui reprochent, et j'ai lu dans un journal récemment, à son sujet, cette étonnante épigramme dont la métaphore est empruntée aux chemins de fer électriques : « Il a tant de talent, quel dommage que son *trolley* ne soit plus attaché sur le fil Américain!... » Il n'en reste pas moins que personne n'a rendu comme ce maître la nuance exacte des propos échangés par des gens de Boston ou de New-York, dans un coin de salon et à une table de dîner. — Quant au papotage plus contemporain, à ce coloris d'esprit, momentané et tout actuel, que Gyp note chez nous avec tant de bonheur, il me semble que personne n'en donne mieux l'idée que la femme distinguée qui a rendu célèbre le pseudonyme de Julian Gordon. Je renvoie à ces romans le lecteur Européen curieux de vérifier, assis dans son fauteuil et sans traverser l'Océan, les quelques traits qui me semblent marquer le plus nettement la conversation des Américains. Car ils aiment à causer beaucoup plus que les Anglais, sinon autant que les Français, surtout ceux et celles dans les veines de qui roule un peu de cet excitable sang Irlandais qui ne sait pas plus se taire qu'il ne sait oublier.

Le premier de ces traits est assez malaisé à définir d'une formule. J'en hasarderai une pourtant, quitte à la commenter. C'est le *point de vue*. Vous causez avec un Parisien : s'il a de l'esprit et de la verve, après dix répliques la conversation a sauté. Il commence de se laisser emporter au caprice de ses associations d'idées, si bien qu'après une heure, vous avez touché à tous les sujets, sans méthode, sans profit, mais avec de l'agrément. Il vous laisse l'impression d'une intelligence alerte et facile, qui a des clartés de beaucoup de choses, pour employer un vieux mot, bien Français justement. Vous n'avez pas senti ce que vous sentez neuf fois sur dix chez l'Américain et l'Américaine, une énergie qui ne se détend pas, même dans la futilité du propos mondain, une intelligence qui a un point de vue d'où regarder la vie et qui s'y tient, qui vous y fait rentrer, qui vous utilise. C'est qu'il y a, sous la femme du monde qui vous parle dans ce coin de salon, parmi les fleurs et les lumières, une créature de tension et qui a commencé, depuis qu'elle est *out,* à se composer une personnalité d'après un type une fois choisi. Celle-ci a résolu d'être une grande dame Anglaise. Elle a vécu à Londres longtemps et elle a su s'y faire une situation. Il vous sera impossible de la tirer de ce point de vue et d'obtenir d'elle des références qui ne soient pas Londoniennes et Britanniques. Cette autre se veut une Parisienne, et sa conversation vous enferme dans un cercle de notions qui toujours et toujours supposent Paris. Il n'y a pour elle que nos livres, que nos peintres, que nos pièces, que nos acteurs. Cette autre s'est mis en tête de jouer la comédie. Elle a pris des leçons de déclamation et elle dit bien. C'est autour du théâtre que tournent tous ses discours. Une quatrième est éprise de littérature. Vous découvrez, après un quart d'heure, qu'elle a trouvé le temps de se donner, à travers ce tourbillon de son monde, une immense lecture, et elle la continue, en vous parlant, avec cette force singulière de spécialité et d'exactitude que les gens d'ici possèdent. Ces points de vue-là sont du moins aimables. Il en est de plus sévères. Un de mes amis Français, auquel on voulait faire épouser une jeune fille très riche, a rompu ce mariage, parce que sa demi-fiancée, très préoccupée de science, lui avait exposé, toute une soirée durant, l'invention d'une locomotive nouvelle. « Je ne peux pas me marier à un ingénieur... » fut sa seule réponse aux reproches de la personne qui l'avait présenté.

Une telle intransigeance est rare, et presque toujours il y a dans la conversation des Américains et surtout des Américaines un second trait qui les sauve de la raideur et du pédantisme. Ce trait est la vivacité. Leurs moindres paroles ont la saveur profonde du réel, et elles ont aussi du mouvement, comme du geste. Jamais rien d'abstrait ni de vague, toujours des mots qui peignent, de ces termes qui trahissent l'expérience. Aussi bien n'ont-ils à aucun degré cette notion de l'effacement personnel qui donne un vernis plus brillant de politesse, mais qui diminue tant l'individualité de la causerie. Jamais ils n'hésitent à parler d'eux, à rappeler leurs voyages, leurs aventures, ce qu'ils appellent précisément leurs « expériences ». Ils y gagnent, n'ayant guère l'esprit de mots, d'avoir aisément ce que l'on pourrait appeler l'esprit de choses, un pittoresque de récit qui produit, lorsqu'ils y mêlent de la gaieté, un *humour* original et nouveau. Ici encore, vous sentez, sous la femme riche comme sous l'homme fastueux, le peuple tout près. Vous le sentez aussi à une certaine naïveté générale de cette conversation. Les sous-entendus grivois en sont absolument éliminés, — ce qui se comprend, étant donné que cette vie sociale est par excellence l'œuvre des femmes et des jeunes filles, — et les médisances y sont rarement cruelles. Vous n'y rencontrerez jamais l'impertinence du ton, cette maladie des sociétés où il y a une cour, une noblesse, une hiérarchie, par conséquent des gens qui méprisent et d'autres qui sont méprisés, cette morgue insolente que les bourgeois copient sur les grands seigneurs après en avoir souffert. La moquerie y est constante, mais une moquerie qui ne déchire pas. Elle procède surtout par anecdotes gaies. Les traits individuels de caractère en font le principal objet. Ensuite viennent les maladresses sociales, les fautes de goût dans la poursuite des gens célèbres ou titrés. Ces dernières anecdotes arrivent généralement d'Europe. Elles prouvent que le passage du Nouveau-Monde dans l'Ancien a pour habituel résultat de tirer au dehors les défauts de l'Américain, au lieu de les corriger. Chez lui, dans son milieu d'origine, il est plus simple, plus cordial, et, somme toute, à l'entendre causer, on l'estime. On le devine *good natured,* c'est leur terme, sans beaucoup de haine, sans beaucoup d'envie, et si aisément amusé. Forain me disait, après quelques jours passés à Newport : « Ce sont des enfants... » Pour cet observateur d'une si âpre intensité de vision, et qui est descendu à une telle profondeur dans la vieillesse de notre décadence, cette sorte d'esprit semblait sans saveur. Il en a une, mais s différente de l'âcreté Parisienne, qu'il est peut-être impossible de bien goûter les deux. Cependant les Américains s'y efforcent. Ils citent volontiers des légendes de cet admirable Forain, avec ce même effort et la même application d'intelligence qu'ils apportent à lire Verlaine ou Mallarmé. Car c'est encore là un des traits de leur conversation : le rappel constant des auteurs Français de l'extrême gauche. Ce goût est arrivé jusqu'aux femmes du monde à travers les peintres, venus eux-mêmes à Paris pour étudier, et qui se sont voulus au courant. C'est une des gaietés involontaires de cette causerie que l'étonnant contraste entre certains noms d'artistes très compliqués et les bouches simples qui les citent pour leur accoler avec une candeur surprenante le même

« *lovely* », le même « *enchanting* » et le même « *fascinating* », qui servent également à tous les tableaux et à tous les paysages, à un cheval et à un air de musique, à un chapeau et à une statue.

Deux ordres de problèmes m'ont paru complètement éliminés de cette causerie : l'un est la politique, l'autre est la religion. Ce silence semblera d'autant plus significatif, que ce sont là deux des constants soucis de l'Amérique. Est-il un pays où la vie politique et la vie religieuse semblent plus ardentes? Ce phénomène inattendu peut s'expliquer par plusieurs causes. J'y vois, pour ma part, une preuve nouvelle que les Américains possèdent, à un très haut degré, le sens distributif qui n'est lui-même qu'un cas particulier de leur force de volonté. Jamais vous n'entendrez non plus un homme d'affaires, sorti de son bureau, vous parler d'affaires. Ils excellent à fixer le cran d'arrêt. La même énergie qui leur permet, une fois tournés vers une besogne, de s'y livrer tout entiers, leur permet, une fois cette besogne finie, de se livrer tout entiers également à une nouvelle. Il y a un certain emploi du verbe *to have* qui indique cela. On dit que l'on *a eu* une promenade à cheval ou en voiture, comme on dirait que l'on *a eu* une bouteille de vin à boire, un livre à lire. C'est comme si, étant donné un morceau de la journée, une heure, deux heures, trois heures, il s'agissait de le manier, de l'exploiter, d'en faire un tout presque séparé. Ils ne mêlent pas plus leurs sentiments qu'ils ne mêlent leurs occupations. Ce sont des cases qu'ils ouvrent et qu'ils ferment à volonté. La politique est une de ces cases. La religion en est une autre. La société en est une troisième. Et puis, la politique ici n'est pas, comme chez nous, laissée en proie au hasard. Les nerfs du public et ses passions ne les gouvernent pas. Elle est montée à la façon d'une entreprise, et les partis sont réglés par la *machine* d'une façon qui n'autorise ni la fantaisie des idées générales ni celle des petites intrigues. Quant à la religion, la liberté absolue a tant multiplié les sectes et les nuances dans les sectes, que toute discussion est impossible. Le heurt d'opinions serait si vaste et si continu, que naturellement une réciproque complicité de tolérance et de silence s'est établie. Cette suppression des deux plus grands principes de dispute qui soient ici-bas achève d'imprimer à la causerie cette allure désarmée et bénigne, comme une simplicité plus cordiale. Du moins je la sens ainsi, car toutes ces impressions d'étranger doivent toujours porter avec elles ce correctif d'un « peut-être », qui ne sera jamais entièrement vérifié, même après une seconde, une troisième, une dixième expérience.

IV

LE MONDE

II. LES FEMMES ET LES JEUNES FILLES

QUANTITÉ de notes prises pendant des mois après ces premières, sur ce « monde » Américain dont j'avais eu à Newport la sensation la plus complète en même temps que la plus saisissante. Je l'ai revu, et sous toutes ses faces, à Boston, à Chicago, à New-York de nouveau et à Washington. Ces notes griffonnées au jour le jour, — croquis du peintre, destinés à se fondre plus tard dans quelque tableau définitif, — je viens de les feuilleter à plusieurs reprises avec l'idée de les classer, de les résumer en quelques formules un peu nettes. J'ai trouvé à cette synthèse une difficulté qui provient moins de leur abondance que d'un travail de métamorphose accompli dans mon esprit par ce long voyage et par ces multiples expériences. De même que ces mots : les États-Unis, se traduisent aujourd'hui pour moi en des millions d'images concrètes et distinctes, au lieu qu'à l'arrivée ils me figuraient une grande masse d'idées confuses et indéterminées, — de même ces autres mots : le « Monde Américain », ont cessé de m'exprimer cette chose unique dont j'avais encore le préjugé à Newport. Il n'y a pas un « monde Américain », comme il y a un « monde Français » et un « monde Anglais ». Aux États-Unis, autant de villes, autant de sociétés, et comme aucune de ces villes n'est parvenue à s'assurer une domination de mode analogue à celle que Paris exerce sur notre province, cela fait toutes sortes de centres de vie sociale dont chacun mériterait une monographie. Certains romanciers de mœurs y travaillent, parmi lesquels je citerai M. Chatfield-Taylor à qui nous devons déjà de si curieuses esquisses du Chicago fashionable. Le langage vulgaire lui-même constate ces différences d'existence mondaine, avec ces grossissements propres aux locutions proverbiales. Combien de fois, au cours de ce voyage, m'a-t-on répété : « A Boston les gens vous demandent ce que vous savez, à New-York combien d'argent vous valez, à Philadelphie ce qu'étaient vos parents!... » Cet épigrammatique dicton n'est pas tout à fait exact. Il m'a semblé qu'à New-York, par exemple, les peintres, les sculpteurs, les écrivains et les artistes de théâtre étaient assurés d'un accueil aussi cordial que dans la vieille et savante citadelle puritaine, le *hub* du Massachusetts. Il n'en demeure pas moins évident que l'intensité de la culture est plus générale et plus violente à Boston, la frénésie du luxe plus forte à New-York, et qu'à Chicago il y a plus d'imitation, plus d'incertitude dans la recherche de ce qui convient. J'ai vu au théâtre, dans cette dernière ville, des dames se lever pour aller saluer un acteur derrière la toile, sur la proposition d'un de leurs cavaliers. Puis, comme une personne de Boston se refusait à cette excursion dans les coulisses, elles se rassirent avec l'évidence dans leurs yeux de cette pensée : « Tiens! Cela ne se fait pas!... » Elles se languissent de Washington : « Quel séjour agréable! » me disait l'une d'elles; « les hommes n'y sont pas occupés, comme ici... Ils sont dans la politique ou quelque chose comme cela... *They have plenty of time for afternoon teas...* » Cette abondance de temps à dépenser dans des thés de cinq heures donne en effet à la cité des bords du Potomac une physionomie d'un Dresde ou d'un Weimar. On se croirait, à parcourir ses rues bordées de petits hôtels privés, sans traces d'affaires ou de commerce, dans quelque *strasse* d'une capitale allemande, et cette souplesse aisée de la vie sociale fait un contraste singulier avec la surcharge des autres villes. J'imagine que Frisco, — comme les contempteurs de l'Ouest s'obstinent à appeler San Francisco, — doit avoir de même sa coterie mondaine, très distincte, très spéciale, très originale, et aussi Saint-Louis, et surtout la Nouvelle-Orléans. Il en résulte que le voyageur retrouve mal, après quelque temps, cette première impression d'unité, laquelle est pourtant vraie aussi, — car ces « mondes » divers ne sont que des variétés d'une espèce et comme des groupes dans un groupe. En tout cas ils ont un trait en commun, sur lequel il est si peu possible de se tromper que les plus superficiels l'ont remarqué, comme les plus profonds, le touriste de deux semaines comme un Bryce ou un Claudio Jeannet. Toutes ces vies sociales, si différentes soient-elles, sont uniquement, absolument l'œuvre de la femme. C'est pour la femme et par la femme que ces « mondes » existent, en sorte que, pour les comprendre dans leur naissance et dans leur développement, c'est la femme Américaine qu'il faut considérer et comprendre d'abord. Tâche malaisée par tout pays et davantage encore quand il s'agit de créatures aussi complètes et aussi complexes, dont chacune est une volonté à part, un petit univers d'idées, de sentiments, d'ambitions. — A tout hasard voici quelques réflexions, et, de nouveau, quelques crayonnages, choisis entre deux cents autres, comme un peu plus représentatifs.

Un premier problème s'impose, d'ordre tout historique et dont la solution expliquerait du moins comment s'est fabriqué ce produit suprême de cette civilisation : — d'où vient que les hommes de ce pays, si énergiques, si volontaires, si dominateurs, aient laissé leurs femmes secouer plus entièrement que partout ailleurs l'autorité masculine? Il semblerait que ces rudes conquérants, habitués à tout voir plier devant leur audace et leur brutalité, dussent être les plus incapables de tolérer à leur foyer une volonté, une initiative, une action, une personnalité enfin, égale à la leur, qui existe par soi-même, à côté et en face d'eux. Le fait est là, indiscutable, et, s'il s'observe davantage dans la vie mondaine, le moindre détail de mœurs le révèle également. Pas un hôtel, pas une banque, pas un édifice public qui n'ait une entrée des dames, par où ces dernières vont et viennent, aussi indépendantes, aussi maîtresses d'elles-mêmes que peuvent l'être les hommes. Une d'elles monte dans un de ces tramways électriques ou à chaînes comme il en foisonne aux États-Unis. Toutes les places sont prises. Dix-neuf fois sur vingt, un homme se lève pour donner à la nouvelle venue un siège qu'elle accepte sans remercier, tant la prévenance lui paraît naturelle. Si cette règle souffre une exception, c'est que certaines femmes trouvent abusif et humiliant d'être traitées autrement que les hommes. Que les jeunes filles des meilleures familles sortent seules en voiture et à pied, c'est un détail de mœurs tellement connu qu'on aurait honte de le citer, sinon pour le traduire dans sa vérité. C'est la preuve de leur libre allure et aussi du respect que les Américains ont pour elles. Un homme qui regarderait une femme seule avec trop d'attention serait si déconsidéré que même les pires malotrus ne s'y hasardent guère. Que dis-je ? Ils n'y pensent pas, tant l'habitude est prise de l'égalité entre les deux sexes. Et elle va, cette égalité, du petit au grand. Vous visitez une école publique, vous y voyez les filles travaillant avec les garçons, et la leçon faite indifféremment par un homme ou par une femme. Vous entrez dans un laboratoire d'université : des jeunes filles sont penchées sur le microscope, qui regardent une préparation anatomique côte à côte avec des étudiants. Vous recevez un reporter qui vient, sans se nommer, de la part d'un grand journal : c'est une femme et qui demande à vous interviewer. Vous cherchez l'adresse d'un médecin : vous constatez que le nombre des femmes-docteurs est égal à celui des hommes, ou sinon égal, assez élevé pour que l'exercice de ce métier ne soit plus parmi elles une exception. Vous allez dans un tribunal, le secrétaire qui transcrit les arrêts est une femme. Des femmes sont avocats. Des femmes sont pasteurs de certaines églises. En tête d'un livre consacré au recensement des fonctions qu'elles occupent aux États-Unis, une d'elles, et qui est un poète de valeur, Julia Ward Howe, a écrit cette phrase orgueilleuse. — Elle explique mieux que de longs commentaires l'appétit d'activité qui distingue ici la revendication féminine : « *La théorie que la femme ne doit pas travailler est une corruption du vieux système aristocratique... Le respect du labeur est le fondement d'une vraie démocratie...* » Quoi d'étonnant si des créatures qui ont cet orgueil hardi, cette conscience affirmée de leur individu et qui se sont conquis un droit d'action dans les emplois les plus étrangers à leur sexe, règnent sans conteste dans l'emploi le plus fait pour elles, le maniement de la vie sociale? L'origine même de cette vie sociale en Amérique, telle que je l'ai marquée déjà, veut qu'il en soit de la sorte. Ici les femmes qui sont du monde n'ont pas reçu, comme chez nous, comme en Angleterre, une autre éducation que celles qui n'en sont pas. Leur naissance n'est pas autre. Leur famille n'est pas autre. Leur caractère n'est pas autre. Elles y apportent la même vigueur de résolution, la même force de réalisme, la même indépendance de personnalité. Il reste à savoir pourquoi l'homme laisse naître et grandir cette indépendance.

Il y a des raisons complexes à ce phénomène et que d'excellents observateurs ont signalées. Tout d'abord cette fièvre de démocratie justement, cette idolâtrie de la doctrine égalitaire qui fut pendant cent ans une des passions et une des fiertés de l'Américain. Encore aujourd'hui, et quoique dans certaines villes de l'Est les vieux préjugés Européens fassent invasion et déposent quelque peu de ce que ce jacobin de Stendhal appelait énergiquement le « virus aristocratique », cette idolâtrie de l'égalité demeure très vivante dans la classe moyenne.

J'ai vu une salle de théâtre se soulever frénétiquement à ce mot d'un ouvrier entrant au cabaret : « *I am a free born American citizen and I will go where I please**... » De telles théories ont leur logique. L'égalité de la femme et de l'homme était au terme de celle-là. Les sectes religieuses y ont contribué, en donnant à la femme la possibilité de prêcher comme à l'homme, par conséquent de se considérer et de se faire considérer comme son égale en raison, en éloquence, en autorité. Il y a des femmes à l'origine de beaucoup d'entre ces confessions. C'est Ann Lee qui a fondé les *Shakers*. C'est Barbara Heck qui a réformé les Méthodistes. C'est Lucretia Mott qui a donné leur croyance aux *Hicksites*, aux « Amis », qui prêchent, comme Tolstoï, l'obéissance à la lumière du dedans, « *obedience to the light within*... » Sans cesse vous trouverez dans les journaux des annonces comme celle-ci que je copie dans un journal d'Albany : « *Rev. Anna H. S*** will adress the men's mass meeting at Jermann Hall at 4 o'clock, to which no boys under 16 will be admitted***... » — Traitées ainsi aux offices, les femmes devaient garder et elles gardaient à la maison une place que les conditions de la conquête du vaste continent achevèrent de rendre plus haute. Dans ces hameaux

* « Je suis né libre citoyen Américain, et j'entends aller où il me plaît... »

** « La Rév. Anna H. S*** prêchera à la réunion des hommes au Jermann Hall, à quatre heures. Les garçons au-dessous de seize ans ne seront pas admis. »

de pionniers qui, poussés toujours plus avant vers l'Ouest, ont marqué les étapes de la grande démocratie en train d'aller de l'Atlantique au Pacifique, les femmes étaient peu nombreuses. Elles étaient bien nécessaires au maintien de cette existence à demi sauvage, où l'homme avait à lutter contre la nature et contre l'homme tout ensemble. Maltraitées, elle n'auraient pu vivre, elles seraient mortes comme est morte la mère de Lincoln, prise de ce mal mystérieux de la prairie, de cette « *milk sickness* » qui ne pardonne pas. Il fallut les ménager et les protéger. Une sorte de chevalerie singulière se développa ainsi, dont les signes se retrouvent dans ces pièces de mœurs locales que les Américains excellent à écrire, à monter et à jouer. Un type y revient sans cesse, celui d'un campagnard de l'Ouest, personnage rude, amer et loyal, qui chique, qui boit, qui nasille un affreux argot; mais il reste capable, quand il s'agit d'une femme, du plus romanesque point d'honneur. Nulle part je n'ai rencontré ce singulier héros mieux représenté qu'à Boston dans une comédie intitulée « *In Mizzoura,* — dans le Missouri », et par un acteur du nom de Godwin. Ce cow-boy mâtiné de don Quichotte sauvait la vie à un de ses rivaux sur le point d'être lynché par une foule furieuse. Avec son masque gouailleur et tendu, sa joue enflée de tabac, ses jets de salive projetés au loin, le son crapuleux de sa voix, son chapeau en arrière et son automatisme impassible, le comédien apparaissait comme l'incarnation même du goujat sentimental et honnête. Il y avait pour moi, simple étranger, un contraste étonnant entre les applaudissements dont le public soulignait ses générosités et l'aisance avec laquelle ce même public acceptait l'idée du lynchage. L'une et l'autre chose est dans les mœurs.

C'est par des centaines d'influences pareilles que s'est élaborée la création particulière de la femme Américaine. Ce sont les racines par lesquelles l'indépendance frivole et capricieuse d'une fille de millionnaires va plongeant au loin dans les sources de la vie nationale. Il y a aux rapports si étrangement déconcertants de l'Américain et de l'Américaine une raison plus profonde encore, du moins à mon avis, et physiologique, celle-là. Mais quand il s'agit des lois qui régissent les relations des sexes, il faut toujours en revenir à la physiologie. Si les Orientaux, par exemple, ont réduit leurs femmes à un affreux état d'esclavage et de dégradation, c'est qu'ils les ont aimées avec la plus violente sensualité. Or il se cache dans toute sensualité un fond de haine, parce qu'il s'y cache un fond de jalousie bestiale. Si tout en laissant, dans le monde Latin, plus de liberté aux femmes, nous n'acceptons pas sans révolte l'idée de leur indépendance et de leur initiative personnelles, c'est que nous éprouvons, à travers des raffinements de toute nuance, un peu de ce qu'éprouve l'Oriental. La sensualité et le despotisme de sa jalousie sont là. Si l'Anglais, au contraire, laisse à l'Anglaise plus de liberté, c'est que le climat, la race, la religion ont maté davantage en lui l'ardeur du tempérament. Le « *sera juvenum Venus* » de Tacite est aussi vrai des jeunes gens d'Oxford qu'il était vrai des jeunes gens Germains du 1er siècle. Tous ceux qui ont étudié de près les jeunes Américains s'accordent à dire qu'ils sont, sur ce point, pareils aux jeunes Anglais, et plus froids encore. Il suffit de penser aux conditions où s'est fait le pays pour comprendre qu'il doit logiquement en être ainsi. Les efforts ininterrompus auxquels ces gens ont dû s'acharner pour conquérir le sol sur les Indiens et sur la nature, la tension nerveuse qu'ils doivent soutenir maintenant encore pour suffire à l'âpreté de la concurrence, la médiocre nourriture, l'absence de vin et l'intoxication de l'alcool, la fièvre religieuse et l'ardeur politique, vingt causes ont empêché la race de se développer du côté de la volupté. Les arts et la littérature sont choses récentes, en sorte que l'imagination passionnelle n'a pas eu non plus ce dangereux aliment. Un petit fait est étrangement significatif. Il n'y a pas aux États-Unis une statue entièrement nue. Dernièrement les gens de Boston ont refusé d'accepter, pour la façade de la bibliothèque, deux enfants du grand sculpteur Saint-Gaudens, parce qu'ils étaient sans vêtements. La municipalité de Chicago a forcé un autre sculpteur de vêtir une Hébé destinée à une fontaine et qu'il avait faite sans voiles. Ces circonstances réunies ont eu ce résultat que le désir de la femme est demeuré au second rang dans les préoccupations de ces hommes. Ce désir, en s'assouvissant, a pu ne devenir ni morbide, ni douloureux. L'espèce de cruauté qui se développe dans la trop ardente convoitise est le principe véritable des grandes inégalités de législation et de mœurs, par lesquelles se manifeste la secrète fureur du mâle en défiance de la femelle. Cette cruauté n'existe pas dans la sensibilité de l'Américain. Il semble que cette diminution relative dans l'importance donnée à la vie sensuelle ait modifié, bien légèrement, mais modifié tout de même, jusqu'à la différence d'aspect entre ces deux sexes. Je me souviens qu'à Cambridge, en visitant le *Hasty Pudding,* un des clubs où les étudiants de Harvard jouent la comédie, j'eus l'occasion d'examiner des photographies où ces jeunes gens étaient représentés dans des rôles et des costumes de femmes. La similitude était surprenante, presque l'identité, entre ces portraits et ceux de leurs sœurs ou de leurs cousines, de ces grandes filles sans beaucoup de poitrine, aux épaules tombantes, à la taille souple, qui ont suivi des cours de souplesse et de *high-kicking,* qui savent lancer leur pied à la hauteur de leur tête et tomber de leur haut sans se faire mal. Le type de l'homme, en s'affinant dans le sens de la vigueur nerveuse, a perdu de sa lourdeur primitive, et d'autre part le type de la femme, hardie, énergique et entraînée, s'est comme paré d'une grâce plus décidée, plus affermie, moins voluptueuse et délicatement masculine. — Ce ne sont là que des indications. Ellés aident pourtant à mieux comprendre ce qui fait non pas le tout d'une nation mais ses dessous, l'animalité de la race. Et la vie mondaine a beau être luxueuse, artificielle et comblée, c'est cette race qui lui donne son fond, ou, pour prendre une comparaison plus exacte, la trame de l'étoffe que viendront fleurir les broderies...

Cette apothéose de la femme, qui est le trait original de la « Société » en Amérique, est d'abord et surtout l'apothéose de la jeune fille. Ces mots si simples sont encore deux mots à traduire, car il est probable que sur tous les points, — en réservant, bien entendu, celui de l'honneur, — ils expriment exactement le contraire aux États-Unis et en France. Ce qui frappe tout d'abord le voyageur qui a tant entendu parler de ces jeunes filles Américaines, c'est l'impossibilité absolue de les distinguer des jeunes femmes. Le fait si commenté qu'elles aillent et viennent toutes seules ne suffirait pas à établir cette confusion. L'identité va plus loin. Elles ont les mêmes bijoux, les mêmes toilettes, la même liberté du rire et de la parole, les mêmes lectures, les mêmes gestes, la même beauté déjà tout épanouie, et grâce à l'invention du « chaperon », il n'y a pas une partie de théâtre ou de restaurant, pas un thé où elles ne se rendent, toujours seules et sur l'invitation de n'importe quel homme de leur connaissance. La qualité de cette surveillance officielle est mesurée par cet autre fait que la jeune fille en l'honneur de laquelle le *bachelor* organise une partie choisit d'ordinaire ce chaperon elle-même. Plus ce chaperon est jeune, plus il est apprécié. La jeune veuve et la *grass widow,* — la jeune femme séparée, divorcée, ou simplement isolée de son mari momentanément, — remplissent les conditions idéales du rôle. Autant dire que ces jeunes filles, assises chez Delmonico en compagnie de trois jeunes gens et dudit chaperon, ou qui s'en vont prendre le thé chez un autre jeune homme, sont aussi libres que si elles n'avaient personne pour répondre d'elles qu'elles-mêmes. Cette habitude de se gouverner sans contrôle se manifeste par cette assurance singulière de leurs physionomies. Un des hommes les plus aimables de New-York, et qui est un poète, a eu l'idée de se composer un musée de miniatures où il a fait figurer avec leur permission toutes les beautés professionnelles de sa ville. Je me souviens qu'en examinant à la loupe les vitrines sous lesquelles sourient cette centaine de jolis et fins visages, je cherchais à deviner ceux sur qui le mariage avait passé, et je ne le pouvais pas. Que leur apportera-t-il en effet de plus quand il viendra ? Des devoirs, un mari à subir, des enfants à soigner, une maison à tenir. Aujourd'hui la jeune fille n'a le poids d'aucune de ces chaînes. Elle le sait, et qu'elle jouit de son temps le meilleur. Elle ne gagnera pas une liberté, une fois mariée, et elle aura moins d'occasions de se divertir. Aussi la plupart du temps se marie-t-elle tard. Si ce n'est pas tout à fait une fin pour elle, comme pour le jeune homme de Paris qui se décide à rompre avec sa vie de garçon, c'est un petit commencement d'abdication. La plupart ne s'en cachent pas. « Il faut bien nous amuser avant le mariage, » me disait gaiement une d'entre elles, « est-ce qu'on sait ce qui viendra ensuite ?... » Les procès en divorce dont les journaux publient de temps à autre le compte-rendu, prouvent que cette jeune personne avait autant de bon sens que de beauté. Pour ma part, et après avoir regardé de près bien des conditions humaines, je crois que pour un jeune homme de vingt à vingt-cinq ans les chances les plus complètes de bonheur sont d'être un Anglais de bonne famille achevant ses études à Oxford, et pour une jeune fille d'être née Américaine, d'un père qui a fait sa fortune dans les mines, les chemins de fer ou les spéculations de terrain, et d'arriver avec de bons parrains dans la société de New-York ou de Washington.

Au premier regard cette liberté absolue donne à toutes les jeunes filles une apparence identique. C'est d'après elle que nos auteurs ont composé le type, classique, de l'Américaine du roman et du théâtre. Nos gens l'ont fabriqué de la façon la plus simple : de très mauvaises manières avec un fond de naïveté, et voilà la poupée debout. Mais ce n'est qu'une poupée, et les deux éléments dont ils l'ont faite me semblent également faux. La jeune Américaine, quand nous la voyons chez nous, peut nous paraître mal élevée, parce que nous la comparons au type conventionnel de notre jeune fille à nous, lequel, entre parenthèses, n'est pas non plus très exact. Vue chez elle et de tout près, on se rend compte que cette liberté d'allures s'associe indifféremment à la meilleure et à la pire éducation. Après très peu de temps vous distinguez parmi elles, et très nettement, celle qui est *fast,* comme ils disent, et celle qui ne l'est pas, celle qui se complaît à exciter l'intérêt, à éveiller, à frôler le désir de l'homme, et celle avec qui la familiarité morale, à plus forte raison physique, est impossible. Quant à la naïveté, lorsque nous appliquons ce mot aux jeunes filles, nous autres Français, nous supposons toujours qu'il n'y a pour elles au monde qu'une question, celle de l'amour. Nous admettons implicitement que c'est là l'essentiel de leur existence, comme de toute existence de femme. Nous nous demandons ce qu'elles en rêvent, ce qu'elles en savent, et notre mesure de leur innocence, de leur virginité d'âme si l'on veut, est tout entière dans la réponse. Il est sous-entendu que leur connaissance des choses de la vie réelle est en accord avec cette unique révélation. Cette mesure n'est pas applicable à l'Américaine; car pour celle-ci, de même que pour l'Américain, cette question de l'amour est d'habitude reléguée à l'arrière-plan. De savoir si elle sera ou non mariée selon son cœur, si elle vivra un roman ou ne le vivra point, ne joue le plus souvent aucun rôle dans sa pensée. Même pour celles qui semblent le plus occupées de plaire et qui abusent le plus de la coquetterie physique, — l'espèce est plus rare que ne le croient les Français, plus commune que ne l'avouent les Américains, — cette relation avec l'homme représente, neuf fois sur dix, un fait de vie sociale. C'est une manière de s'assurer des triomphes d'amour-propre, de devenir ce que les journaux appellent : « *prominent people in society* », par l'abondance des adorateurs. Cette coquetterie n'est pas pour elles aussi dangereuse qu'elle le serait ailleurs, à cause de la réserve de l'Américain d'une part, et de l'autre à cause de leur entente profonde du caractère masculin. Elles ont commencé si jeunes de vivre avec les hommes en intimité, qu'elles sont à leur égard comme les enfants d'un écuyer de cirque peuvent être pour des chevaux. Une d'elles me parlant d'une de nos communes connaissances, une Espagnole mariée à Rome et très malheureuse, me disait : « Elle ne sait pas manier son mari... — *She does not know how to* manage *him*... » Et elle me racontait comment s'y est prise au contraire la rivale de cette femme pour séduire et garder ce mari infidèle. L'espèce d'innocence avertie que supposent de telles réflexions n'est pas très intelligible pour nous. Un jeune diplomate, qui a vécu ici plusieurs années et à qui je rapportais cette causerie, pour en connaître la valeur exacte, me résumait son impression à lui, qui est sévère, par ce mot : « Elles ont la dépravation chaste... » Il ajoutait à l'appui de son épigramme des anecdotes sur les fiançailles, les engagements, c'est le terme consacré : « J'ai connu, » me disait-il, « beaucoup de jeunes filles engagées avec des jeunes gens qu'elles n'avaient nullement l'intention d'épouser. Ils leur plaisaient comme fiancés. Elles n'en auraient pas voulu comme maris. J'en ai connu d'autres qui cachaient des mois durant un engagement sérieux afin de garder plus longtemps les hommages qui se détournent de l'*engaged girl.* L'engagement pour la jeune fille, c'est neuf fois sur dix ce qu'est l'état intéressant pour la jeune femme. Elle le dissimule jusqu'au moment où il lui est impossible de ne pas l'avouer... » Je ne vois, dans ces petits faits, que j'ai lieu de croire très vrais, ni la preuve d'une rouerie ni l'indice d'une perversité. C'est le signe que la jeune fille Américaine est avant tout une créature de tête, dressée par nature et par éducation à se tenir en main. « Qu'avez-vous ? » demandait à une d'entre elles un de nos compatriotes en route pour l'exposition de Chicago et qui s'était attardé à New-York. Il venait de se trouver deux dîners de suite à côté de cette jeune fille qu'il sentait singulière, le second soir, et très différente de la veille. — « Je suis un peu nerveuse, » répondit-elle, « quelqu'un est venu me voir à cinq heures qui s'est conduit comme je n'aime pas. Je vais être obligée de cesser ma flirtation avec lui, c'est très dommage... *He is so bright a fellow...* » — Comment traduire ce mot *bright,* avec ce que les Américains lui ajoutent de sens, avec ce qu'ils y font tenir d'adaptabilité rapide et de puissance d'effet ? Comment se rendre bien compte aussi de ce que pense une honnête fille qui se confie de la sorte à un passant connu d'hier ? Ce sont ces franchises qui me paraissent précisément une preuve d'une simplicité que nous interprétons mal. Pour reprendre ma comparaison de tout à l'heure, je suis sûr que cette enfant n'attachait à la mauvaise tenue que le *bright fellow* avait eue auprès d'elle, pas beaucoup plus d'importance qu'au bronchement d'un poney qu'elle eût mal conduit, — « *badly managed* ». Il s'est couronné. On ne pourra plus l'atteler. C'est dommage. « *He was so bright a poney...* » Corrompue ou passionnée, la fille qui attache une importance extrême aux choses de l'amour, comme en Italie et comme chez nous, ou bien n'en parle pas ou bien en parle sur un autre ton.

Précisément parce que la jeune fille Américaine ne fait pas tourner toute son imagination autour des problèmes du sentiment, son caractère comporte des nuances plus nombreuses que celui de ses pareilles d'Europe. Ces dernières attendent, pour se développer vraiment, que leur cœur ait parlé et qu'une influence d'homme ait commencé de les façonner. L'Américaine, elle, existe par elle-même. Elle le sait. Elle le veut. Elle en est fière. Elle n'a rien de commun avec la Galatée du mythe païen qui reçoit tout de Pygmalion, depuis l'expression de sa beauté jusqu'à la flamme de son âme. Son individualité est déjà complète quand elle arrive au mariage, — le plus tard possible, ai-je déjà dit, pour peu que ses parents aient quelque fortune. Elle prétend choisir un époux qui les remplace, ces parents commodes, en indulgence et aussi en richesse. Elle ne compte qu'à demi sur la générosité de son père qui n'est pas obligé de la doter et qui peut, une fois mariée, réduire sa pension à un chiffre dérisoire. Une d'elles, une blonde aux grands yeux bleus un peu railleurs, de ces yeux où il y a de la tendresse et de l'ironie, avec un nez spirituel, frémissant et impertinent à la fois, me racontait, entre deux sourires de ses admirables dents où ne brillait pas un point d'or : « Maman dit que l'amour est comme un mal de dents. Jusqu'ici je n'ai jamais eu besoin de dentiste. Je n'épouserai qu'un homme riche, très riche. Le reste viendra quand il pourra, ou ne viendra pas. En ce moment j'ai preneur à cinq millions. Ainsi rien ne presse... » Et rêveuse : « Je voudrais surtout être veuve. J'ai toujours rêvé de perdre mon mari le jour de mon mariage. J'aurais ainsi moins de regrets, le connaissant moins. Je voudrais, le jour de la cérémonie, en descendant de l'église, le voir tomber foudroyé à mes pieds. C'est si gentil d'être une jeune veuve... » La moqueuse personne, elle avait dix-neuf ans, se calomniait avec le délice d'une fille spirituelle qui pose devant un romancier Français, — *French novelist.* — Ces deux mots ont toujours ici un vague attrait de scandale. — Son paradoxe ne faisait que charger sa réelle pensée à savoir qu'elle avait bien le temps de troquer son sort contre un autre. Beaucoup de ses compagnes pensent comme elle. C'est pour cela qu'elles prolongent volontiers leur célibat jusqu'à vingt-cinq ou vingt-six ans. Dans ces longues années d'une indépendance sans contrôle, chacune se laisse aller à ses goûts, à ses fantaisies, à sa nature enfin, que si peu de gêne opprime. Il en résulte que les originalités de cette nature se développent avec plénitude. D'innombrables types s'élaborent ainsi, dont un voyageur de quelques mois ne saurait avoir la prétention de fixer même les plus généraux. Ceux que je vais crayonner ne sont pas les plus heureusement choisis peut-être. Ils auront du moins ce mérite d'avoir été copiés sur le vif.

Le plus naïf de ces types de jeune fille et à mon avis le plus attendrissant, pour des raisons que je dirai, c'est la *Beauté*. Il y en a deux ou trois pour chaque ville, et d'une royauté tellement reconnue que vous recevez couramment des invitations rédigées de la sorte : « Venez donc prendre le thé demain, après-demain, pour rencontrer Miss ***, *the Richmond beauty*... » J'ai pris Richmond au hasard : à la place mettez Savannah, Charleston, Albany, Providence, Buffalo, telle cité du Nord ou du Sud qui vous conviendra. La *Beauté* doit, pour mériter son titre, être belle en effet de cet éclat rayonnant qui dans un bal, dans un dîner, au théâtre, éteint toutes les autres femmes. Il faut qu'elle soit très grande, très bien faite, que les lignes de son visage et de sa taille se prêtent à ces reproductions dont les journaux et leurs lecteurs sont si friands. Il faut aussi qu'elle sache porter la toilette avec cette fastuosité inséparable ici de l'élégance. Une fois reconnue, c'est pour elle, qui n'a quelquefois pas plus de vingt ans, l'entrée dans une espèce d'existence officielle, presque civique. Son nom s'imprime tout seul dans les colonnes des feuilles consacrées au *Social gossip,* tant les ouvriers l'ont déjà composé souvent. Elle fait partie des grands dîners et des grands bals comme les roses à un dollar pièce et le champagne brut. Sa ville ne lui suffit pas, ou plutôt elle ne remplirait pas sa mission si elle n'allait représenter cette ville à New-York, à Washington, à Newport, dans tous les concours hippiques, toutes les régates, toutes les courses où la société Américaine défile comme au théâtre. Elle est en effet une actrice du monde, et, dans cet ordre, un champion, elle aussi, comme un maître de billard ou d'échecs, — soyons plus nobles, — comme un pugiliste, comme Jim Corbett, le Californien. Pour que son succès soit complet, il est nécessaire qu'elle aille concourir *abroad* et tenir à Paris, à Londres, à Rome, son premier rôle de salon. Quand elle est revenue d'Europe avec sa moisson de lauriers, elle ne désarme pas encore. Il y a du *record* dans ses triomphes, et le jour où elle sera vraiment, incontestablement dépassée par une rivale, il en sera d'elle comme du boxeur de Boston, de l'infortuné J.-L. Sullivan qui ne compte plus, depuis qu'il a été une fois vaincu, — comme du *Teutonic* ou du *Majestic* depuis que la *Campania* est arrivée d'Europe en cinq jours, douze heures, sept minutes. Les autres avaient mis cinq jours, seize heures et quelques minutes. C'est fini, ils appartiennent au passé. La *Beauté* a derrière elle, pour soutenir les dépenses folles d'une existence toujours parée, un père que le plus souvent on ne voit jamais, qui partage sa vie entre son office, son club, et, quelquefois, dans certaines villes, le bar du plus grand hôtel. Sa fille, à laquelle il sert un revenu qui suffirait à des trousseaux de princesse, lui tient au cœur par des sentiments complexes, où il entre moins d'affection que d'orgueil. Il reste des saisons entières sans la voir lorsqu'elle voyage de l'autre côté de l'Océan. Même quand elle est aux États-Unis et à la maison, les repas qu'il prend avec elle peuvent se compter. Il l'aime pourtant, mais par une de ces espèces de déplacements, par une projection de sa personnalité comme Balzac en a décrit une, avec le défaut de son grossissement habituel, quand il a montré l'amitié de Vautrin pour Lucien de Rubempré. « Il était mon *moi* brillant et jeune, » dit le forçat; « je passais son habit, je montais dans son tilbury, j'entrais dans les salons avec lui du fond de ma chambre... » Il est probable que l'homme d'affaires, en train de peiner sur des projets de chemins de fer et sur des organisations de manufacture, accompagne sa fille d'une imagination analogue. C'est son argent qui marche, cette jeune fille, c'est-à-dire sa volonté;

son travail, ce qu'il a de plus intime en lui-même. Soit qu'il la marie à quelque noble Italien, Anglais ou Français, soit qu'il la refuse à ce même noble, — la vanité du père Américain revêt l'une et l'autre forme, — elle lui sert à se prouver sa puissance. Il a cette fille, comme il a un immeuble de vingt étages qui porte son nom, une galerie de tableaux mentionnée dans le guide, — comme il a ses stocks aussi : « Je connais ma valeur sociale, » me disait une de ces jeunes filles, — « *I know my social value...* » Elle parlait d'elle-même comme d'une action du New-York Central ou du Chicago, Burlington, Quincey. — Une valeur sociale, — c'est probablement la meilleure définition de cette créature singulière dont l'existence consiste, en pleine démocratie, à subir autant d'étiquette figurative que si elle était la demoiselle d'honneur d'une princesse, ou princesse elle-même, dans une cour toujours en fête. A propos d'une d'elles dont la santé s'en allait parmi ses victoires mondaines et qui en est morte, une femme très fine a jeté devant moi ce mot auquel je n'ajouterai rien, tant il me semble exprimer ce que comporte de mélancolie l'outrance d'un sort pareil : « J'avais toujours envie de la plaindre de ses toilettes... »

Un second type, moins rare que la beauté professionnelle, mais pourtant moins commun que beaucoup d'autres, c'est la jeune fille *à idées,* qui se subdivise en deux groupes : la *Convaincue* et l'*Ambitieuse.* Comme la *Beauté,* cette fille mène la vie mondaine avec l'espèce d'abus qu'il est si malaisé d'éviter en Amérique. Elle aussi figure dans le défilé quotidien du carnaval fashionable. Seulement elle n'y est pas chef de file comme l'autre. Elle n'a pas obtenu ce succès incontestable et quasi mécanique. D'ailleurs elle ne le recherche point. C'est une fille qui s'est fixé à elle-même un programme particulier, et elle est en voie de l'exécuter avec une persévérance que rien n'arrêtera. Quelquefois, c'est le cas de la Convaincue, ce programme est d'un ordre tout moral et d'une grande hauteur. Elle se sera dit par exemple que le mariage étant un contrat, l'homme doit y apporter la même loyauté que la femme, la même pureté du passé, la même innocence, et elle ne veut se fiancer qu'avec quelqu'un qui n'ait pas plus de souvenirs qu'elle n'en a. Cette rigidité puritaine de conscience serait étrange dans un tel décor de frivolité, si vous ne vous rappeliez qu'un atavisme constant d'ardeur religieuse circule dans ces descendants des proscrits de la *May Flower* et des compagnons de Penn. D'autres fois la fille à idées s'est proposé de jouer un rôle dans la politique. Il faut pour cela deux choses : qu'une personne qui la touche de près occupe une haute fonction, — elle y travaille ; — qu'elle-même ait le talent de diriger ou d'aider cette personne, — elle y travaille aussi. C'est l'originalité tout Américaine de son caractère. Elle est une réaliste et elle veut avoir la réalité du pouvoir dont elle aura les apparences, soit par un père, soit par un frère, soit par un mari. Elle peine pour que les deux premiers soient sénateurs, députés, ambassadeurs. Elle peinera pour que le troisième occupe quelques situations semblables, peut-être pour qu'il réside à la *White House,* et elle peine en même temps pour être, au jour donné, un admirable instrument d'action au service de ce sénateur ou de ce député, de cet ambassadeur ou de ce président, apprenant elle-même la politique et l'administration, suivant les séances des assemblées, le jeu de la machine électorale, les complications de l'échiquier Européen. Celle-là est convaincue à la fois et ambitieuse. En voici une autre qui n'est qu'ambitieuse. Elle a décidé avec elle-même que son nom serait inscrit dans le livre d'or du peerage Anglais, et qu'elle épouserait un lord. Elle s'y prépare depuis bien des années, ne laissant perdre aucune occasion de se rattacher à la haute société Anglaise, en attendant qu'elle vainque l'obstination de son père, systématiquement opposé à un mariage international, par *jingoisme,* — c'est l'équivalent Anglo-Saxon du chauvinisme Français, — et par raison. Tant de ces unions ont eu de tristes lendemains! N'importe, la jeune fille arrivera à grossir la petite phalange des pairesses Américaines, la nerveuse tension de son regard m'en est garante ainsi que le pli décidé de sa bouche et que la vigueur de son menton, — et lors de son entrée dans l'Olympe Britannique, elle n'aura rien à apprendre ni des gens, ni des usages, elle, dont le grand-père a commencé par tenir un petit restaurant dans le Chicago d'avant l'incendie. Lorsque l'ambitieuse est plus médiocre, et surtout lorsqu'elle est moins riche, elle devient volontiers la *Bluffeuse,* — pour emprunter de nouveau ce terme significatif au jeu national du poker. Cette dernière est partie pour l'Europe, l'année passée, avec l'idée très ancrée dans sa jolie tête brune de jouer à quelque jeune homme riche de là-bas le tour que tant d'aventuriers Européens sont venus jouer à des jeunes filles riches d'ici. Quoi de plus équitable? La fortune de son père, elle le sait, ne tiendrait pas à une liquidation. Elle sait aussi que tout le monde le sait autour d'elle, et que les fêtes retentissantes données dans leur maison de la cinquième avenue ne trompent plus personne. La *Bluffeuse* s'est dit qu'à Londres et à Paris sa beauté produirait une sensation, qu'elle tournerait bien une tête naïve et que l'épouseur prendrait pour le signe de millions authentiques son luxe, ses toilettes, sa qualité surtout d'Américaine en voyage. Elle avait d'illustres exemples de *bluffs* pareils et qui ont réussi. Malheureusement elle est tombée sur un jeune homme qui, lui aussi, ruiné jusqu'à la corde et réduit aux expédients, quoique très élégant et très lancé, se proposait de *bluffer* une riche étrangère. Les deux comédiens se sont trompés l'un l'autre, et le jeune homme, venu à New-York pour faire sa demande, est reparti après des explications qui ont dû être de la bouffonnerie la plus délicieuse. Ces vaudevilles-là n'ont malheureusement pas de spectateurs.

Un type de vaudeville encore et qui se produit plus librement, c'est la *Garçonnière*. Celle-là en général est allée en Europe. — C'est la question d'ailleurs qu'il faut toujours se poser à propos d'une Américaine. — Elle y a pris la conscience de son originalité, comme dirait un philosophe. Elle se sait *La Jeune Fille Américaine,* et elle veut l'être plus encore qu'elle ne l'est. Elle vous joue la comédie de sa propre nature en l'exaspérant jusqu'à l'invraisemblable. C'est elle qui vous raconte que, se promenant à Paris, rue de la Paix, un monsieur l'a prise pour ce qu'elle n'était pas, et qu'il l'a suivie. Elle a trouvé cette aventure très drôle, — *great fun*. Vous vous croyez obligé d'excuser l'indiscrétion de votre compatriote. « L'imbécile, » répond-elle, « il ne m'a seulement pas parlé. » C'est elle encore qui a ouvert chez elle un cours de *high-kicking,* ou art de jeter son pied aussi haut que possible. Elle tient le *record* de six pieds trois pouces qu'aucune de ses amies n'a encore battu. « Comme c'est dommage que vous ne puissiez pas me voir *kicker!* » vous dit-elle, « et, vous savez : sans plier le genou... » C'est elle qui, dînant sans sa mère chez une jeune femme de ses amies, vous demande des cigarettes, en fume quatre à la suite et s'écrie : « Et dire qu'il faut que je vienne chez Jessie pour avaler quelques bouffées de *straight cut!...* » Il y a du gamin en elle, mais du gamin d'Amérique; non pas du Gavroche, mais du Gallegher. Je renvoie le lecteur à la curieuse nouvelle de M. Richard Harding Davis pour qu'il apprécie la différence entre l'innocence de la blague Parisienne et l'âpreté de la blague Yankee. Comparez une de leurs pantomimes avec une de nos chansonnettes. La jeune fille Américaine, quand elle se mêle de faire l'homme, a des audaces de langage qui déconcertent : « Que pensez-vous des petits pantalons que mes vertueux concitoyens ont mis aux statues de Philadelphie et de Baltimore?... » J'ai vu un de mes amis Français sursauter à cette question brusquement posée dans un salon de la vertueuse New-England. Un autre commençait de s'intéresser à une des innombrables Mays qui circulent à travers les bals et les thés d'après-midi. Une des camarades de May, la fumeuse de cigarettes justement, lui dit à brûle-pourpoint : « Hé bien! A quand le mariage? Elle est très gentille, vous savez, très gentille... C'est dommage qu'elle n'ait que la tête de bien... Mais oui, » insista-t-elle en gouaillant, « nous avons couché dans la même chambre pendant huit jours à la campagne... » Et une description suit, minutieuse : « Pas de poitrine, des omoplates saillantes, des jambes maigres, pas de hanches... Il n'y a que les cheveux. Ah! les cheveux, par exemple, jusque-là... » Et elle-même plie la jambe et montre avec sa main la place de son jarret, en riant d'un rire gai, celui du collégien qui détaille à un camarade la personne d'une créature quelconque. Une autre, s'ennuyant à la table d'un grand dîner, écrit quelques lignes sur le revers du menu, plie le carton en billet, et elle l'envoie à un officier de notre marine en route pour Chicago, qui la connaissait de trois jours. « Je t'aime, » avait-elle écrit; « que veux-tu de plus? » Et elle eut un accès de fou rire à voir le visage de l'étranger devant l'absurde facétie de cette déclaration moqueuse. Une autre, invitée à un thé par l'amoureux de miss May, et ne pouvant obtenir l'autorisation maternelle, lui écrivait: « Je serais une jeune fille Française que l'on n'agirait pas autrement avec moi. C'est bien la peine d'être Américaine... » puis en manière de *post-scriptum :* « Vous savez que si vous y tenez absolument, je viendrai tout de même... » Et ce n'était pas une coquetterie. La Garçonnière est une façon de jeune homme qui, d'habitude, excelle à tous les sports, s'habille de costumes tailleur, marche tout d'une pièce, joue au billard et trouve beaucoup moins de plaisir à se faire faire la cour qu'à se procurer quelque *excitement* nouveau, tel qu'un voyage à toute vapeur, assise sur le chasse-pierres d'une locomotive. J'en ai connu une, fille d'un directeur d'une grande compagnie, dont ce venait d'être la dernière fantaisie. Elle avait filé des lieues et des lieues à travers la prairie, accroupie sur la plaque de métal au-dessus de laquelle soufflait la machine, et à l'accent dont elle prononçait son « *how exciting!* — combien excitant!... » je sentais encore ses nerfs frémir à ce sursaut de vitesse et de danger.

C'est ici la *Garçonnière physique,* si l'on peut dire, en regard de laquelle s'évoque le profil moins gai de la *Garçonnière intellectuelle,* de la jeune fille « au courant », qui a tout lu, tout compris, et cela non pas superficiellement, mais réellement, avec une énergie de culture à rendre honteux tous les gens de lettres Parisiens. Le malheur est que neuf fois sur dix, cette intelligence capable de tout s'assimiler est incapable de rien goûter. C'est un estomac de fer, — comme celui de Didyme, ce commentateur de la décadence que les Alexandrins appelaient le Scoliaste aux entrailles d'airain, — mais qui n'a pas de palais. Quoiqu'elle s'habille chez les premiers faiseurs de la rue de la Paix, comme toutes les autres, il n'y a pas un livre de Darwin, de Huxley, de Spencer, de Renan, de Taine qu'elle n'ait lu, pas un peintre et pas un sculpteur des œuvres duquel elle ne dresserait le catalogue, pas une école de poètes ou de romanciers dont elle ne sache les théories. Elle est abonnée également à la *Revue des Deux-Mondes* et aux gazettes des plus nouveaux cénacles du quartier Latin ou de Montmartre. Seulement elle ne les distingue pas. Elle n'a pas une notion qui ne soit exacte et vous éprouvez cette étrange impression : c'est comme si elle ne les avait pas. On dirait qu'elle s'est commandé quelque part son intelligence, comme on se commande un meuble, sur mesure, et avec autant de compartiments qu'il y a de connaissances humaines. Elle n'acquiert ces connaissances que pour remplir ces tiroirs. C'est le cas le plus frappant de cet abus de l'effort dont souffre cette civilisation, et la preuve que cet effort ne peut remplacer la nature que jusqu'à un certain degré.

Je me souviens qu'en sortant du palais d'un des millionnaires de Chicago, Forain me disait d'une voix où frémissait le désir effréné d'un artiste sensitif pour un coin de simple humanité besogneuse : « Ah! Une loge de concierge! Que je voudrais donc voir une loge de concierge!... » Et devant la fille intellectuelle, comme on s'écrierait volontiers : « Oh! Une ignorance, une erreur, une seule! Qu'elle se trompe! Qu'elle ne sache pas!... » Vainement. Un esprit se trompe. Un esprit ignore. — Jamais une machine à penser.

Un nouveau type se dessine maintenant, celui de la coquette, — car elle existe aussi, — de la féminine et souple coquette qui ressemble davantage à ce que nous connaissons en Europe, quoique avec des nuances bien différentes. Il y a d'abord la *Collectionneuse,* celle dont la coquetterie s'exerce sur plusieurs personnes à la fois, quatre généralement, pour diviser les jalousies, deux adorateurs un peu vieux, et deux adorateurs très jeunes. Un trait frappant des États-Unis, c'est que l'âge de l'homme ne paraît pas avoir pour la jeune Américaine la même importance que pour la jeune Française. Arnolphe ici n'aurait pas trop à envier auprès d'Agnès le charme des vingt-cinq ans d'Horace. La preuve en est dans la facilité avec laquelle de très jeunes filles se marient à des vieillards riches, et dans le bonheur habituel de pareilles unions. Mon diplomate prétend que l'absence de tempérament explique seule cette anomalie. Cette hypothèse n'est guère conciliable, d'autre part, avec l'admiration des *looks*, de la beauté animale de l'homme, qui explique, elle, certains enlèvements dont les journaux parlent de temps à autre. Je crois plus sage de reconnaître que la coquetterie n'est pas plus que le reste, chez l'Américaine, une affaire d'entraînement. C'est la volonté qui la conduit, ici encore, et qui lui fait trouver une satisfaction d'amour-propre égale à tourner une vieille ou une jeune tête. La preuve de ce parti-pris dans ses flirtations est sa manière de procéder. Elle emploie presque toujours le compliment, mais si gros, si transparent que vous ne savez comment le recevoir. C'est une façon de vous en demander en échange, que vous pouvez, disent ceux qui la connaissent, grossir vous-même à votre gré. Elles n'y croient pas beaucoup, mais elles s'y complaisent. « J'aime tant les Français! » disait devant moi une d'entre elles; « ils savent si bien faire les compliments! Ils s'y prennent toujours de façon que vous croyez qu'ils les pensent. *That they really mean it...* » Et elles ajoutent volontiers : « Écrivez-moi. Dites-moi ce que vous pensez de moi... » C'est cet intérêt admiratif que la Collectionneuse veut éveiller et conserver. Il lui suffit, — toute prête qu'elle reste à se fâcher si cette correspondance ainsi provoquée s'exaltait jusqu'à la déclaration, ou si cet intérêt admiratif se hasardait jusqu'à la caresse, à moins que la Collectionneuse ne soit aussi l'Intéressée. Car ce type existe malheureusement, m'assurent mes amis, de la jeune fille pourtant honnête, qui se fait donner par des adorateurs qu'elle maintient au platonisme des bibelots, des bijoux, jusqu'à des paires de chevaux. Souvent elle ne va pas si loin, et elle se contente de s'engager dans des flirtations d'été avec des amoureux qui aient assez de fortune pour qu'elle puisse se promener durant toute la belle saison dans leurs voitures. Cette variété singulière, cette nature de vierge assez calculatrice pour rester pure, tout en exploitant sa beauté au profit de sa fantaisie, paraît moins odieuse ici qu'ailleurs. — Les rapports d'argent de l'homme et de la femme sont si étranges dans ce pays où l'épouse joue souvent par rapport à son mari le rôle de préposée à la dépense, le voyant à peine, recevant de lui à profusion un argent qu'elle gaspille pour elle seule dans un luxe dont ce mari ne jouit pas! Il n'est jamais là, sinon sous la forme de chèques. — L'espèce est, grâce à Dieu, très rare, si rare que je la mentionne par ouï dire, au lieu que j'ai pu rencontrer souvent la coquette sentimentale, celle qui a l'excuse de se croire « désespérément » amoureuse de celui avec qui elle flirte, « *desperately in love* ». L'outrance d'expression propre à l'Amérique emploie de ces formules pour désigner ces passionnettes qui ont du moins cette originalité que ces romanesques personnes s'y livrent avec un aplomb où se reconnaît l'énergie de la race. Quand la jeune Américaine a remarqué un jeune homme, elle ne se contente pas, comme nos pensionnaires, d'y rêver avec timidité. Elle a toujours une amie complaisante qu'elle dépêche auprès de lui : « Mademoiselle N*** voudrait beaucoup faire votre connaissance... Venez que je vous présente... » C'est régulièrement une autre jeune fille qui joue ainsi le rôle d'intermédiaire. Elle va plus loin : « Pourquoi ne faites-vous pas la cour à Nanine? Elle est charmante, je vous assure. Je vous y aiderai. Je crois que vous lui plairez... » Elle ne le croit pas. Elle le sait. Car Nanine l'a prise comme confidente et chargée de ce message. Seulement Nanine, avec ses romanesques audaces, est une fille de raison. Qui donc a prétendu que les Américaines sont comme les épingles, toujours retenues par la tête? Après un certain temps, elle reconnaîtra qu'elle s'est trompée sur l'intensité de ses sentiments, surtout s'il se présente un mariage à sa convenance. Une fois mariée avec un autre et très heureuse, si elle rencontre jamais le jeune homme de la passionnette, elle lui dira : « Comme j'étais folle! Mais que je vous aimais... *How foolish I was! But how I loved you!...* » Et il y aura dans ce rappel tant de camaraderie gaie que l'idée de reprendre avec la femme mariée le roman jadis commencé avec la jeune fille, puis interrompu, ne viendra pas une seconde à l'idée du jeune homme, objet de cette étrange confidence.

En regard de ces types qui, presque tous, prêtent à la satire, il n'est que juste de crayonner une autre figure qui se rencontre aussi même dans cette contrée du « toujours trop », — celle de l'*Équilibrée*. — Cette charmante physionomie d'une jeune fille, toute justesse et toute harmonie, est de tous les pays et de tous les temps. Molière en a fait son Henriette, Dickens son Agnès, Balzac son Eugénie Grandet. Ce qui la distingue en Amérique c'est la précocité et l'universalité de l'expérience. D'ordinaire, à Londres comme à Paris, la jeune fille très équilibrée est surtout une enfant qui a été très suivie, très surveillée, dont la vie a été réglée soigneusement, l'éducation étroite. Elle a ou bien accepté des circonstances très pénibles, ou bien subi une discipline très serrée. Ici, au contraire, elle a conservé son équilibre de nature au milieu de l'existence la plus comblée, la plus abandonnée et la plus compliquée. Mais ni la fortune de son père, ni le luxe dont elle est enveloppée, ni la fièvre du monde où elle est emportée n'ont pu prévaloir contre sa faculté raisonnable et raisonneuse. Elle a d'elle-même fait le départ entre toutes les sensations que lui a données son milieu, reconnu celles qui sont saines, celles qui sont malsaines, choisi les unes, repoussé les autres. Elle s'est fait un caractère en entière concordance avec sa position dans la société, individuel cependant et particulier. Pour cette jeune fille-là, on le sent, aucune épreuve ne sera dangereuse, aucune fortune ne la trouvera inférieure à ce qui convient. On comprend, tant on la devine énergique, lucide et douce, que la vigueur de sa race, si effrénée partout ailleurs, atteint chez elle son point de mesure. Ce qu'il y a de si absolument libre dans les mœurs féminines de son pays n'a pas altéré chez elle une seule des grâces de son sexe, et ces grâces se doublent d'une force qui assurera son mari, non pas seulement de la plus irréprochable fidélité, mais d'un appui dans n'importe quelle crise. Comme toutes les autres, c'est une personne très complète, qui s'est façonnée elle-même et qui se suffit, mais avec assez de bonté intelligente pour comprendre une autre personne auprès d'elle, l'admettre, l'aider, s'y associer. Que cette jeune fille ne soit pas trop rare aux État-Unis, c'est la preuve que si le principe de l'initiative sans contrôle produit de graves défauts, il produit aussi des nuances nouvelles de beauté morale et de charme. Cette créature, toute mêlée de délicatesse féminine et de volonté virile, attache, étonne, séduit, réconforte. On la respecte et elle attendrit. On lui sait gré d'exister comme à une des nobles choses de ce monde, et on rêverait, tant elle est complète, de l'avoir dans son existence, comme confidente, comme conseillère, comme amie, — j'allais dire, et c'est, je crois bien, le plus flatteur des éloges, comme ami...

Bien ou mal équilibrée, coquette ou sentimentale, savante ou gamine, intrigante ou simple, la jeune fille Américaine est donc avant tout un petit univers complet, qui s'est formé, qui a grandi hors de toute influence masculine. Cette différence d'esprit, d'habitudes, presque d'espèce entre elle et son père que j'ai marquée d'un trait en passant, si totale qu'elle en est invraisemblable, semblerait devoir donner naissance à de terribles drames moraux. S'ils sont rares, c'est que nulle part comme ici on ne pratique l'intelligente et humaine maxime de « vivre et laisser vivre »... Toutefois cette extrême liberté n'évite les froissements que par la suppression des rapprochements, et, conséquence très importante pour la jeune fille, plus importante pour la jeune femme, il en résulte que la vie du *home* existe aux États-Unis beaucoup moins qu'ailleurs, du moins dans la classe aisée. Mille signes manifestent cette sorte d'éparpillement du foyer Américain : la singulière facilité de voyager d'abord, et surtout la quantité de gens riches qui mènent cette existence d'hôtel, presque inintelligible pour des Européens et en particulier pour des Français. « Voilà dix ans que nous passons l'hiver ici, mais nous prétendons habiter Rochester... » me disait avec esprit une jeune femme très à la mode. Comme à ces dix hivers passés à New-York correspondent dix étés passés à Newport, autant d'automnes passés à Lennox et probablement plusieurs printemps passés à Paris, on voit la place laissée à la vraie maison dans un pareil ménage. Cette singulière et mobile façon de vivre s'exagère à mesure que l'on se rapproche de l'Ouest. Les voyageurs prétendent que, là-bas, certaines villes sont uniquement composées de masures en bois disséminées autour de quelque immense hôtel. C'est là, dans ce caravansérail monté avec le luxe violent dont les nouveaux riches raffolent, que s'ébauchent les commencements de cette existence sociale, épanouie plus tard dans les grands centres. du bord de l'Atlantique. La famille, installée à l'hôtel, a un salon où elle reçoit, qu'elle orne de gravures, d'étoffes, qu'elle meuble souvent de meubles privés. Pour se rendre compte du degré où ces gens vivent à côté les uns des autres, bien plus que les uns avec les autres, il faut avoir soi-même habité un de ces hôtels et assisté à quelques-uns de leur repas. Ils mangent bien à la même table, mais sans que personne attende personne. La fille se lève ou la femme quand le père ou le mari vient s'asseoir pour son déjeuner, son lunch ou son dîner. C'est la tout humble mais expressive évidence de ce qui fait le fond de la famille Américaine : chacun pour soi, et chacun par soi. Cette vérité, la jeune fille la porte écrite dans le plus intime de son être. Tout la lui révèle et elle-même en est trop persuadée pour ne pas savoir, au moment de se marier, que cette règle dominera la maison conjugale comme elle a dominé la maison paternelle. Aussi ne s'attend-elle guère à trouver dans celui qu'elle épouse, comme une enfant de chez nous, un confident absolu de ses pensées, un ami qui fera l'éducation de son esprit, de son cœur, de tout son être. D'ailleurs on ne peut même pas dire d'elle ce que l'on dit d'une Française, qu'elle est devenue femme. Elle l'était avant de se marier, par ses idées, par son caractère, par sa liberté, par ses habitudes. La différence est que d'une part les possibilités d'avenir vont être diminuées pour elle, et de l'autre qu'elle va être moins entourée. Chez nous, le passage de l'état de jeune fille à l'état de jeune femme est un avènement. Il est ici tout le contraire. C'est une démission.

Pourquoi la femme mariée est-elle moins courtisée aux États-Unis que la jeune fille ? C'est la première question que se pose l'étranger après quelques semaines de séjour. Est-ce que les Américains respectent le mariage plus que nous ne faisons ? Est-ce que, les mœurs y étant plus simples et plus pures, le cœur du jeune homme répugne à ce que l'adultère représente d'âcres émotions et de tristesse ulcérée, même dans le bonheur ? Est-ce que le temps manque pour des séductions poussées profondément et lentement ? Est-ce le dégoût du mensonge, ce trait si remarquable de l'âme Anglo-Saxonne ? Est-ce au contraire un comble d'hypocrisie ? — Il est certain que dans la société vous n'entendez pour ainsi dire jamais faire allusion à quelqu'une de ces liaisons comme il en abonde à Paris et même à Londres. Cette ligne de démarcation entre la coquetterie et l'intimité, entre les alentours de la faute et la faute elle-même, la causerie Américaine l'évite toujours. « Ces choses-là n'existent pas aux États-Unis... » C'est la phrase que j'ai souvent entendu dire à plusieurs de mes amies d'ici, et comme j'objectais à une d'elles l'attitude de telles ou telles femmes avec tels ou tels hommes, qui me paraissait comporter une évidence indiscutable : « Ces femmes-là se croient obligées d'avoir des histoires, » me répondit-elle, « parce qu'on en a en Europe... Seulement au lieu de se cacher, elles s'affichent le plus qu'elles peuvent, précisément parce qu'il n'y a rien de sérieux... » L'étranger ne peut répliquer que par le grand mot de doute du plus sceptique des peuples et du moins Américain : « *Sarà...* » Deux raisons d'un ordre très différent expliquent *a priori,* si l'on peut dire, que la femme mariée doive être pourtant plus préservée ici que dans le vieux monde. La première, qu'il ne faut ni exagérer ni diminuer, c'est cet arrière-fonds de puritanisme, qui a baissé depuis cinquante ans d'année en année, presque de mois en mois. Il n'a pas disparu tout entier. Un des plus éloquents d'entre les magistrats du Massachusetts, le juge Oliver Wendell Holmes, a dit dans un de ces discours, brefs et chargés d'âme, où il excelle : « Même si notre façon a changé d'exprimer notre étonnement, notre frissonnante crainte, notre persistante confiance en face de la vie, de la mort et de l'insondable monde, encore aujourd'hui, même maintenant, nous autres, les Nouveaux-Anglais, nous sommes soulevés par le ferment Puritain... — *Even if our mode of expressing our wonder, our awful fear, our abiding trust in face of life and death and unfathomable world has changed; yet at this day, even now, we New-Englanders are still leavened with the Puritan ferment...* » Cela est vrai dans la Nouvelle-Angleterre, qui continue elle-même d'être le ferment moral de l'Amérique. Or, il faut se souvenir que voici deux cents ans la loi Mosaïque, qui punit de mort l'adultère, était écrite dans le code du Massachusetts. Le premier adoucissement apporté à cette rigueur fut de marquer seulement de la lettre A, au fer rouge, les personnes convaincues de ce crime. De telles férocités de législation ont beau disparaître, elles laissent après elles, dans l'opinion, des traces qui ne s'effacent pas si vite. La campagne du Docteur Parkhurst l'hiver dernier contre les filles de New-York et la rafle exécutée par ses soins, en pleine nuit glacée de décembre, sur ces habitantes du *Tenderloin*, — *le filet*, c'est le nom du coin galant de Broadway, — atteste que l'antique âpreté réformatrice n'est pas morte. C'en est assez pour faire comprendre que la légère façon Parisienne d'accepter, en le raillant, le ménage à trois, n'est pas encore celle des États-Unis. La seconde raison est moins historique et moins idéale. Elle réside dans cette extraordinaire facilité du divorce dont gémissent les moralistes sévères. S'ils sont dans le vrai, au point de vue du plus grand bien, ils sont assurément dans le tort au point de vue du moindre mal. Ici encore les Américains ont obéi à leur instinct de voir les choses comme elles sont, et de se laisser conduire par les faits, en les admettant sans les discuter. Ils sont partis de cette idée bien simple, — mais nos esprits Latins ne l'ont pas encore admise, — que le divorce n'est jamais un danger pour les bons ménages, et qu'il y a un grand intérêt public et privé à ce que les mauvais soient brisés le plus vite et le plus aisément possible. Ç'a été dès lors une concurrence entre les États pour augmenter cette facilité. On a fait souvent la plaisanterie de dire que les serre-freins criaient dans les gares de Chicago : « Vingt minutes d'arrêt pour divorcer... » C'est la charge d'une vérité, à savoir que dans certains codes de l'Ouest la rupture du lien conjugal n'est pas beaucoup plus compliquée que la vente d'un terrain. Dans la plupart, six mois de résidence suffisent pour que vous puissiez bénéficier de leur loi du divorce; dans quelques-uns, le Nord-Dakota par exemple, quatre-vingt-dix jours. L'ivrognerie attestée, la condamnation d'un des époux à deux ans de prison, son absence volontaire pour une année, son affiliation à une secte religieuse contraire au mariage, — voilà, au hasard, quelques-uns des motifs que je relève en parcourant les divers articles de ces codes. Aussi n'y a-t-il pas de semaine où vous ne lisiez dans les journaux que M. X*** ou Mme Z*** partent pour tel ou tel État afin d'y passer une saison, le temps de remplir les conditions de la résidence. Après quoi ils seront libres de reprendre leur vie d'autrefois et de nouer de nouveaux liens. Ces villégiatures à base de divorce sont une des gaietés de ce monde hardi : « Je connais beaucoup Mme V***, » me disait une jeune fille de Washington; « quand nous avions notre loge à l'Opéra à New-York, nous nous rencontrions toujours dans le train. C'était justement les jours où elle allait chaque semaine aussi faire acte de présence dans la maison qu'elle avait louée en Delaware pour son divorce... » Cette aisance dans l'affranchissement des conjoints malheureux a pour résultat de donner aux ménages qui durent une grande apparence d'irréprochabilité, ainsi qu'aux nouveaux ménages qui se forment après la rupture des premiers. Les unions mal assorties n'ont vraiment aucun motif de se prolonger. Ce n'est certes pas l'idéal, mais on finit, en y regardant de près, par constater que cette souplesse de la législation ne crée pas une société malsaine. Hommes et femmes s'y habituent à refaire leur existence, quand ils l'ont manquée, ouvertement, franchement, ce qui vaudra toujours mieux que l'organisation du mensonge, si habituelle chez nous et qui dégrade à la fois le mari, la femme et l'amant. Mais peut-être les uns et les autres trouveraient-ils la solution des États-Unis cruellement incommode dans sa soi-disant commodité.

Avec cette porte sur la liberté, — porte demi-ouverte, et qu'elle n'a qu'à pousser d'un geste, — comment la jeune femme, déjà si faite, si complète, si énergiquement dressée à vouloir et à agir, oui, comment s'assouplirait-elle à la discipline du compagnon que le mariage lui a donné? Indépendante elle était avant. Indépendante elle reste après. Je veux dire pensant par elle-même, dirigeant sa vie d'après ses idées et continuant à développer sa personne avec ce même parti-pris qui était déjà le sien, sans se modeler sous l'empreinte et d'après les idées de son associé. Voilà le vrai mot de ce mariage, — non pas toujours, mais bien souvent, — c'est une association mondaine où l'homme apporte pour capital son travail et son argent, la femme sa beauté, son art de s'habiller et son talent de recevoir. Les enfants arrivent, qui, chez nous, sont la question vitale d'un ménage, sa ruine définitive ou son salut. Il n'en va pas ainsi en terre Anglo-Saxonne. L'idolâtrie du père et de la mère, qui explique la famille Française, ses mollesses, la division égale des héritages, sa chaleur aussi et sa solidarité, — cette idolâtrie, un peu morbide mais si tendre, est remplacée en pays Anglais ou Américain par une vigilance plus mâle et plus froide, qui ne remue pas les fibres profondes du cœur ou du moins qui les remue d'une autre vibration. Mes amis Français d'ici sont très sévères sur ce point. Ils prétendent que la grossesse est tout d'abord dissimulée avec soin par la jeune femme qui en rougit comme d'une fonction bestiale, presque humiliante et qu'il faut cacher. Ils me citent, comme très caractéristique, ce mot d'une vieille dame qui se serait écriée, en apprenant qu'une de ses jeunes amies venait d'accoucher de deux jumeaux : « Que c'est vulgaire !... *How vulgar !...* » Ils me nomment telle ou telle personne de la société qui a passé des six mois d'affilée en Europe sans s'inquiéter de ses enfants, laissés aux soins de parents ou d'amis. J'ignore si des abandons pareils sont l'exception ou s'ils sont la règle, et surtout je ne crois pas beaucoup aux anecdotes. En histoire elles sont toutes fausses, en littérature toutes calomnieuses, et, quand il s'agit de la vie sociale, presque toutes chargées, sans la nuance individuelle qui explique l'anomalie et sans les circonstances qui la justifient. Je crois davantage aux statistiques, et celle des divorces me paraît plus concluante. Des pères et des mères que leurs enfants ne rapprochent pas ne les aiment guère, et d'autre part, si l'éducation directe de l'enfant par ce père et par cette mère était très fréquente, l'initiative individuelle du jeune homme et de la jeune fille ne serait pas ce qu'elle est. Si le mariage Américain est surtout une association, il semble bien que la famille Américaine soit surtout un compagnonnage, une sorte de campement social, dont le lien, quand il est étroit, l'est surtout par l'effet de sympathies individuelles, comme entre personnes qui ne seraient pas du même sang. Je suis sûr, non point d'après des anecdotes, mais par expérience, que l'amitié de frère à frère ou de sœur à sœur est ici tout élective. Il en est de même des relations de père à fils et de mère à fille. Un de mes jeunes compatriotes, très amoureux d'une jeune fille de New-York, me disait, dans un de ces moments où la froideur d'une femme que l'on aime vous exaspère jusqu'à la plus cruelle lucidité : « Elle a si peu de cœur qu'elle est allée au théâtre cinq semaines après la mort de sa mère, et personne ne s'en est indigné... » J'ai su que le fait était exact. Mais que prouvait-il ? Que prouve aussi cette inégalité des partages que la liberté de tester introduit dans la distribution des legs? Rien d'autre sinon que notre sensibilité n'est pas la même que celle des gens de ce pays. Ils ont beaucoup moins de don d'eux-mêmes, beaucoup plus de réaction individuelle, et surtout une volonté plus forte. Cette volonté s'exerce sur leur cœur comme elle s'exerce sur leur cerveau. Cela nous paraît moins tendre. Sommes-nous bons juges?

C'est cette dissociation constante de la vie de famille qu'il faut se rappeler sans cesse pour comprendre un peu l'espèce de célibat d'âme, si l'on peut dire, que la jeune femme continue de garder en Amérique à travers le mariage. Pas plus dans cette seconde période de sa vie que dans la première, l'amour ne joue chez elle ce rôle prépondérant qui nous semble inséparable, à nous autres, de la destinée féminine. Quand une Parisienne de quarante ans jette un regard en arrière, c'est l'histoire de ses émotions que son souvenir lui raconte. Pour une Américaine du même âge, c'est le plus souvent l'histoire de ses actions, de ce qu'elle appelle d'un mot que j'ai déjà cité, ses expériences. Elle a eu, entre ses dix-huit et ses vingt-cinq ans, une conception de sa propre personne qui ne lui était imposée ni par ses traditions, elle n'en a pas, ni par les enseignements de ses parents, ils ne lui en ont point donné, ni même par sa nature, car le propre de ces intelligences si facilement *adaptables,* c'est que l'instinct premier y est informe et indéterminé. Elles sont comme un *blank* que la volonté se charge de remplir. Ce que cette volonté y a inscrit y est tracé en lettres qui ne s'effaceront pas. De l'action, encore de l'action et toujours de l'action, — telle est la devise, inconsciente mais constante, de cette femme. Qu'elle recherche une situation mondaine ou qu'elle ambitionne une culture artistique, qu'elle se livre aux choses du sport ou qu'elle organise des *classes*, comme elles disent, pour lire entre amies Browning, Emerson ou Shakespeare, qu'elle voyage en Europe, aux Indes, au Japon, ou qu'elle reste chez elle à faire verser — *to pour* — par une jeune fille de ses amies, des tasses de thé, soyez certain qu'elle agit sans cesse, qu'elle agit toujours, qu'elle agit infatigablement dans le sens de son *refinement* ou de son *excitement*. De quel accent ces femmes prononcent l'un et l'autre de ces deux mots qu'ils ne faut pas se lasser de reprendre, car ils résument peut-être toute l'âme Américaine! Ils passent et repassent dans la causerie, comme les deux formules où se révèle l'obsession de cette créature qui, née d'une race rude et se sentant fine, se veut plus fine, encore plus fine; qui, grandie en pleine démocratie, se veut aristocrate, encore plus aristocrate; qui, fille d'une terre d'entreprise, aime à exaspérer encore chez elle cette sensation des nerfs trop tendus. A en voir ainsi dix, quinze, trente, cinquante, le caractère d'excentricité que vous leur aviez trouvé d'abord, par comparaison avec l'Européenne, s'abolit. Un type nouveau de séduction féminine se révèle à vous, moins attendrissant qu'irritant, énigmatique et un peu ambigu par le mélange indéfinissable de grâce souple et de fermeté virile, par l'alliance de la culture et de la vigueur, de la nervosité la plus vibrante et de la santé la plus vaillante. La véritable place de cette créature dans cette société vous apparaît aussi, et la raison profonde pour laquelle ces hommes, eux-mêmes tout action, laissent ces femmes agir de la sorte avec cette totale indépendance. S'il est permis d'appliquer un vieux terme administratif à des êtres aussi subtils, aussi délicats, ces femmes sont, dans cette civilisation utilitaire, les déléguées au luxe. Elles ont pour mission d'y apporter ce que l'Américain n'a pas le temps de créer et qu'il veut avoir : la fleur de l'élégance, un peu de beauté et, pour tout dire, de l'aristocratie. Elles sont la noblesse de ce pays d'affaires et une noblesse qui se développe par la continuation même de ces affaires, puisque l'argent qui se gagne dans les bureaux aboutit à elles, et sous leurs mains il se transfigure, il s'épanouit en décorations précieuses, il s'intellectualise en caprices d'esprit, il se *désutilise* enfin...

Un grand artiste, l'un des premiers de l'époque par l'ardeur de sa recherche, la conscience de son étude et la sincérité de sa vision, John Sargent, a rendu ce que j'essaie d'exprimer dans le portrait d'une de ces femmes, dont j'ignore le nom et que j'ai vu dans une exposition, — un de ces portraits comme les maîtres du XVe siècle en ont peint, qui derrière l'individu atteignent le pays et derrière le modèle tout un monde. Elle pourrait, cette toile, tant elle est représentative, s'appeler l'*Idole Américaine*. La femme est debout, les pieds rapprochés, les genoux collés, dans une pose presque hiératique. Son corps assoupli par l'exercice est serré, comme moulé dans une gaîne noire. Des rubis luisent sur ses souliers noirs, comme des gouttes de sang. Sa taille mince est prise dans un collier d'énormes perles, et de cette robe qui fait un fond intensément sombre au minéral éclat des bijoux, les bras et les épaules ressortent avec un autre éclat, celui d'une chair de fleur, une blanche et fine chair où court un sang fouetté sans cesse par le grand air de la campagne ou de l'Océan. La tête, intelligente et audacieuse, avec une physionomie d'avoir tout compris, a comme auréole le dessin vaguement doré d'une de ces étoffes de la Renaissance que les Vénitiens appellent *sopra-risso*. Les bras arrondis, où les muscles se devinent à peine, se rejoignent par les mains unies, des mains décidées, au pouce presque trop long, et qui doivent conduire quatre chevaux avec la précision d'un cocher anglais. C'est l'image d'une énergie, invincible à la fois et délicate, au repos en ce moment, et il y a de la Madone Byzantine dans cette face aux grands yeux ouverts. Oui, c'est une idole et pour le service de laquelle l'homme travaille, qu'il a parée de ces bijoux de reine, derrière chaque fantaisie de laquelle il y a des jours et des jours passés dans Wall Street en plein combat. La frénésie des spéculations autour des terrains, les villes entreprises et construites à coups de millions de dollars, les trains lancés à toute vapeur sur des ponts d'une envergure d'arche de Babel, le grincement des cars à câble, le frémissement des cars électriques qui courent le long de leurs fils avec un crépitement et une étincelle, la montée vertigineuse des ascenseurs dans les bâtisses à vingt étages, les immenses cultures de blé de l'Ouest, ses ranches, ses mines, ses colossaux abattoirs, — le formidable travail enfin de ce pays d'effort et de lutte, tout son travail, voilà ce qui a rendu possible cette femme, cette orchidée vivante, chef-d'œuvre inattendu de cette civilisation. Et le peintre lui-même ne lui a-t-il pas dévoué le trésor de son long, de son acharné labeur? Pour être capable de cette toile, il a dû s'assimiler un peu de la fougue des maîtres Espagnols, surprendre la finesse des grands Italiens, connaître et pratiquer les curiosités de l'impressionnisme, rêver devant les icônes des basiliques de Ravenne, et lire, et penser. Oui, que de culture, que de réflexion pour pénétrer jusqu'au fond le plus intime de sa propre race! Il a exprimé de cette race un des traits les plus essentiels, la divinisation de la femme, considérée non plus comme une Béatrice, ainsi qu'à Florence; non plus comme une courtisane, ainsi qu'à Venise; non plus comme une énigme, ainsi qu'à Milan; mais comme une suprême gloire de l'énergie nationale. Cette femme peut ne pas être aimée. Elle n'a pas besoin d'être aimée. Ce n'est ni la volupté ni la tendresse qu'elle symbolise. Elle est comme un objet d'art vivant, une savante et dernière composition humaine qui atteste que le Yankee, ce désespéré d'hier, ce vaincu du vieux monde, a su tirer de ce sauvage univers où il fut jeté par le sort toute une civilisation nouvelle, incarnée dans cette femme-là, son luxe et son orgueil. Tout s'éclaire de cette civilisation au regard de ces yeux profonds où le peintre a su faire tenir tout ce qui est l'Idéalisme de ce pays sans Idéal, ce qui sera sa perte peut-être, mais qui jusqu'ici demeure sa grandeur : la foi absolue, unique, systématique et indomptable dans la *Volonté*.

V

GENS ET PAYSAGES D'AFFAIRES

DERRIÈRE cet univers mondain et féminin, pour soutenir son indépendance même et son initiative, ce qu'il y a donc, en Amérique comme ailleurs, c'est l'homme. Mais un trait distingue cette civilisation : cet homme ici appartient à une seule catégorie. Dans ces États-Unis où il n'y a pas de noblesse, pas de bourgeoisie terrienne, presque pas d'officiers, pas de corps diplomatique, un minimum d'administration, la société, dans les deux sens de ce mot, est la chose de l'homme d'affaires, classe immense et qui va de l'hôtelier au politicien, celui-ci engloutissant dans la mise en train de son hôtel des huit cent mille dollars, celui-là procédant à son élection, au vote et au rejet d'une loi, avec des procédés d'entrepreneur. Aujourd'hui l'homme d'affaires a même enrégimenté sous ses ordres et il emporte dans le tourbillon de son activité cette population rurale, si séparée de lui dans les autres pays. L'extension du territoire et les énormes transports des bestiaux et des blés par voies ferrées l'asservissent aux compagnies de tout genre qui ont, elles aussi, « entrepris » la nourriture de toute l'Amérique. Une preuve bien significative de ce fait particulier est la disparition quotidienne des fermiers de New-England, de ces personnages si locaux, si savoureux, dont les mœurs simples et vraies ont fourni un objet inépuisable d'étude à tant de romanciers et de romancières. Incapables de lutter, par leur action isolée et individuelle, contre la trop forte concurrence de l'Ouest, ces fermiers émigrent du côté de la prairie, et l'on trouve sans cesse dans les journaux des annonces où ils mettent en vente leur modeste propriété, avec des références comme celles-ci, que je transcris sans y rien changer : « S*** Massachusetts, — à vendre une ferme de soixante-douze acres : fenaison *(mowing)*, huit acres; pâturage, dix-huit; forêt, trente-quatre; terre labourable, douze. Presque tout l'herbage peut être coupé à la machine. Maison à un étage, cinq chambres, exigeant quelques réparations. Petite grange en bon état. Bonne eau de puits près de la maison, et eau courante derrière la grange. Vingt pommiers. Douze arbres fruitiers d'autres variétés. Station de chemin de fer à L***, six milles.

Bureau de poste à S***, un mille. Prix, quatre cents dollars, cent dollars comptant. Intérêts, sur la différence, quatre pour cent... » Quel drame de ruine rustique s'entrevoit derrière ces humbles chiffres, et, derrière le détail de cet humble inventaire, quelle laborieuse et presque idyllique existence ! J'ai encore rencontré des conditions analogues, bien loin, dans le Sud, parmi les survivants de ces colons de race blanche qui n'avaient pas d'esclaves. Les noirs, par mépris, les appelaient des *crackers*. J'ai dans les yeux, en écrivant ces lignes, l'image d'une maison de bois, perdue dans les forêts de térébinthes qui couvrent la Géorgie. Un vieillard de soixante-dix ans l'habitait, avec sa fille, ses fils et les enfants de ses fils, de petits garçons aux jambes musclées déjà comme des bras, qui couraient, pieds nus, parmi les chevaux. Ces gens avaient cette politesse fière des familles qui n'ont jamais connu de supérieurs, n'ayant eu ni vanités ni besoins. Le vieux se souvenait d'avoir entendu conter que son arrière-grand-père venait de France, de Bretagne, croyait-il, et le prénom de René, demeuré parmi eux, attestait cette origine lointaine. Leurs beaux yeux clairs, des yeux de Celtes, rayonnaient d'une lumière d'honneur. Rien à leur table qui ne fût recueilli sur leur terre et fait de leurs mains. « Excepté le café et le tabac, nous avons tout, » disaient-ils, « même du vin... » Et ils m'apportèrent, avec l'orgueil de Robinson recevant le capitaine Espagnol, une liqueur d'un rouge pâle, qui était du sirop de raisin adouci de canne à sucre, et versé, faute de bouteille, dans une casserole de fer-blanc. Des vaches, des chèvres, des porcs, paissaient librement autour de la maison. Les fusils, pendus à l'entrée, brillaient de l'éclat des outils souvent employés. Je pensais que j'avais devant moi le pionnier primitif, tel qu'il abondait, voici cent ans. Il en est de lui comme des bisons dont les derniers troupeaux se gardent jalousement au *Yellowstone Park*. Il a disparu pour être remplacé par l'ouvrier de culture, et ce dernier n'est plus qu'un instrument aux mains de ces hommes d'affaires, que vous retrouvez du haut au bas de ce vaste pays, en train de le pétrir sans cesse et de le repétrir. En haut, ils lui donnent son élégance particulière par le luxe de leurs palais, de leurs villas, de leurs femmes et de leurs filles. En bas, ils lui distribuent son pain par l'enrôlement des ouvriers. « Je pense, » disait l'autre jour un d'entre eux, un orateur de premier ordre et qui serait président peut-être, si justement la démocratie Américaine ne se débattait contre ce réseau plutocratique, M. Chauncey Depew, « je pense qu'un directeur de chemin de fer rend un énorme service au peuple. Il a sous lui de vingt à trente mille hommes qui représentent par leurs familles de cent mille à deux cent mille têtes, et leur bien-être, non seulement physique, mais mental, social et moral, dépend presque absolument de lui... » Une entreprise de boucherie comme celle des Armour à Chicago, c'est la mise en mouvement quotidienne de onze mille employés. Le général en chef de cette armée de travailleurs est souvent un homme qui, à vingt ans, demeurait dans un *lean to*... un « appuyé à... », c'est-à-dire une maisonnette de planches adossée contre un rocher ou contre un gros mur. Il n'a pas plus de quarante ans, et il « vaut » cinq millions de dollars. Encore quelques années, il en « vaudra » dix, il en « vaudra » quinze, jusqu'à ce qu'il meure d'une maladie de cœur dans une cabine de bateau ou dans son wagon privé, beau-père d'un lord Anglais ou grand-père de jeunes princes Italiens, mais familièrement regretté ou maudit sous son petit nom de Jim, de Tom ou de Billy par ses ouvriers, selon qu'il aura su s'en faire aimer ou s'en faire haïr.

Voilà le personnage vraiment nouveau, impossible à rencontrer partout ailleurs, et qu'il faudrait se figurer du petit au grand, — car la série en est infinie, — pour comprendre vraiment le plus original de cet étrange peuple. Il y a dans ces vigoureuses natures d'hommes d'affaires un côté de génie technique qu'aucun observateur, si profondément imaginatif soit-il, ne saurait définir. On me raconte qu'un autre portraitiste, — car les Américains ont la passion, presque la folie du portrait et celle du buste, — se trouva chargé, l'année dernière, de peindre un des plus célèbres banquiers de Wall Street. Désespérant de jamais obtenir une séance sérieuse, tant les heures de son modèle étaient bousculées, le peintre finit par se transporter au bureau même du spéculateur, qu'il brossa sur place, ayant aux mains la bande de papier déroulée automatiquement sur laquelle s'inscrivent, seconde par seconde, les cours des valeurs. Exact symbole de ce que nous arrivons à saisir, nous autres, hommes d'art ou de pensée abstraite, quand nous étudions quelqu'un de ces constructeurs d'énormes fortunes ! Nous voyons un geste, une face absorbée, la tension d'une énergie prodigieuse, et rien de plus. Ce que le manieur d'argent éprouve en regardant les chiffres, la marche particulière d'un esprit de cette qualité en travail de combinaison, pourquoi celui-ci triomphe, et pourquoi cet autre échoue, autant de problèmes qui nous demeurent insolubles. J'ai mentionné tout à l'heure le nom de M. Chauncey Depew. Il y a, dans le recueil de ses discours, publiés cette année même, une phrase singulière sur le « génie inégalé » du premier des Vanderbilt, le célèbre Commodore. Les quelques résultats que l'orateur donne à l'appui manifestent en effet une telle supériorité, qu'on ne pense plus à s'étonner de cette qualification. Nous admettons, avec le spécialiste, qu'une force intellectuelle a fonctionné là, aussi remarquable que celle qui gagne des batailles, gouverne des Parlements, fait et défait des traités. Mais il la comprend, lui, cette force, parce qu'il a travaillé à côté d'elle, sous elle, avec elle. Pour nous qui n'avons pas, qui ne pouvons pas avoir cette vision pratique, ce talent professionnel demeure dans le domaine de l'indéfinissable et de l'inatteignable. Une seule ressource nous reste : regarder de notre mieux l'œuvre que ces hommes d'affaires produisent, le décor où leur activité se déploie, les conceptions qu'ils exécutent, et à travers les impressions éveillées en nous par ce spectacle, hasarder quelques hypothèses sur la sorte de nature humaine que cette œuvre, ce décor, ces conceptions supposent. J'ai essayé cette expérience maintes fois durant mon voyage, particulièrement dans une trop courte visite du côté de l'Ouest, à Chicago, à Saint-Paul, à Minneapolis, — du moins dans ce qui était l'Ouest jadis, car de cinq ans en cinq ans, ce bord de la civilisation recule, et voici venir l'époque où les gens du Colorado s'offenseront de n'être pas traités de « gentlemen de l'Est ». — Qu'importe d'ailleurs? Est? Ouest? Ce sont des mots. Ce qui est une réalité, et prodigieuse, c'est la poussée des trois villes dont je viens d'écrire les noms et qui n'ont pas à elles trois, en mettant leurs années de durée bout à bout, plus d'un siècle et demi. L'on songe que derrière cette croissance démesurée, derrière ce passage presque immédiat du désert à une cité de deux cent mille, de cinq cent mille, de huit cent mille habitants, c'est toujours et uniquement l'énergie de l'homme d'affaires qui se retrouve, et l'on cesse d'avoir à son égard les préjugés du lettré. J'espère qu'il n'en restera pas trace dans ces quelques croquis que je détache de mon journal et dans les deux ou trois conclusions psychologiques qui les commentent.

... Chicago, par un matin d'automne, et du haut de la tour de l'Auditorium. Elle a deux cent soixante-dix pieds, cette tour, et elle couronne, en la dominant, une chaotique, une cyclopéenne construction, qui adosse un colossal hôtel à un colossal théâtre. Il faut venir ici dès le lendemain de l'arrivée, pour recevoir dans toute sa force l'impression de la monstrueuse ville, toute noire au bord de son lac tout bleu. Quand le conducteur du train a crié hier soir le nom de la gare où je devais descendre, un de ces formidables orages, comme il n'en fait qu'en Amérique, écrasait de ses cataractes le ténébreux paysage, et, de la station à l'hôtel, je n'ai pu voir que des profils de gigantesques bâtisses, comme pendues dans le ciel sinistrement zébré d'éclairs. A côté, de toutes petites maisons de bois tremblaient sous la rafale, légères à croire que le vent furieux allait en disperser les planches aux quatre coins de cet horizon de tempête. Mais, ce matin, ce ciel est clair, d'une douce et tiède clarté, lavée de pluie, qui fait mieux ressortir encore la sombre couleur de la ville, et ce bleu tendre se reflète dans l'azur plus sombre du vaste Michigan, sillonné de bateaux à vapeur, comme une mer. Chicago s'étend, à perte de vue, avec ses toits plats d'où s'échappent des fumées, — une innombrable quantité de colonnes de vapeur d'un gris blanchâtre. — Elles montent toutes droites, puis elles s'arrêtent, elles se tassent en des chapiteaux fluides, et elles finissent par se rejoindre en dôme au-dessus des colossales avenues. Après quelques instants, les yeux s'habituent à la perspective de ce paysage étrange. Ils discernent des différences entre les hauteurs de ces plates-formes. Celles qui sont à six étages seulement du sol semblent appartenir à des chaumières. Celles qui sont à deux étages du trottoir se confondent avec lui, tandis que des *buildings*, à quatorze, à quinze, à vingt étages, se dressent comme les îlots des Cyclades vus de la montagne de Nègrepont. Et il monte de cette cité une rumeur immense, qui ne ressemble au bruit d'aucune autre. Des cloches de locomotives y tintent sans cesse, comme si elles sonnaient d'avance le glas de ceux qui vont être écrasés. On voit ces locomotives courir de toutes parts, traverser des rues, longer le lac, franchir le fleuve qui roule une eau plombée sous des ponts couleur de suie. Ces trains se croisent, se décroisent, se poursuivent en se dépassant. On distingue un chemin de fer élevé, à côté de ces chemins de fer à même la rue, d'autres trains dans les avenues, composés de trois, de quatre voitures. C'est le système des cars à câble. Des bateaux entremêlent leurs vergues et s'amassent dans le port. Oui, paysage étrange, quand on se rappelle que cette Babel d'industrie est née d'un petit fortin de frontière, le *Dearborn*. Les Indiens le surprenaient et ils en massacraient la garnison, vers 1812. Que de gens n'ai-je pas connus, quoique je ne sois pas très éloigné de ma jeunesse, qui vivaient déjà à cette date, et qu'elle est voisine! En 1871, c'est-à-dire après la guerre Franco-Allemande, la flamme se tordait à la place où je suis. La force dévoratrice, irrésistible, d'un des plus implacables incendies que mentionne l'histoire, allait, transformant toute cette plaine en un brasier qui, bien des jours après, fumait toujours : « A la place de cette tour qui n'existait pas alors, » me dit mon guide Chicagoain, en me racontant l'épopée du fléau, « vous pouviez vous tenir, les pieds dans la cendre, et voir le lac à votre droite et le fleuve à votre gauche, sans une seule maison entre eux... » Je les regarde l'un et l'autre, ce fleuve et ce lac, après avoir entendu cette phrase. Il m'est plus que voisin, ce mois d'octobre 1871. Il me semble que j'y touche, que j'y suis encore. Je pourrais dire les livres que je lisais alors, les pages que j'écrivais, retrouver l'emploi de presque tous mes jours. Je sens avec une exactitude presque physique la durée des années depuis cette date, — vingt-deux années. Que cela fait peu d'heures, paraît-il, et par-dessus la balustrade de la tour je me penche de nouveau sur le monstre, avec la stupeur de ce que ces hommes ont fait!...

Ces hommes? Le mot est à peine juste, appliqué à cette déconcertante cité. Son aspect, quand on l'étudie plus en détail, révèle si peu la trace de volontés individuelles, il y a si peu de caprice et de fantaisie dans ses monuments et dans ses rues qu'elle semble l'œuvre de quelque puissance impersonnelle, irrésistible, inconsciente comme une force de la nature, et au service de qui l'homme n'a été qu'un docile outil. Cette puissance, c'est justement cette fièvre des affaires qui bat son plein ici, avec une violence si déchaînée qu'elle ressemble à celle d'un incontrôlable élément. Elle circule à travers ces rues comme autrefois la flamme dévoratrice de l'incendie; elle y palpite, elle s'y fait visible avec une intensité qui donne à cette ville quelque chose de tragique, et, à mon avis, une poésie. Quand vous avez vu cet immense volcan d'industrie et de commerce du haut de cette tour qui le surplombe, vous descendez pour regarder de près le détail de ce jaillissement, de ce ruissellement d'activité. Vous longez les trottoirs des rues qui disent l'improvisation, ici dallés, là bitumés, là recouverts simplement d'une ligne de planches qui fait chemin sur un marais de fange. Cette incohérence de la voirie se retrouve dans l'incohérence des constructions. A un moment vous n'avez autour de vous que des *buildings*. Ils escaladent le ciel de leurs dix-huit de leurs vingt étages. L'architecte qui les a bâtis ou plutôt machinés, a renoncé aux colonnades, aux moulures, aux enjolivements classiques. Il a brutalement accepté la condition imposée par le spéculateur : multiplier autant de fois que possible la valeur du petit lopin de terre à la base, en multipliant les *offices* superposés. C'est un problème capable seulement d'intéresser un ingénieur, croirait-on. Il n'en est rien. La force simple du besoin est un tel principe de beauté et ces bâtiments manifestent ce besoin avec une telle évidence, que vous éprouvez une singulière émotion à les contempler. L'ébauche d'une espèce nouvelle d'art s'y dessine, d'un art de démocratie, fait par la foule et pour la foule, d'un art de science où la certitude des lois naturelles donne à l'audace en apparence la plus effrénée des tranquillités de figures de géométrie. Les porches des soubassements, cintrés le plus souvent, comme écrasés sous le poids de montagne qu'ils supportent, prennent des physionomies d'antres primitifs. Un flot de foule s'y engage qu'ils vomissent sans cesse. On lève les yeux, et on la devine, cette foule, derrière la haute montée verticale des innombrables fenêtres, allant, venant, encombrant les bureaux qui perforent ces falaises de fer et de brique, précipitée dans le vertige des grands ascenseurs. Vous sentez, vous entendez frémir derrière les vitres le souffle brûlant de la spéculation. C'est lui qui a fécondé ainsi des milliers de mètres carrés, pour y faire pousser cette effrayante végétation de palais d'affaires qui vous cache le soleil et presque le jour. Puis, à côté de l'édifice démesuré et babélique, un vague morceau de terrain s'étend, vague, hirsute, vert d'un maigre gazon que paît une vache. Puis c'est une suite de petites maisons de bois, à peine suffisantes pour une famille. Puis c'est une église Gothique, transformée en magasin, avec une annonce en gros caractères de métal. Puis c'est la ruine, rouge et grandiose, d'un club brûlé l'autre semaine. Terrains, cabanes, églises, ruines, la spéculation va passer sur tout cela demain, ce soir, et d'autres *buildings* vont surgir. Mais il faut du temps, et ces gens n'en ont point. Voici deux ans qu'au lieu de finir leur ville inachevée, ils s'amusent, sous le prétexte de leur Exposition, à en construire une autre là-bas, toute blanche, — une ville de rêve celle-là, avec des dômes comme à Ravenne, des colonnades comme à Rome, des lagunes comme à Venise, une Foire du Monde comme à Paris. — Ils y ont réussi et c'est la plus composite, la plus cosmopolite des mixtures humaines qui remplit ces chemins de fer suburbains ou élevés, ces cars à câble, ces coaches, ces fiacres, qui ondoie sur ces chaussées non terminées, et au pied de ces maisons si follement disparates. Et comme, à Chicago, il semble que toute chose et que tout être doive s'amplifier, s'exagérer, s'accuser en vigueur, de bloc en bloc, au milieu de ces rues, se tiennent, pour maintenir l'ordre, des policiers à torse énorme, hauts comme des grenadiers Poméraniens, espèces de gigantesques bornes humaines contre lesquelles se brise le remous bouillonnant de cette multitude. Allemands pour la plupart, leurs visages roux sont comme taillés à coups de hache, comme dégrossis hâtivement, et leur encolure de taureaux commente d'une façon saisissante les faits-divers quotidiens des journaux, qui mentionnent sans cesse quelque « *hands up!...* — les mains hautes! » — exécuté dans les tavernes, les maisons de jeu, ou tout simplement les voitures de tramway. C'est le cri classique du voleur de l'Ouest qui entre son revolver au poing et tient à se convaincre que vous n'avez pas le vôtre. Combien s'est-il prononcé déjà de fois dans les faubourgs de cette ville qui reste le confluent de tous les aventuriers des deux mondes? Combien de fois se prononcera-t-il? Mais l'esprit d'aventure est aussi l'esprit d'entreprise, et si le choix des policiers de cette ville étonnante atteste la fréquence des coups de main essayés par ces bandits, il complète une physionomie complexe et sans doute unique depuis que le monde est monde : cette mosaïque d'extrême civilisation et presque de barbarie, cette existence sauvage entrevue derrière cette soudaineté de création industrielle. Enfin c'est Chicago, un miracle à confondre tous les morts d'il y a soixante-dix ans, s'ils revenaient ici-bas, et s'ils se retrouvaient en face de cette cité qui, par sa population, est aujourd'hui la neuvième de l'univers, et de leur vivant elle n'avait pas une maison.

..... Un des énormes commerces de cette ville est celui de la viande. Les gens de Chicago en rougissent un peu. Autrefois ils vous parlaient de leurs abattoirs avec cette bonhomie dans l'orgueil qui est un des charmes du grand parvenu. C'est la naïveté naturelle d'une force très simple et qui aime à se déployer ingénument. Ils sont lassés de s'entendre appeler par leurs détracteurs les habitants de *Porcopolis*. Ils se plaignent que leur ville soit toujours « identifiée », comme on dit ici, avec cette brutale boucherie, quand elle a dans ses librairies le plus vaste entrepôt de livres du monde, quand ses journaux ne laissent passer sans l'étudier aucun incident de la littérature et de l'art, quand elle a donné sept millions de dollars pour fonder son université, quand elle vient de convier tous les représentants de tous les cultes à cet audacieux Parlement des Religions, phénomène unique dans l'histoire de l'Idéalisme humain. Elle aspire à ne plus être simplement la fournisseuse de nourriture qui, l'année dernière, par une seule de ces maisons, a dépecé et distribué un million sept cent cinquante mille porcs, un million quatre-vingt mille bœufs, six cent vingt-cinq mille moutons. Ses ennemis l'écrasent sous de pareils chiffres, en négligeant de se souvenir que ce Chicago des abattoirs est aussi le Chicago de la *White City*, le Chicago d'un musée déjà remarquable, le Chicago qui a valu Lincoln aux États-Unis. Pour l'étranger et qui veut se rendre compte de l'esprit dans lequel les Américains montent leurs vastes entreprises, ces abattoirs sont, en revanche, un des documents les plus précieux. Une usine à tuerie, capable d'expédier en douze mois, aux quatre extrémités de cet immense continent, trois millions cinq cent mille bêtes dépecées et préparées, vaut la peine d'être regardée de près. Partout ailleurs le détail technique est très difficile à saisir. Il l'est moins ici. Les directeurs de ces colossales fabriques à roastbeef et à jambons ont compris que d'admettre le public à bien voir leurs procédés de manipulation constitue la meilleure réclame, et ils ont rendu la visite dans leurs établissements, sinon attrayante, la répulsion physique est trop forte, au moins commode et complète. A la condition de se tendre les nerfs une fois pour toutes, ce sont quelques-uns des endroits où l'on peut le mieux voir comment l'ingéniosité Américaine résout des problèmes d'une organisation prodigieusement compliquée. J'ai donc fait comme les touristes sans préjugés, je suis allé visiter les *Stock Yards* et la plus célèbre d'entre les *Packing Houses*, — ou maisons d'empaquetage, comme on les appelle, — de dépeçage plutôt, celle justement dont je viens de donner les chiffres d'opération. Cette promenade à travers cette maison de sang me restera comme un des souvenirs les plus étranges de mon voyage. Je crois pourtant lui avoir dû de mieux discerner quelques-uns des traits qui caractérisent une affaire Américaine. S'il en était ainsi, je n'aurais pas lieu de regretter cette pénible épreuve.

..... La voiture, pour arriver aux *Union Stock Yards*, franchit un immense quartier de la ville, — plus incohérent encore que ceux dont s'entoure l'élégante Michigan Avenue. Elle s'arrête devant des rails pour laisser passer des trains lancés à toute vapeur. Elle traverse des ponts qui se lèvent aussitôt pour laisser eux-mêmes passer des bateaux. Elle tourne devant des hôtels meublés qui sont des palais et devant des maisons d'ouvriers qui sont des masures. Elle longe de gros morceaux de terre où des maraîchers cultivent des choux parmi des détritus, et d'autres qui ne portent que des annonces. — Comment résister au plaisir de transcrire celle-ci entre cent autres : « Louis Quatorze a été consacré roi de France à l'âge de cinq ans (1643), la Pepsine X... a été couronnée par le succès, comme un remède contre l'indigestion, avant qu'elle n'eût été connue du public un an?... » — Puis les champs d'annonces cèdent place à d'autres maisons, à d'autres chemins de fer, sous un ciel noir de nuages ou de fumées, on ne sait plus, et des deux côtés de la route commencent d'apparaître des enclos, fermés de palissades, où des bœufs sont parqués par centaines. Entre ces palissades des ruelles sont ménagées où vont et viennent des gens à cheval. Ce sont des acheteurs de la *Packing House*, qui discutent les prix de la vente avec des *Cow Boys* venus de l'Ouest. Vous avez lu des histoires de *Ranches*. Cette existence aventureuse de la prairie vous a saisi l'imagination. En voici les héros, vêtus de mauvais pardessus de ville, coiffés de chapeaux en forme de melon, avec le faux col et les manchettes de tous les Américains. N'étaient leurs bottes, et leur manière aisée de manœuvrer leurs chevaux avec leurs genoux, vous les prendriez pour des *clerks*. C'est une preuve, après combien d'autres, du dédain que ce peuple réaliste professe instinctivement pour le pittoresque du costume. Cette impression que j'ai eue dans le parc de New-York, dès le premier jour, d'une immense maison de confection en train d'aller et de venir, n'a pas cessé de s'imposer à moi. Et pourtant rien de moins « commun », au mauvais sens du mot, que les Américains en général, et en particulier que ces *Cow Boys* de l'Ouest. Les corps sont trop nerveux, trop minces, sous les étoffes à bon marché. Les physionomies surtout sont trop tendues et trop travaillées, trop décidées et trop amères.

La voiture s'est arrêtée devant une construction qui d'apparence ressemble à toutes les manufactures. Nous entrons, les amis que j'accompagne et moi-même, dans une cour, une espèce de boyau plutôt, encombrée de caisses, de charrettes et de gens. Un minuscule chemin de fer la traverse. Il porte des caisses vers un train qui attend sur sa voie, tout composé de wagons réfrigérateurs comme j'en ai tant croisé en venant à Chicago. Des ouvriers déchargent ces caisses. D'autres vont et viennent, chacun visiblement occupé à une besogne différente. Rien qui sente l'ordre administratif, tel que nous le concevons, dans cette administration pourtant si bien ordonnée. Mais déjà un des ingénieurs nous a fait monter un escalier, et nous entrons dans une salle immense où flotte une vapeur d'étuve, mêlée d'une âcre et fade senteur qui nous prend à la gorge. Nous sommes dans le département réservé au dépeçage des porcs. Des centaines d'hommes y besognent que nous n'avons même pas le temps de regarder. Notre guide nous crie de nous effacer et nous voyons passer devant nous des files de porcs qui glissent, les ventres ouverts, leurs pattes de derrière pendues à une tringle le long de laquelle ils roulent du côté d'une voûte où d'autres bêtes attendent par innombrables files. Les chairs roses, encore fraîches de la vie qui les animait tout à l'heure, luisent sous la lumière de l'électricité qui éclaire ces profondeurs. Nous avançons, évitant de notre mieux ces étranges rencontres, pour arriver, les pieds englués dans une boue sanguinolente, jusqu'à la plate-forme d'où nous verrons le point de départ de tout ce travail qui nous paraît encore si confus, qui va nous devenir si simple, si facilement intelligible.

Les bêtes sont là, dans une espèce de fosse, grouillant et criant, comme si elles avaient la vision de l'horrible machine qui s'approche, et elles ne peuvent pas plus lui échapper qu'un condamné, le cou dans la lunette, à la guillotine. C'est une espèce de croc mobile qu'un homme abaisse, et il saisit une des bêtes par une corde qui leur lie à toutes les deux pieds de derrière. L'animal hurle, la tête pendante, le groin révulsé, ses courtes pattes de devant agitées d'un mouvement spasmodique, et déjà le croc lancé sur une tringle a glissé. Il emporte la misérable proie jusqu'à l'enclos d'à côté, où un autre homme armé d'un long couteau l'égorge au passage, d'un coup si sûr et si profond qu'il ne le répète pas. La bête hurle d'un hurlement plus terrible. Une fusée de sang jaillit, épaisse comme un bras et toute noire. Le groin palpite plus douloureusement, les courtes pattes frémissent plus frénétiquement, et ce spasme d'agonie ne fait qu'accélérer le mouvement du croc qui continue de glisser jusqu'à un troisième belluaire. Ce dernier, d'un geste rapide, détache l'animal. Le croc remonte, et le corps s'abîme dans une espèce de canal-lavoir, rempli d'eau bouillante. Un râteau mécanique s'y démène d'un fébrile mouvement vibratoire. En quelques secondes, il agrippe la bête, il la tourne, la retourne, l'agrippe encore, et il jette le cadavre échaudé à une autre machine, laquelle en quelques autres secondes l'a rasé de la hure à la queue. Une minute encore, un autre croc descend et une nouvelle tringle conduit ce qui fut, voici quelques secondes, un animal vivant et souffrant, du côté de cette voûte où j'ai aperçu dès l'entrée tant de dépouilles semblables. Et c'est déjà le tour d'un autre d'être égorgé, rasé, expédié. L'opération est si foudroyante de rapidité qu'on n'a pas le temps de sentir ce qu'elle a d'atroce. On n'a pas le temps de plaindre ces bêtes, pas le temps de s'étonner de la gaieté avec laquelle l'égorgeur, un géant roux, aux épaules larges à porter un bœuf, continue son épouvantable métier. Et cependant, même sous ses formes inférieures, la vie est une chose si mystérieuse, la souffrance et la mort, même d'une créature de l'ordre le plus humble, une chose si tragique quand, au lieu de se figurer cela indifféremment, on le voit ainsi bien en face, que tous les spectateurs, et ils sont nombreux, cessent de rire et de plaisanter. Pour ma part, et comme si, pendant quelques minutes, l'esprit de Thomas Graindorge, du marchand de porcs philosophe, cher à mon maître Taine, eût passé en moi, je me sentis envahi, devant cette vulgaire scène d'abattoir, par une espèce de tristesse très courte, mais très intense. Il me sembla soudain que j'avais devant moi, incarnée dans un abject symbole, l'existence elle-même et l'œuvre entière de la nature. Ce que j'ai pensé si souvent de la mort avait sa concrétion sous mes yeux, dans la prise régulière et irrésistible de ce croc soulevant ces bêtes, comme l'inévitable puissance de destruction qui est dans le monde doit nous agripper tous, aussi bien les sages, les héros, les artistes, que ces malheureuses brutes inconscientes. Je les voyais se presser, se remuer, gémir, et leurs agonies se succéder, comme les nôtres se succèdent, un peu plus rapidement, — si peu, étant donné que le temps marche si vite et que tout ce qui doit finir est si court! Et le regard dont nous contemplions, mes compagnons et moi-même, ce tableau sinistre, n'était pas différent du regard dont on contemplera un jour notre entrée à nous dans les grandes ténèbres, comme un tableau en effet, comme une vision extérieure et dont la réalité n'importe, au fond, qu'à l'être qui la subit...

Nous passons dans le département réservé aux bœufs. Ici l'agonie est différente. Point de cris, presque point de sang. Point d'attente nerveuse de la bête. Et la scène est plus terrible encore. Les animaux sont parqués, deux par deux, dans des stalles pareilles, moins la mangeoire, à celles d'une étable. On les voit, avec leur intelligence et leur douceur, qui essayent de s'accommoder à cet étroit espace. Ils regardent de leurs larges yeux doux, qui ? L'assommeur debout dans un couloir ménagé un peu au-dessus d'eux. Cet homme tient à la main une masse d'acier, très mince. Il attend que la bête soit bien posée. On le voit qui, de la pointe de cette masse et doucement, ramène l'animal en le flattant. Tout d'un coup la masse se lève. Elle retombe et frappe au front le bœuf, qui s'écroule. Dans une minute un croc l'aura enlevé, la bouche et les naseaux dégouttants de sang, ses larges prunelles vitreuses noyées d'ombre, et, dans une autre minute, un autre homme aura détaché la peau de devant qui pendra comme un tablier, pour fendre le corps, le vider et l'expédier, toujours par ce procédé expéditif de la tringle, dans des chambres de glace, où des milliers attendent ainsi que l'heure arrive d'être portés et pendus de même dans des wagons qui attendent, qui vont partir. Je vois se fermer ainsi la dernière voiture d'un train qui s'ébranle. La locomotive siffle et souffle. La cloche tinte. Sur quelle table de New-York ou de Boston, de Philadelphie ou de Savannah va finir cette viande, engraissée à même les pâturages de la prairie, dans quel district de quel État de l'Ouest, et préparée ici de manière à ce que le boucher n'ait plus qu'à en détailler les morceaux? Ils lui arriveront aussi frais, aussi intacts que s'il ne tenait pas des milliers et des milliers de kilomètres entre la naissance, la mort et le dépeçage de l'obscure et paisible bête.

S'il n'y avait à voir dans cette usine à nourriture que ces scènes de tuerie, il ne vaudrait guère la peine d'affronter tant de sensations dégoûtantes, pour venir vérifier là, dans une de ses applications inférieures, ce que le philosophe Huxley appelle quelque part magnifiquement : « *the gladiatorial theory of existence* », la dure loi des meurtres nécessaires à la vie. C'est une première sensation à subir, pour passer à une seconde, celle de la rapidité et de l'ingéniosité avec lesquelles s'accomplit le découpage d'abord, puis l'empaquetage de cette prodigieuse quantité de viande, qui ne peut pas attendre. Je ne sais qui a dit plaisamment qu'un porc entrait à l'abattoir de Chicago pour en ressortir un quart d'heure après, jambon, saucisson, saucisse, pommade à la graisse et reliure de Bible. C'est l'exagération humoristique, mais à peine chargée, du travail hâtif et minutieux que nous voyons s'accomplir sur les bêtes tuées tout à l'heure devant nous, et la distribution de ce travail, sa précision, sa simplicité, sa suite ininterrompue nous font oublier la férocité, utile mais intolérable, des scènes auxquelles nous avons assisté. Dans l'immense salle, des comptoirs se succèdent, placés sans trop d'ordre à la suite les uns des autres. Chaque membre de l'animal est détaché et utilisé, sans qu'un tendon ou un os soit perdu. Ici, d'un coup rapide, automatique et qui n'hésite jamais, un homme sépare les jambons d'abord, puis les pieds, — le temps de les jeter dans des chaudières qui vont les cuire et les fumer. Plus loin, une hache, mue mécaniquement, est en train de fabriquer de la chair à saucisse que des tuyaux de diverses grandeurs laissent sortir toute roulée, toute prête à être prise dans des peaux lavées et préparées à cet effet. Le mot « ail », que je vois tracé en Allemand sur une caisse : « *Knoblauch* », et l'inscription qui l'accompagne me transportent au temps de la guerre Franco-Allemande, où des boîtes marquées de la même inscription encombraient les maisons de la banlieue de Paris après l'occupation. C'est bien au delà de New-York que ces produits de l'industrie Chicagoaine vont être expédiés. Ailleurs, la tête et la hure sont nettoyées, parées et dressées, telles qu'elles devront figurer dans la devanture de quelque charcuterie d'Amérique ou d'Europe. Ailleurs d'énormes récipients recueillent la graisse qui bout, qui ruisselle, et qui, mélangée savamment à quelques parties de crème, va se transformer en margarine, et s'épurer dans un battoir mécanique dont nous admirons la simplicité adroite. « C'est un ouvrier qui l'a inventée, » nous dit notre guide. « D'ailleurs, » ajoute-t-il, « presque toutes les machines qui fonctionnent ici ont été trouvées ou améliorées par les ouvriers... » Ce mot nous éclaire le vaste charnier que nous venons de parcourir.

Nous comprenons ce que ces gens-là demandent à la machine qui, pour eux, prolonge, multiplie, achève le geste de l'homme. Nous sentons, une fois de plus, combien ils se laissent conduire par le besoin, comme ils excellent à mêler à leur effort personnel les complications de la mécanique, et comme aussi le moindre d'entre eux a des pouvoirs d'initiative, de vision directe et d'ajustage.

Une fois remontés dans notre voiture et roulant de nouveau sur l'inégal pavage en bois, — il est fait avec des tranches rondes de troncs d'arbre enfoncés à même dans la boue, — nous raisonnons sur ce que nous venons de voir. Nous essayons d'en dégager la signification intellectuelle, si l'on peut se servir de ce mot à l'occasion d'une semblable entreprise. Et pourquoi pas ? Nous tombons d'accord que cette entreprise a pour première caractéristique l'amplitude, l'énormité plutôt de la conception. Pour qu'en peu d'années un établissement comme celui-ci ait porté le budget de ses employés à cinq millions cinq cent mille dollars, c'est-à-dire à plus de vingt-sept millions de francs, il faut que ses fondateurs aient aperçu nettement les possibilités d'une formidable extension d'affaires, et qu'ils en aient non moins nettement déterminé, précisé, saisi les données pratiques. Une poussée colossale d'imagination d'une part, et de l'autre à son service une entente positive et calculée de la réalité ambiante, voilà les deux traits empreints partout dans l'usine sans analogue que nous venons de visiter. Un de nous souligne cet autre trait, que la principale de ces données pratiques est le chemin de fer, et il rappelle que la locomotive a toujours été, entre les mains des Américains, une espèce d'outil à tout usage. N'ont-ils pas révolutionné l'art militaire et créé de toutes pièces la guerre moderne, telle que les Allemands devaient la pratiquer à nos dépens? Dans la grande lutte nationale de 1860, ils ont les premiers montré quel parti on pouvait tirer des moyens nouveaux de locomotion. La longueur de leurs trains durant cette période est demeurée légendaire. L'établissement de boucherie au sujet duquel nous discutons, n'est qu'un cas particulier de cet universel emploi du chemin de fer, lequel lui-même n'est qu'un cas particulier de cette tournure d'esprit essentiellement Américaine : l'emploi constant du moyen nouveau. L'absence absolue de routine, l'habitude quotidienne de laisser le fait agir sur eux, de le suivre jusqu'au bout sans en avoir jamais peur, — tels sont les autres traits qui se rattachent à ceux-là, et ce sens aigu du fait explique aussi l'espèce d'incohérence extérieure que nous avons notée au premier abord dans la distribution du travail. L'extrême netteté d'ordre administratif dérive toujours d'une méthode conçue à priori. Toutes les sociétés et toutes les entreprises où le réalisme domine plus que le système, sont construites par juxtaposition, par série de faits acceptés au fur et à mesure de leur production. Mais comment les gens d'ici auraient-ils le loisir de vaquer aux jolies finesses de cet ordre administratif dont nos peuples Latins sont si amoureux? La concurrence est trop forte, trop féroce presque. Il y a de la bataille et de son audace haletante derrière toutes les entreprises de ce pays, même les mieux assises comme celle-ci. Notre guide qui nous écoute philosopher, sans paraître trop nous désapprouver, nous raconte que cette année même, et pour échapper à une coalition de spéculateurs en grains qu'il nous explique, le propriétaire de la maison d'où nous sortons dut construire, afin d'y déposer son propre blé, une bâtisse, de trois cents pieds carrés de surface sur cent de haut, en dix-neuf jours. « On a travaillé le jour et la nuit, » nous dit-il en riant, « mais nous autres Américains nous aimons le *hard work*. . » C'est sur ce mot, presque intraduisible quand on ne l'a pas entendu prononcer ici, que s'achève notre visite. Il la résume et la complète avec un laconisme digne de ces gens de beaucoup d'action et de peu de phrases.

... Visité en détail le bâtiment d'un des premiers journaux de Chicago, à l'heure où l'on imprime le numéro du Dimanche, un tout petit numéro de vingt-quatre pages. J'ai vu à New-York, et le samedi soir aussi, se composer un numéro semblable, celui du *Herald*, — de quarante pages, et avec des gravures. Il s'agissait d'en expédier par tous les trains du matin cent cinquante mille exemplaires. Lorsque la vente atteint des chiffres pareils, le journal n'est pas seulement une machine à manier l'opinion, d'une puissance incalculable dans un pays de démocratie, c'est encore une affaire à organiser, d'une inouïe complication. Précisément parce que cette affaire se trouve différer du tout au tout de celle que j'ai essayé de comprendre avant-hier, je vérifierai mieux si les traits généraux que j'ai cru constater réapparaissent dans toute entreprise Américaine, et je le vérifierai ici plus aisément que je ne l'aurais fait à New-York, le tirage des journaux étant un peu moins grand et leur mise en train plus commode à suivre. Je n'ai pas fait cinq cents pas à travers ces bureaux, sans constater aussitôt le jeu simultané de ces deux tendances d'esprit qui m'avaient paru si caractéristiques l'autre jour : l'ampleur énorme de la conception et l'emploi constant, minutieux, sans cesse éveillé, du moyen nouveau. Ce n'est pas tel ou tel lecteur que le journaliste Américain se propose d'atteindre, c'est tous les lecteurs. Ce n'est pas tel ou tel genre d'article qu'il se propose de publier, c'est tous les genres d'articles. Son rêve serait de faire du journal un moulage total de la réalité, une sorte de carte en relief qui fût un raccourci, non pas même du jour, mais de l'heure, de la minute, si universel et si complet, que demain cent mille, deux cent mille, un million de personnes aient devant elles, à leur déjeuner, un tableau sommaire de toute leur ville d'abord, puis de leur État, puis de tous les États de la Confédération, puis de l'Europe, de l'Asie, de l'Afrique, de l'Australie. Cette ambition ne lui suffit pas, il veut que ces cent mille, ces deux cent mille, ce million de lecteurs trouvent dans leur feuille favorite de quoi répondre à toutes les questions de tout ordre qu'ils peuvent se poser sur la politique, sur la finance, sur la religion, sur les arts, sur la littérature, sur les sports, sur la société, sur les sciences. C'est une encyclopédie quotidienne, mise au point de l'instant qui passe, qui est déjà passé. Ce projet colossal est visible partout dans cette maison où le journal est chez lui, naturellement et de toute manière. Il faut que les ouvriers et les rédacteurs puissent manger sans sortir et à n'importe quelle heure. Ils ont leur bar à eux, et leur restaurant. — Il faut que l'impression des gravures, dont les Américains sont si friands, n'attende pas. Le journal a sa fonderie, une véritable usine où le plomb bouillonne dans les cuves. — Il faut que jusqu'à la dernière seconde les nouvelles soient recueillies, comme de l'eau dans le désert, sans qu'il s'en perde une goutte. Le journal est partout muni d'appareils télégraphiques et téléphoniques qui lui permettent de communiquer directement avec le monde entier. Lors de la dernière élection présidentielle, une réunion des partisans de M. Cleveland était ici, dans une des chambres de rédaction qu'on me montre, et ils causaient avec le candidat, qui était lui-même à New-York, recevant ses instructions, lui donnant des renseignements. Et quelles presses! Capables d'exécuter des besognes qui eussent voulu, voici cinquante ans, des équipes de combien de centaines d'hommes? Deux ouvriers suffisent aujourd'hui. J'en retrouve une que j'avais déjà vue au *New-York Herald*, et dont on m'avait dit là qu'elle imprimait soixante-dix mille numéros en deux heures. L'énorme machine est en plein travail quand j'arrive près d'elle. Un tel ronflement s'en échappe qu'aucun son de voix n'est plus perceptible à côté. C'est un bruit pareil à la rumeur de la cascade du Niagara, et la colossale bande de papier qui se déroule, qui court pour entrer dans cette machine, semble en effet de l'eau qui fuit, un insaisissable métal en fusion qui tourbillonne. On voit une blancheur qui passe, qui se tord, des pièces d'acier qui jouent sur elle, innombrables, et à l'extrémité, une sorte de bouche vomit seize pages du journal prêtes à partir. La machine a pris la feuille, l'a tournée et retournée, elle l'a imprimée sur l'envers et sur l'endroit, puis coupée, pliée, et voici toute une portion du numéro colossal, qu'un enfant arrange avec d'autres portions sans trop se hâter. En présence de cette formidable bête imprimante, — c'est le seul terme qui convienne, — j'éprouve de nouveau, comme à New-York, cette sensation d'un pouvoir qui dépasse l'individu. Cette presse est un multiplicateur de pensées dont la portée n'est plus mesurable par aucun calcul humain. Il y a un contraste singulier entre l'extrême précision de ses organes, délicats et réglés comme ceux d'une montre, et cette étendue indéfinie de projection morale que les Américains acceptent, comme ils acceptent tous les faits. Chez eux, l'amplitude appelle l'amplitude, par une progression qu'il est facile de suivre dans le journalisme : ayant conçu l'idée d'un journal à énorme tirage, ils ont inventé des machines pour suffire à ce tirage, et comme ces machines leur paraissaient capables de suffire à un tirage plus grand encore, leur conception de la publicité a grandi parallèlement. Aucun doute que dans moins de vingt années ils ne trouvent le moyen d'avoir des gazettes qui se vendent à cinq cent mille exemplaires par jour, comme notre *Petit Journal*. Seulement les leurs auront des seize, des vingt-quatre, des quarante, des soixante pages de grand format.

C'est là le côté pratique de la mise en train. Il en est un autre. Un journal a beau être conçu et mené comme une affaire, c'est une affaire d'un ordre particulier. Il faut qu'il ait une direction morale, qu'il prenne parti pour ou contre telle loi, pour ou contre tel individu, qu'il revête une physionomie individuelle. Il ne peut pas la devoir, comme chez nous, cette physionomie, à la personnalité de ses rédacteurs, puisque ses articles ne sont pas signés, ni même, comme en Angleterre, au style et à la tournure de ces articles. L'*editorial*, — on appelle ainsi l'article de fond, — occupe une trop petite place dans cette énorme quantité de papier imprimé. Et cependant chacun des grands journaux de New-

York, de Chicago ou de Boston est une création à part, faite à l'image de celui qui la dirige, et qui est presque toujours son propriétaire. De même le président d'une compagnie de chemin de fer en est d'habitude le principal actionnaire. C'est encore là un trait particulier à la grande affaire Américaine, et qui en explique la vitalité : elle est le plus souvent la chose d'un homme, la volonté visible de cet homme, son énergie comme incarnée et mise au dehors. La formule que j'employais tout à l'heure en la soulignant, traduit heureusement ce rapport si intime entre cet homme et son œuvre. Vous entendrez couramment dire que monsieur *So and So* a été longtemps *identifié* avec tel hôtel, telle banque, telle compagnie de chemin de fer, tel journal, et cette identification est si complète que, passant en tramway devant cet hôtel, cette banque, cette gare, ce bureau de rédaction, si vous questionnez votre voisin, il vous répondra toujours par un nom propre. De là résulte, dans toutes les entreprises Américaines, cette élasticité, cette vitalité, ce continuel « en avant », et aussi cette infatigable combativité. — Je constate de nouveau ce dernier caractère, dans ma promenade à travers ces bureaux, rien qu'aux questions minutieuses que me pose mon guide sur la presse française et les procédés que nous employons pour nous assurer notre supériorité de critique littéraire. Il sent que c'est là le point de notre excellence, et il voudrait que son journal l'atteignît. Tout vrai directeur d'une de ces grandes entreprises de publicité est ainsi, à l'aguet d'une modification possible qui distinguera sa feuille de toutes les autres, remaniant sans cesse cette feuille, la chargeant de plus en plus de faits encore, de plus d'articles, y enrôlant plus de gens, les employant mieux. Ainsi pratiquée, une telle direction devient un travail d'une complexité incalculable. L'Association Américaine des éditeurs, par exemple, qui comprend cent cinquante journaux des plus importants des États-Unis, représente un capital de deux cent millions de dollars; ces journaux paient en salaires un million de dollars par jour; ils dépensent par an sept cent cinquante millions de dollars; deux cent mille personnes y sont directement ou indirectement employées. Il arrive qu'un numéro du Dimanche, comme celui que je viens de voir tirer, pèse de deux cent cinquante à trois cents grammes. La puissance acquise par ces dictateurs d'opinion est si exceptionnelle et si réelle, cette existence comporte tant de choses chères aux Américains : l'immense fortune et l'immense responsabilité, un énorme labeur à soutenir et la continuelle mise en évidence, que l'ambition des hommes vraiment entreprenants s'exerce sans cesse dans ce sens. Une ville n'est pas plus tôt fondée que les journaux pullulent. Quelquefois elle n'est pas fondée qu'elle a déjà son journal. Il arrive aujourd'hui encore que le gouvernement abandonne à une invasion d'immigrants un grand morceau de territoire. Au signal donné ils s'y précipitent, et chaque coin du sol est au premier occupant. Le soir ou le lendemain de ce jour, dans cette plaine où les chariots et les tentes marquent un vague projet de cité, il y a toujours un cabaret, un bureau de poste, une église et un journal. Qui sait si ces chariots et ces tentes ne sont pas le commencement d'un Minneapolis, d'un Saint-Paul, d'un Chicago? Qui sait si, dans vingt-cinq ans, cette ville n'aura pas cent mille, deux cent mille habitants, et le journal autant de lecteurs? Jamais la petitesse du début n'effraie un Américain qui songe à une affaire. De même qu'en méditant l'avenir de cette affaire il n'y a pas de possibilité d'extension qu'il ne conçoive, il n'y a pas non plus de médiocrité qui le rebute. Il a trop d'exemples de résultats gigantesques obtenus malgré des points de départ tout petits, tout humbles. Le plus vaste chemin de fer des États-Unis, le grand Central Pacifique, a eu pour fondateurs quatre hommes presque sans ressources et dont deux étaient de pauvres boutiquiers de San Francisco. Ils ont construit les premiers tronçons de la ligne, kilomètre par kilomètre, sans argent pour avancer, sinon morceau à morceau. La légende veut qu'ils aient, dans certains cas, posé les rails de leurs propres mains.

Tandis que je soumets ces réflexions d'ordre général à mon guide, je vois dans les salles que nous traversons des hommes, presque tous jeunes, penchés sur leurs pupitres et qui écrivent avec cette attention absorbée où je retrouve le *hard work*, — cette faculté de donner toute sa force à la besogne actuelle.

D'autres reçoivent des dépêches qu'ils transmettent immédiatement sur des *type writers*. Il n'y a plus rien de cette atmosphère de club qui fait le charme des bureaux de rédaction à Paris. A cette heure, là-bas, le journal est presque fini, et même en le finissant, on cause, on fumaille, on joue aux cartes, aux dominos, au bilboquet. Ici, dans cette hâtive usine à nouvelles, le loisir manque et le goût de ce loisir. Pour apprécier la différence entre ces deux bureaux de rédaction, il faudrait dessiner en face l'une de l'autre les deux figures du reporter Parisien et du reporter Américain. Le premier a pour qualité principale d'être spirituel et ingénieux; ses articles sont signés et il en résulte que son amour-propre littéraire est toujours un peu mêlé à ses notes qu'il tient à rédiger avec un tour de main particulier. Vous le devinez goguenard ou mordant, caustique ou attendri. C'est un artiste, même dans cette besogne de constatation éphémère, et c'est par un pittoresque de causerie qu'il réussit le plus souvent. Il y a de l'impressionisme chez lui, et vous retrouverez dans son « faire » quelque chose des procédés des maîtres écrivains de l'heure présente. Le reporter Américain demeure anonyme, même quand il reproduit dans le journal des nouvelles qui lui ont coûté à conquérir des prodiges d'astuce et d'énergie. Comme pour lui indiquer que l'on tient, non pas à la qualité de ses phrases, mais à celles des faits qu'il apporte, on le paie à tant le mot. Il y a en lui de l'homme d'action, du détective, et les romans sensationnels prennent naturellement pour héros ce personnage, dont la vertu maîtresse est la volonté. Il doit être prêt, sans cesse, à partir pour les pays les plus reculés, où il lui faudra faire métier d'explorateur, comme aussi à descendre dans les pires bas-fonds sociaux où il lui faudra faire métier de policier. A cette école d'énergie, il peut, s'il a le don, devenir un écrivain de premier ordre. Richard Harding Davis, le créateur de *Gallegher* et de *Van Bibber,* en est la preuve. Un homme qui s'y connaît en style, car il a lui-même une saveur extraordinaire de langage dans ses lettres et dans ses propos, M. de Bismarck, a prétendu que le reportage, compris à l'Américaine, était la meilleure école pour un homme de lettres qui veut copier le mouvement de la vie. C'est une opinion dans le goût de celles que l'Empereur exprimait à Sainte-Hélène, très partiale et pleine de méconnaissance à l'égard de la littérature pensée. Elle valait d'être citée, car il est bien vrai que ces pages improvisées, presque télégraphiques, où le fait apparaît dans sa forte netteté immédiate, ont souvent un relief que l'art n'égalerait pas. Mais c'est un relief inconscient et dont le reporter n'a guère souci. Son souci est d'être exact, et, pour arriver à cette exactitude, tout procédé lui est bon. Beaucoup de gens s'en indignent et quelquefois ils n'ont pas tort. Je me trouvais l'été dernier de passage à Beverley, près de Boston, lors de la mort d'un des plus brillants colonels de l'armée fédérale. On devait emporter le corps à Baltimore, et l'on célébrait un service funèbre dans la petite église du village. Un jeune homme entre au milieu de la cérémonie, marche vers le cercueil, en relève doucement le drap, frappe avec son doigt sur le couvercle et dit à mi-voix : « *Steel, not wood...* C'est de l'acier et non du bois, » — puis il disparaît au milieu de l'universelle stupeur; c'était un reporter. Ces cruelles hardiesses d'inquisition s'accomplissent cependant avec une certaine simplicité, presque avec ingénuité. J'ai lu beaucoup d'*interviews* et beaucoup de « paragraphes personnels » depuis que je suis en Amérique. Je pourrais compter ceux qui enfermaient quelque chose de blessant ou même quelques-unes de ces malices de plume si habituelles dans les moindres entrefilets des boulevards. Cette sorte d'innocence d'une presse très audacieuse dans ses investigations s'explique, je crois, par le caractère professionnel du reporter d'abord, et, si je peux dire, du lecteur ensuite. Le reporter, lui, considère comme de son devoir d'apporter le plus de faits possible au lecteur. Ce lecteur considère comme de son droit d'avoir ces faits. Dans ce débordement de détails positifs, la place réservée à chaque personnalité est trop courte pour que l'insinuation malveillante y soit aisément admise. Le reporter n'a pas plus le temps d'aiguiser une épigramme que le détective auquel je le comparais tout à l'heure n'a le temps de faire une niche à quelqu'un qu'il interroge. Il est bien plus occupé de trouver un des « en-tête », de ces *headings,* dont une collection constituerait le plus humoristique chapitre d'un voyage aux États-Unis. Tout à l'heure, en entrant dans la chambre du journal réservée à la nécrologie et où toutes les biographies des vivants un peu connus sont rangées dans des tiroirs, j'ai trouvé sur la table l'épreuve d'un article tout préparé pour une célèbre cantatrice, très malade en ce moment, avec ce *heading :* « La voix de cristal est brisée, l'oiseau ne chantera plus. *The crystal voice is broken, the bird will sing no more...* » La charmante femme allant mieux, l'article va rejoindre les milliers de morceaux pareils qui attendent, parmi des clichés de gravures représentant des édifices et des hommes... « Les bâtiments peuvent brûler et les hommes peuvent mourir... » me dit philosophiquement mon guide qui, me voyant amusé par la fantaisie de ces titres, me montre dans le journal qui va paraître demain le plus étonnant peut-être que j'aie vu : « *Jerked to Jesus,* » — mot à mot : « Lancé vers Jésus. » C'est le récit d'une pendaison, celle d'un nègre, d'un « gentleman coloré », condamné pour le « crime usuel », comme on dit ici avec euphémisme, c'est-à-dire pour avoir violé une femme blanche. Mais il s'est repenti la veille de son exécution et il a fini chrétiennement. Je ne suis pas sûr que le reporter, qui a résumé cette mort dans ces trois mots sensationnels, ne soit pas lui-même un croyant, et qu'il n'ait pas vu distinctement l'entrée d'une âme rachetée dans le paradis. A coup sûr des milliers de lecteurs simples la verront, rien qu'à cette annonce. Que serait-ce s'il s'agissait, non pas d'un événement aussi vulgaire, mais de l'arrivée ou du départ d'un pugiliste, ou de sa rencontre avec un autre? « C'est l'incident qui fait le plus rapidement monter un tirage de journal, » me dit encore mon compagnon. « Que voulez-vous, » ajoute-t-il, « nous autres Anglo-Saxons, nous aimons le *fight*. Nous l'aimons en politique, et c'est pour cela qu'il nous faut toujours voir deux *leaders* en face l'un de l'autre. Nous l'aimons dans nos entreprises, et c'est pour cela que je ne serai pas content jusqu'à ce que j'aie fait de mon journal le premier des États-Unis. Nous l'aimons même quand ce n'est qu'une question de coups de poing. Et je crois que notre race perdra quelque chose le jour où on l'aura trop guérie de ce goût-là... Il y faudra du temps, » et un sourire d'ironie et d'orgueil éclaire son visage, où je retrouve comme chez beaucoup d'hommes d'affaires de ce pays un peu de la forte ossature ramassée du dogue. Je ne suis pas éloigné de penser, comme lui, qu'il y a en effet dans les divertissements nationaux, si féroces semblent-ils, une instinctive éducation. A coup sûr, tout ce qui enseigne la fougue calculée de l'attaque et l'invincible tenue de la résistance est utile à des gens destinés à vivre dans un pays où il court partout un esprit d'initiative si exaspéré, que, dans dix ans, ce bâtiment de journal, ces machines, ce journal lui-même, paraîtront des choses d'autrefois, lentes, informes, arriérées. C'est ce que me répondait un New-Yorkais à qui je parlais de mon appréhension à passer sur le pont suspendu de Brooklyn. « Il n'est pas possible qu'il ne tombe pas un jour, » lui disais-je... — « *Well,* » fit-il. « D'ici là on en aura construit un autre et celui-ci sera démodé... »

... Voyagé le long d'une des grandes lignes qui va vers l'Ouest, avec un des directeurs de la compagnie, pour gagner Saint-Paul et Minneapolis. Mon objet, en visitant la ville qui porte le nom du grand apôtre, était de rendre mes devoirs à son archevêque, monseigneur Ireland, le plus éloquent d'entre les prélats qui orientent aujourd'hui l'Église du côté des problèmes sociaux. Il y a du Savonarole dans ce prêtre à la longue et rude figure, à qui toute assemblée est bonne pour jeter au peuple la parole de vie, et qui disait un jour : « C'est notre avantage, à nous autres évêques Américains, que l'on ne s'étonne jamais de nous voir dans des réunions quelles qu'elles soient. Vous ne vous imaginez pas monseigneur de Paris assistant à un banquet d'entrepreneurs de drainage? C'est en y manquant, moi, que j'étonnerais. Cela nous donne bien des occasions de faire connaître le catholicisme... » — Et sous quelle forme il le présente, ce catholicisme, avec quelle magnifique largeur d'âme, il faut avoir lu quelques-uns de ses discours pour le comprendre, pour le sentir plutôt : « L'Église et le Siècle! Le Siècle et l'Église! Rapprochons-les du plus intime contact. Leurs pouls battent à l'unisson. Le Dieu de l'humanité travaille dans le Siècle. Le Dieu de la révélation travaille dans l'Église. C'est le même Dieu et le même souffle... » Et encore : « Quoi ? notre Église, l'Église du Dieu vivant, l'Église des dix mille victoires sur les païens et sur les barbares, sur les fausses philosophies et sur les hérésies, sur les rois défiants et les peuples déréglés, la grande, la charitable, la libérale Église Catholique, cette assoiffée de vertu, cette affamée de justice, avoir peur du XIXe siècle ! Elle, avoir peur d'un siècle quelconque ?... » Quelles paroles, et comment les Chrétiens de désir, dont je suis et qui s'appellent légion, ne frémiraient-ils pas à les entendre passer sur le monde moderne et sur leur propre cœur ? Les temps sont venus où le Christianisme doit accepter toute la Science et toute la Démocratie sous peine de voir trop d'âmes s'en aller de lui. Il faut qu'il fasse un canal sacré à ces deux jaillissements, et qui sait si l'archevêque de Saint-Paul n'est pas l'ouvrier prédestiné de cette tâche ? Qui sait s'il ne doit pas un jour prononcer de pareilles paroles d'un siège plus haut encore ? Il y a déjà un cardinal Américain, pourquoi n'y en aurait-il pas deux bientôt ? Pourquoi n'y aurait-il pas un pape, issu de cette libre nation où les chefs de l'Église ont su redevenir ce qu'étaient les premiers Apôtres, des hommes tout voisins du cœur du peuple, du cœur de ces humbles en qui fermentent tant d'irrésistibles idées ? Ce peuple les croit, ces idées, contraires à ce qu'a enseigné le Christ. Prouvez-leur, prouvez-nous, s'il est possible, qu'il n'en va pas ainsi et que vous sauvez tout de l'Idéal dont ont vécu nos pères sans rien sacrifier de celui qui palpite en nous. Quelle œuvre pour un pêcheur d'âmes de la grande race, et de quel élan ce monde moderne, malade de négations à travers sa science incomplète, irait vers l'Église si beaucoup de ses prêtres parlaient le langage que parle celui-ci ! Dans le naufrage de la civilisation Européenne que le militarisme et le socialisme sont en train de noyer de barbarie, voilà un point de lumière vers lequel marcher. Ce ne sera pas une petite gloire de ce pays nouveau que l'étincelle de ce feu directeur ait été allumée ici.

Je devais rencontrer l'archevêque plus tard, à New-York, et recevoir de sa personne une impression égale à celle que m'avaient laissée ses discours. Cette fois, et tandis que je venais le chercher à Saint-Paul, dans le modeste *office* qu'il occupe à la porte de sa modeste cathédrale, il était à Baltimore à prononcer pour le jubilé de S. E. le cardinal Gibbons une de ses harangues de flamme. Je ne regrette pourtant pas cette longue excursion, — je la qualifie de longue, en me souvenant des habitudes Françaises. Quatorze heures de chemin de fer ne comptent pas en Amérique. — J'ai pu bien pénétrer mes yeux, durant ce trajet, du plus psychologique des paysages que j'aie vus dans mon existence errante, un « paysage d'affaires », si l'on peut dire, tant la trace de la spéculation est partout empreinte le long des rives de ce Mississipi, célébré par Chateaubriand et Longfellow. L'énergie Américaine a fait du vaste cours d'eau le véhicule mutuel d'un énorme trafic. Le « père des fleuves » est devenu un bon et docile ouvrier qui charrie infatigablement le bois que coupent infatigablement, là-bas, au delà de Saint-Paul et de Minneapolis, des bûcherons aux grands yeux bleus, aux roses figures blondes de bons géants. Ce sont des émigrants qui arrivent de Suède et de Norvège, six cent mille dans les dix dernières années. Les longues flottaisons de gros troncs coupés glissent avec l'eau qui court, chacun entaillé d'une marque de couleur qui dit sa destination. Cette eau, tour à tour verte et claire, boueuse et jaune, enserre tant d'îles, que jamais on ne discerne l'autre bord de la rivière. Le bord où nous sommes est sillonné de convois qui vont, infatigablement et incessamment eux aussi, chercher à toute vapeur des bêtes et du grain, dans ce mystérieux, dans cet inépuisable Ouest. Il s'épuisera pourtant, et l'on se demande ce que deviendra ce peuple quand il ne pourra plus exploiter ce réservoir immense. En attendant, c'est un spectacle d'activité extraordinaire, même au sortir de Chicago et de New-York. La voiture privée où nous voyageons a été attachée presque tout de suite à une locomotive spéciale. Ce petit train exceptionnel s'arrête sans cesse pour laisser passer les trains réguliers, composés presque exclusivement de ces wagons de bestiaux. Notre voiture, destinée aux excursions du président de la compagnie, n'a pas été disposée pour le luxe, quoique ses deux chambres à coucher, son salon, sa salle à manger, sa cuisine, sa salle de bains, en fassent une véritable maison roulante, dans laquelle on passerait des semaines sans trop s'apercevoir que l'on est en route. D'ailleurs, combien de personnes ne voyagent pas autrement! J'entendais à Newport une jeune femme organiser de la sorte une partie d'amis. Elle devait conduire ses invités dans son wagon à elle, et son seul regret était que la gare de Chicago fût trop bruyante pour un long séjour. Cette voiture privée a surtout pour but d'éviter l'hôtel. S'il arrive, au cours d'une de ces promenades à travers des cinq cents lieues de pays, que l'habitant de ce wagon spécial tombe malade, il reste à s'y faire soigner comme un politicien de ma connaissance que son médecin traite d'une fièvre typhoïde dans un wagon analogue à celui-ci, immobilisé en ce moment aux abords de je ne sais quelle petite gare du Colorado. Des ordres sont donnés pour que les locomotives ne sifflent pas quand elles approchent de cet endroit. L'abondance de ces voitures privées est tel qu'un fait pareil passe inaperçu. Le wagon où je voyage, lui, est une espèce d'*office* roulant, destiné à faciliter le travail du président et des directeurs qui veulent voir de leurs yeux comment se comporte leur ligne. Ici encore je retrouve cette *identification* de la grande affaire Américaine avec telle ou telle personne que j'ai déjà marquée à propos des journaux. Presque tous les grands chemins de fer, comme celui-ci, sont au pouvoir d'un très petit nombre d'individus. Dans certains cas, un seul homme se trouve possesseur de la majorité des actions. Dans d'autres cas, ces actions se répartissent entre quatre ou cinq capitalistes. D'autres fois, les intérêts représentés par un groupe de ces capitalistes sont si forts que le reste des porteurs de parts préfère leur abandonner la libre direction de toute l'entreprise. De là, résulte dans cette direction ce caractère d'autocratie, que M. Bryce signale avec tant de justesse comme un trait unique du chemin de fer Américain. Ceux qui l'administrent y sont maîtres absolus. La nécessité de la vision directe est une autre conséquence de cet état de choses. D'ailleurs, la concurrence est trop forte pour permettre cet anonymat de l'organisation routinière dont la vieille Europe est si éprise. Un chemin de fer Américain représente trop d'intérêts vivants. Il n'est pas seulement une voie de communication plus rapide, à côté d'autres routes et de canaux par exemple. Il est dans presque tous les États la communication unique. Pensez que les soixante millions d'hommes qui habitent les États-Unis possèdent à eux seuls plus de voies ferrées que tous les habitants du globe réunis. Le capital mis en œuvre dans cette industrie est de cinquante-cinq milliards de francs. Le nombre des employés est de huit cent mille. Le chemin de fer ainsi compris ne dessert pas des villes toutes faites, entre lesquelles il attache un lien plus souple et plus court. Il est lui-même un créateur de villes. Entre Chicago et Saint-Paul on en voit naître une vingtaine à qui la gare a servi de germe vital. Des boutiques se sont ouvertes à l'usage des employés, puis d'autres boutiques à l'usage des premiers boutiquiers. Y a-t-il une mine dans le voisinage, ou une espérance de mine, un pâturage ou une possibilité de pâturage? Les émigrants affluent. Si quelque phénomène naturel, tel qu'une cascade, permet une usine, des industries s'établissent. Minneapolis n'a pas d'autre origine. Le chemin de fer passait là. Les chutes du Mississipi se prêtaient à une installation de moulins incomparable, et voilà le principe d'une des futures capitales du monde. Il ne faut pas se lasser des statistiques qui rendent comme perceptible cette étonnante germination. Cette Minneapolis, poussée littéralement d'hier, et où n'a pu naître aucun homme ayant à l'heure présente quarante ans, puisqu'elle n'était pas, occupe aujourd'hui la cent vingt et unième place dans la liste des cités de toute la terre, dressée par ordre de populations. Elle vient immédiatement après La Haye, avant Trieste, avant Toulouse, avant Séville, avant Gênes, avant Florence, avant Venise, avant le Havre, avant Bologne, avant Rouen, avant Strasbourg. Il n'y a pas qu'une fantaisie paradoxale dans l'accolement de ces noms antiques à ce nom, — si barbare d'origine et si symbolique. Il dérive d'un mot Grec et d'un mot Sioux! — C'est un déplacement total du plan de l'histoire qui se manifeste par ces inattendus déplacements dans les centres de l'activité humaine. Si nous n'avions pas laissé s'abolir en nous le sens du mystère caché dans toute réalité, même brutale et vulgaire, quand elle est fécondante à ce degré, nous reconnaîtrions là un des miracles d'une époque à laquelle il ne manque pour nous faire frémir d'admiration que le recul de l'âge.

Pour l'homme d'affaires, ouvrier inconscient de ce miracle, la fondation d'une grande ligne n'est qu'un problème de spéculation. Si ces graines de cités, échappées ainsi au tuyau de la locomotive avec les escarbilles et les étincelles, lèvent ou avortent, le terrain tout autour vaudra, ou ne vaudra pas, des millions de dollars. Le plus souvent la compagnie a reçu ce terrain à titre gracieux et sans débourser un centime. Le Congrès a ainsi accordé treize millions d'acres à l'*Union Pacific*, six millions au *Kansas Pacific*, douze millions au *Central Pacific*, quarante-sept millions au *Northern Pacific*, quarante-deux millions à l'*Atlantic Pacific*. Tant vaudront ces terres, tant vaudra le chemin de fer. Il les féconde et elles l'enrichissent. Il y traîne une alluvion d'humanité qui en décuplera, qui en centuplera le prix. Ce sont ces chiffres qui se multiplient dans l'esprit du *magnat*, — comme on appelle les grands *railroad men*, — penché par la portière de son wagon. Il regarde se dessiner des ébauches de villes, dans ces pauvres maisons de bois posées sur le sol et amenées ici par pièces numérotées. Il se demande comment et quand cet embryon éclora, grandira, se développera, et de nouveau abandonné aux douceurs du *rocker* dans son salon qui roule, des plans colossaux surgissent dans sa pensée. Il est habitué à des amplitudes d'entreprise égales à celles d'un premier ministre. Il a déjà fait des villes. Il a fait des régions. Il lui a fallu déployer des qualités de grand diplomate pour lutter, aujourd'hui contre une compagnie rivale, demain contre un gouverneur d'État. Il a livré des batailles, formé des ligues. Il a dû, pour que l'affaire marchât comme elle marche, enrégimenter des milliers d'hommes, choisir parmi eux les plus habiles, leur commander comme Napoléon commandait à ses officiers et à ses soldats. C'est un pouvoir, non plus décoratif et honorifique, mais un pouvoir réel, agissant, avec une responsabilité immédiatement contrôlée par le succès ou l'insuccès. Au sens féodal de ce mot, ces gens sont des princes, et qui ont le plus souvent l'orgueil de s'être conquis leur principauté eux-mêmes. Ils peuvent se revoir, à vingt ans de distance, petits boutiquiers, vendeurs de charbon, domestiques d'hôtel, serre-freins. Une telle existence a sa poésie, non pas celle que chantent les poètes, mais c'est une poésie tout de même et elle a sa beauté, qu'un Balzac eût aimée.

... La locomotive continue d'aller, — tandis que ces réflexions m'assiègent, — et le paysage de se développer. Des débris de forêt entourent le Missisipi, maintenant tout rouillés par l'automne. La magnificence des tons roux, leur épaisseur, leur solidité presque, réchauffent le regard. A un moment, dans le crépuscule, un coin de cette forêt brûle sur l'horizon. Une flamme colossale se tord, illuminant un massif de montagnes, tandis que l'eau du fleuve, où se reflète le ciel du couchant, se fait adorablement rose et mauve. Pour quelques minutes l'invincible nature a pris sa revanche et aboli l'industrie. J'imagine, devant ce paysage soudain transfiguré, ce qu'a dû être ce coin d'Amérique voici cinquante ans, lorsque les Trappeurs et les Indiens luttaient dans ces herbes et dans ces bois, au bord de cette rivière que Longfellow a chantée :

Men whose lives glided on like rivers that water the woodlands,
Darken'd by shadows of earth, but reflecting an image of heavens...

... Des hommes dont la vie est secrète et ressemble
Aux rivières parmi les bois mystérieux.
Muet miroir obscur ! L'ombre terrestre y tremble,
Mais il y passe aussi les images des cieux...

C'est en présence d'horizons pareils qu'il faut relire les romans, démodés aujourd'hui, de Fenimore Cooper, qui ont charmé notre adolescence à tous, par delà les mers. Je viens de parcourir à nouveau un des plus célèbres : l'*Éclaireur*. La facture en est médiocre. La fabulation se noue parmi des événements d'une invraisemblance enfantine. L'analyse et la profondeur manquent aux caractères. Ce livre pourtant possède la première d'entre les qualités d'un roman : la *crédibilité*. Il la doit, à travers ses défauts, à l'évidente bonne foi avec laquelle sont peints les divers types et en particulier celui du guide, de ce Bas-de-Cuir, devenu légendaire même en Europe. On sent, par-dessous les faiblesses du style et celles de la composition, comme dans les chroniques Écossaises de Walter Scott, la vérité d'une tradition locale recueillie à même la source. Cela ne s'imite pas et ne vieillit pas. On devine, derrière ce récit de fantaisie, la nature d'autrefois, et l'Américain du dernier siècle, à la veille de l'indépendance, tout en vie morale et sans cette industrie qui règne aujourd'hui sur cette immense terre. Il y a eu là, dans le contact de ce puritain et de cette nature sauvage, une période unique, dont le grand héros réel fut Washington. L'Angleterre était toute voisine, et le sang de ses fils émigrés sur le continent nouveau n'avait pas subi le prodigieux coupage qui le transforme aujourd'hui. Ces romans de Cooper montrent cette rigidité Anglaise des Américains d'alors, et aussi l'âpreté de la guerre avec les Indiens, en même temps qu'ils étalent la merveilleuse richesse en animaux de ce sol si définitivement dépeuplé de son gros et de son petit gibier. Ils racontent les débuts de la lutte contre cette nature, maintenant conquise, mais violée et brutalisée. On comprend, après cette lecture, que les États-Unis ont déjà usé toute une civilisation de chasseurs et de pionniers avant de revêtir leur civilisation d'aujourd'hui. Ce peuple neuf a déjà plus vécu depuis ses cent ans que toute l'Europe depuis la Renaissance. Entre les mœurs que décrit ce *Pathfinder* et celles dont j'essaie de donner quelques crayonnages, il y a certes plus de différence qu'entre la France du XVIIe siècle et celle de nos jours, malgré les secousses de notre Révolution. La plasticité de cet étrange pays est telle que l'on peut prévoir des différences égales entre les mœurs de cette année qui aura vu l'Exposition de Chicago et celles de 1993. Et alors, comme il y a cent ans et comme ce soir, le coucher du soleil, l'eau du fleuve et le ciel seront seuls demeurés les mêmes. Les mêmes étoiles s'allumeront là-haut, et la même lune se lèvera, noyant la vaste rivière devenue toute pâle, les bois devenus tout sombres. Mais éclairera-t-elle encore cette même file de trains qui croisent le nôtre et qui vont, emportant éperdument des bêtes et du blé, du blé et des bêtes, — et de l'argent, de l'argent toujours et encore, vers quelques énormes fortunes destinées à se répandre quelque jour sous la forme de dot dans quelque palais ruiné d'Italie, dans quelque château historique et pauvre d'Angleterre ou de France?...

... Saint-Paul, où j'arrive un dimanche matin, est une grande ville chaotique, en partie construite avec ces mêmes maisons de bois posées sur le sol, comme les cités naissantes du bord de la ligne. Puis, le long d'une sorte de terrasse macadamisée et qui domine le Missisipi, se détache une suite de belles maisons de pierre, pas très hautes, d'une architecture savante. Elles forment une longue rue d'hôtels particuliers, pareils à ceux de Hyde Park ou de l'Avenue du Bois. L'extérieur révèle chez les hommes qui les ont bâties et qui sont tous des gens d'affaires d'ici, cette habitude de fastueuse dépense si contraire, semble-t-il, à l'âpreté de lucre partout empreinte dans ce dur pays. Cette contradiction n'est qu'apparente. L'Américain aime à « faire le dollar », comme il dit, mais ne s'y cramponne pas. Il cherche surtout dans la conquête de la richesse une excitation d'activité, l'affirmation de sa personne, et il affirme cette personne également, sinon davantage, par le faste de sa dépense. Ce faste est quelquefois très barbare. Il est souvent très intelligent. J'ai pu m'en convaincre en visitant une des maisons de cette *Summit Avenue,* la rue élégante de ce rude Saint-Paul. La galerie de tableaux que cette maison renferme est mentionnée dans les guides. Elle appartient au président d'un des grands chemins de fer de l'Ouest, un *self made man* s'il en fut. Ceux qui l'ont connu, il y a vingt-cinq ans, se le rappellent petit employé de commerce. Puis il a vendu du charbon, frété des bateaux. Cette dernière entreprise lui a fait connaître *de visu* les richesses du Montana et du Nord Dakota. Un chemin de fer commencé dans ces régions était tout voisin de la faillite. Il a racheté cette ligne perdue. Aujourd'hui, grâce aux contrats qu'il a su conclure, et de transbordements en transbordements, cette ligne fait le service direct de Buffalo au Japon. Voilà un type accompli d'une grande affaire Américaine : la petite expérience personnelle est à la base, et les résultats s'amplifient jusqu'au fantastique par l'audace des combinaisons. L'intérieur de la maison aménagé par cet homme extraordinaire n'est pas moins typique. Des tableaux partout, et encore des tableaux : des Corot de première beauté, entre autres la Biblis qui figurait à la vente Secrétan, des Troyon, des Decamps, un Courbet colossal, de Delacroix les *Convulsionnaires* et une vue des côtes du Maroc devant laquelle je m'arrête, croyant rêver. J'ai vu cette toile, il y a des années. Je l'ai recherchée depuis dans des vingtaines de musées publics et privés, sans qu'aucun livre pût me renseigner sur son possesseur actuel, et je la retrouve ici!... C'est une petite plage étroite, une marge de grève sablonneuse, au pied d'une âpre falaise. Des Maures enlèvent rapidement une grande barque. Le village, un nid de pirates, apparaît tout blanc et très haut dans une cassure de terrain. Cette place des maisons, la sauvagerie de cette grève, la hâte de ces matelots, la liberté de la grande mer, d'un bleu intense sous le ciel brûlant, tout décèle l'aventure, le coup de main, le danger. Il y a du réalisme et du romanesque, de la couleur éclatante et du drame, dans ce tableau d'un artiste réfléchi et passionné, toujours à la recherche d'une beauté complexe où l'indéfini du mystère tragique égalât le relief du rendu. Quel chemin a fait cette toile entre l'atelier du peintre et cette galerie d'un millionnaire du bord de l'Ouest?... J'ai vu pareillement à Baltimore, dans la collection d'un autre *magnat* d'un autre chemin de fer, la suite complète des dessins de Barye, de ce même Delacroix un *Christ dormant dans la tempête,* — avec un étonnant paysage de mer, une houle livide dans le glauque, hurlante et déchaînée, sous un ciel livide dans le violet, — des Fromentin, des Daubigny, d'autres Corot, d'autres Decamps, d'autres Troyon, toute la gloire française... A quel sentiment obéissent ces spéculateurs enrichis, en amoncelant ainsi chez eux des trésors de l'art le plus étranger à ce qui fut le métier et la passion de toute leur vie? Je crois y discerner la trace d'abord de ce rêve de culture, cette nostalgie d'un loisir intellectuel qui me touche toujours dans des personnages aussi saturés d'énergie pratique. J'y reconnais ensuite une volonté de bon citoyen. Ils nourrissent une sorte d'amour très particulier pour la ville où ils se sont établis, qu'ils ont vue grandir, quelquefois naître, et à laquelle ils veulent assurer toutes les supériorités. Un musée en est une, et ils la lui donnent, dans leur maison. Presque toujours le testament de ces grands hommes d'affaires contient quelque clause qui atteste combien est profonde, combien générale cette idée que les millions entraînent avec eux un devoir civique. Ils versent des cinq cent mille dollars en subventions à la Bibliothèque, à l'Université, au Musée de leur ville. Quand un d'entre eux meurt sans avoir pris des dispositions de cette sorte, un blâme universel tombe sur sa mémoire. C'est pour cela que chacune de ces villes d'industrie, en Amérique, est fière de ses millionnaires. Le moindre cocher vous montre leurs demeures, vous révèle le chiffre de leur fortune, il les désigne par leur petit nom. Il reste sous-entendu qu'une solidarité municipale unit ces potentats du dollar à leurs concitoyens immédiats. En fait cette solidarité existe, matériellement et quotidiennement. Ce même M. Chauncey Depew dont je citais tout à l'heure un discours, disait à un reporter ces mots significatifs : « Oui, un président de chemin de fer est un grand serviteur du public. Il ne saurait ni tout faire, ni contenter tout le monde. Mais il peut beaucoup et, quand il fait de son mieux, vous ne trouverez pas d'autre homme qui dans une haute position produise davantage pour le confort, *and good citizenship,* de larges communautés... » C'est une des vertus les moins connues chez nous du *businessman* Américain. En réservant la part de la vérité et celle du *Humbug,* je la crois des plus sincères.

Les yeux tout remplis de la lumineuse poésie de ce tableau de Delacroix, j'eus de la peine, sur la route qui joint Saint-Paul et Minneapolis, à reprendre le sens de ce paysage d'entre ces deux cités, pourtant plus expressif encore. Les quelques milles de terrain qui les séparent l'une de l'autre sont distribués en lots à peu près égaux, et partout se voit cette inscription : « A vendre », indéfiniment multipliée. Dans cinquante ans les faubourgs des deux « jumelles de l'Ouest », comme on les appelle souvent, se mêleront ici. A un moment, des maisons de bois recommencent d'apparaître, puis des maisons de briques. C'est Minneapolis. Quoique ces premières bâtisses soient encore clairsemées comme des fermes sur une montagne, les rues s'entre-croisent, déjà tracées et numérotées. Un tramway électrique dessert ces quartiers qui, malgré ces rares maisons, demeurent à l'état de dessin idéal. C'est comme le plan, fait à l'avance et à même le sol, d'une ville colossale, projetée, rêvée, calculée plutôt, et cette électricité en dessert les futurs besoins. Les égouts sont faits, les fontaines ruissellent, toute cette terre est drainée. Il ne manque que les habitants. Il y en a pourtant cent soixante-cinq mille dans les quartiers construits, lesquels forment une toute petite portion des quartiers prévus par les gens d'affaires de Minneapolis. Chicago compte plus d'un million d'âmes, et ils n'ont aucun doute que leur ville dépasse Chicago. Ils se précautionnent en conséquence. Ils ont acheté tout ce qu'ils ont pu acheter de terre à l'entour. Ils la morcellent et la vendent pièce à pièce. Ils ont donné à ces faubourgs encore à bâtir l'organe vital, la facilité du transport rapide qui permet à chaque ouvrier d'avoir sa petite maison, — et ils attendent, avec cette force d'espérance propre à l'Américain, engagés par ailleurs dans d'autres entreprises qui compenseront l'insuccès de celle-ci au cas, improbable pour eux, où elle échouerait.

Un des grands spéculateurs de Minneapolis, celui peut-être qui a cru le plus fortement depuis le premier jour à l'avenir de cette ville, m'emmène dans son *car* électrique, — un car électrique privé, où trouver ailleurs cette fantaisie? — Il veut me prouver que ses amis et lui n'ont pas seulement prévu la grandeur matérielle de Minneapolis, mais qu'ils ont pensé à sa vie artistique. La voiture glisse le long de son fil avec une rapidité effrayante. Elle n'a pas à s'arrêter pour attendre les voyageurs. Nous avons quitté les portions construites tout de suite et presque tout de suite les portions à construire, avec leurs rues imaginaires et la levée de leurs étiquettes de vente, dressées sur des poteaux. Ces pancartes sont si nombreuses qu'elles font ressembler cette banlieue aux plates-bandes d'un jardin botanique, destiné aux habitants de Brobdingab. La voiture longe un petit lac maintenant, dont l'eau bleuâtre frissonne au milieu d'arbres jeunes et maigres. On a coupé, massacré, brûlé la forêt primitive, et ce timide essai de replantation semble dénuder davantage l'horizon. Nous arrivons à un coin de bois mieux préservé qui sert de fraîche bordure à un second lac. Sur la rive se dresse un des plus étranges d'entre les théâtres de musique qu'il m'ait été donné de visiter. Des gradins s'étagent, regardant le lac. En haut ils se distribuent en loges, en bas ils s'aplanissent en parterre. Des tables de bois installées dans ces loges, comme sur ce parterre, me font me souvenir qu'à Minneapolis le fond de l'immigration est germanique. Cet endroit est visiblement aménagé pour des hommes de brasserie : Allemands, Suédois, Danois, Norvégiens. Un vaste radeau s'amarre en face du théâtre. Une estrade le surplombe, destinée à l'orchestre. Par les belles nuits d'été des concerts s'y donnent, et, quand le public le demande, le radeau s'éloigne pour ajouter par la distance au charme du morceau joué ainsi. Cette démocratique adaptation des rêves du roi Louis de Bavière coûte aux petites gens qui veulent en jouir dix sous de tramway et vingt-cinq sous d'entrée, sans doute avec consommation, comme disent les réclames des cafés-concerts... Toute l'Amérique est là dedans : l'orchestre est composé d'artistes de choix, et qui seront meilleurs d'année en année avec l'accroissement des richesses de la ville. Le cadre du paysage est exquis, par ce matin d'automne, tout voilé sur le bois jaunissant et l'eau violette. Que doit-il être par les clairs de lune des nuits molles de juin? L'idée est délicate et d'un joli caprice de fête populaire. Et le tout a pour premier principe une spéculation de tramway qui repose elle-même sur une spéculation de terrains!...

Le réalisme le plus humble, le plus asservi à la minutieuse observation des faits, et en même temps une audace d'imagination qui ne recule jamais, qui greffe les projets sur les projets, qui enfle sans cesse des entreprises déjà énormes, qui s'exalte en combinaisons de plus en plus colossales; — l'individualisme le plus âpre, le plus implacable, celui d'une bête de proie de haute espèce qui va, dévorant toute vie autour d'elle, ou, si l'on veut, la violence d'action d'un fleuve qui déborde, absorbant toutes les eaux, noyant toutes les terres, roulant à travers un pays ravagé son flot insatiable, et en même temps une générosité qui ne compte pas, une magnanimité de passion civique qui prodigue les millions pour des œuvres désintéressées, qui se répand en infatigables sacrifices pour la patrie commune; — un plébéianisme tout récent d'origine, une modestie, une bassesse souvent de naissance, de famille, d'éducation, que n'a pu, semble-t-il, améliorer un labeur tout professionnel, et en même temps des magnificences et des somptuosités de grands seigneurs, le goût des arts, la large entente d'un luxe intelligent, une naturelle aisance dans le maniement de ces formidables richesses acquises d'hier, — tels sont les traits contradictoires que l'analyse, même superficielle, découvre dans cette complexe figure de l'homme d'affaires Américain. Rien qu'à les noter dans ce bref résumé je crois apercevoir que ces traits sont aussi ceux de la race tout entière, et, par-dessous le potentat qui règne en maître dans son chemin de fer, dans sa manufacture, dans son journal, dans sa mine, je reconnais le colon primitif avec ses linéaments moraux que la fortune n'a pu changer. Il est venu, ce colon, voici cent ans, voici cinquante ans, s'établir sur cette terre neuve encore, et il a dû y lutter de la lutte la plus directe, la moins adoucie de conventions sociales, lutter contre les gens, lutter contre la nature, lutter contre lui-même. Sa chair se rebellait contre les âpretés des premières années. La prairie était hostile. Les voisins étaient durs, dangereux, sans merci. La nécessité d'agir a forcé l'homme à observer, à ne se faire d'idées que précises et nettes. C'est une éducatrice qui, par tous pays, guérit des phrases et des formules, des préjugés et de l'à-peu-près... Voilà pour le réalisme. — Mais cette lutte du colon avait devant elle toutes les possibilités. Des expatriements de cette sorte ne s'expliquent pas sans une de ces folies d'espérance comme les désespérés en retrouvent en eux aux minutes suprêmes, alors que l'âme se retourne tout entière sous une secousse qui n'y laisse plus rien du passé. Sitôt arrivé ici, tout contribuait à exalter encore cette fièvre d'espérance chez l'exilé : la terre incroyablement fertile, le mystère des mines d'or et d'argent toujours à découvrir, la prairie follement giboyeuse, les forêts inépuisables, et l'exemple quotidien de gigantesques fortunes improvisées en quelques années... Voilà pour l'imagination. — Cependant l'afflux des émigrants continuait, si nombreux, la concurrence vitale se faisait si violente dans cette cohue d'aventuriers, tous hommes de misère et d'énergie, la justice s'accomplissait d'une façon si sommaire qu'il fallut bien avoir recours au *Faustrecht,* à ce « droit du poing » qui fut le principe de l'ordre dans le moyen-âge allemand. Le lynchage en est un dernier reste... Voilà pour l'individualisme. — D'autre part, ces mêmes colons trouvaient du moins, dans cette dure existence, un renouveau de leur personnalité. Ils se refaisaient une destinée sans passé, et ils éprouvaient pour la libre terre qui leur avait permis ce recommencement une gratitude passionnée. C'est l'origine du patriotisme Américain, si différent du nôtre. La tradition n'y entre pas, puisque ces gens ont leur tradition ailleurs. Ce qu'ils aiment de cette nouvelle patrie, c'est justement qu'elle est nouvelle. Ils la créent, eux, cette tradition. Ils sont des ancêtres et ils le savent... Voilà pour l'exaltation du civisme. — Enfin ces colons étaient tous des plébéiens, ou force leur était de le redevenir, puisqu'ils devaient travailler de leurs mains. Seulement, la vaste étendue de leurs domaines, le fait de ne dépendre de personne, la joie d'être les maîtres et seigneurs d'une terre défrichée par eux-mêmes, la conscience d'une virilité régénérée, l'habitude d'une initiative sans contrôle, tout se réunissait pour hausser en eux cet orgueil que le moindre Américain né dans le pays manifeste naturellement. — Regardez-y bien, l'homme d'affaires n'est pas autre chose que ce colon amplifié, développé, agrandi. Jamais la loi de l'hérédité ne fut plus visible qu'ici, dans cette transposition, sublimée si l'on peut dire. Toute l'âme du pionnier des premiers jours réapparaît dans les entreprises et les fantaisies des millionnaires, et comme cette même âme continue de s'agiter dans l'Américain pauvre qui n'a pas vaincu le sort, une ressemblance morale s'établit entre les plus malheureux et les plus comblés, ressemblance intime et profonde dont est faite la véritable cohésion de ce pays. C'est par cette identité singulière qu'il se maintient toujours un, malgré tant de causes qui travaillent sans cesse à le désagréger. Ces gens d'affaires qui sont en train de construire une civilisation du côté de l'Ouest avec des éléments presque tous étrangers, la construisent naturellement à l'image du caractère Américain. La conscience nationale se projette par eux en villes et en entreprises d'une si totale unité que les voyageurs s'en plaignent. Ils s'accordent à reprocher à cette contrée sa cruelle monotonie. Je ne sais quel humoriste comparait les choses d'Amérique à ces fraises poussées dans les serres, épaisses comme des abricots, rouges comme des roses, splendides à regarder, et qui n'ont pas de saveur. S'il y a du vrai dans cette épigramme, c'est aux hommes d'affaires qu'il faut s'en prendre. En appliquant à tous les produits la même méthode de multiplication indéfinie, en doublant partout l'ouvrier par la machine, en substituant sans cesse la grosse besogne collective et hâtive à la besogne individuelle et délicate, ils ont banni le pittoresque de l'atmosphère de leur république. Toutes ces grandes villes, tous ces grands bâtiments, tous ces grands ponts, tous ces grands hôtels se ressemblent. Mais ce qu'il faut leur demander, ce n'est pas une impression d'art, c'est un document sur les forces profondes de la vie Américaine, et ce document s'ajoute aux autres pour les compléter en les confirmant.

Le trait particulier que les hommes d'affaires manifestent par les diverses entreprises dont ces villes et ces paysages sont le brutal symbole se trouve en effet celui-là même que manifestent les femmes par leur élégance et leur culture, que le monde de Newport manifeste par son luxe, ses amusements, sa conversation, que New-York et ses rues manifestent par leur premier aspect, — trait si caractéristique qu'il en est national. C'est l'usage unique et constant, un usage, poussé jusqu'à l'abus, d'une seule des puissances humaines : la volonté. Visiblement, elle est ici la pièce centrale du rouage, et toutes les autres lui sont subordonnées. Si vous regardez quelques-uns de ces grands hommes d'affaires, après avoir étudié de près leur œuvre, vous découvrez bien vite que même l'appareil physiologique, d'ordinaire très robuste, est tout entier tendu dans ce sens. Qu'ils aient trente ans, qu'ils en aient quarante, qu'ils en aient cinquante, ils ont pour Idéal unique le *hard work*, ce travail intense, qu'ils réclament de leurs employés aussi bien que d'eux-mêmes. On m'affirme qu'il faut des mois pour dresser les ouvriers Anglais, et ce sont les plus durs d'Europe, à l'énergie de besogne habituelle aux ateliers Américains. Le patron, cependant, est lui-même à son bureau dès les toutes premières heures du jour, pour n'en sortir qu'aux toutes dernières. Le plus souvent il n'a eu pour se restaurer, durant cette longue séance, que deux sandwiches et six huîtres apportées d'un bar voisin. Après des années de ce labeur, sa constitution, si dure soit-elle, se trouve profondément atteinte. Il doit s'arrêter. Le genre de repos que lui prescrivent les médecins suffit à mesurer la nature et l'intensité de sa lassitude. Il lui faut des six mois de voyage, presque toujours sur mer, afin d'assurer à sa machine surmenée, brisée aux trois quarts, un peu de réparation. Ceux qui résistent portent la trace d'énormes fatigues supportées avec un énorme tempérament. Ce sont des géants au torse carré, alourdis par d'innombrables séances à leur *office,* avec des faces grises où se lit comme une vieillesse du sang. L'expression de ces visages révèle une intelligence si constamment absorbée qu'elle ne pourra plus jamais se distraire. Vous vous expliquez, en causant avec eux, pourquoi les journaux annoncent sans cesse quelque mort subite d'un millionnaire, survenue dans un bureau, dans une cabine de bateau, dans un compartiment de chemin de fer. Les mots « *heart disease, — maladie du cœur* », accompagnent d'ordinaire la funèbre nouvelle d'un commentaire qui vous fait deviner un organisme usé jusque dans son fond par la continuité ininterrompue de la dépense nerveuse. Ces manieurs de dollars sont en définitive des héros modernes et chez qui la force d'attaque et de résistance est analogue, sous des formes bien différentes, à la force d'attaque et de résistance d'un grognard de l'Empereur. Ils en meurent après en avoir vécu, et après avoir vécu de cela seulement. C'est la grandeur et c'est la force de cette civilisation : la vie intellectuelle y est à l'arrière-plan, à l'arrière-plan la vie sentimentale, à l'arrière-plan même la vie religieuse. La vie volontaire y consomme toute la sève de l'individu. Cette vie volontaire semble parfois, tant elle est hypertrophiée, exaspérée, jouer à vide et sans but. C'est le défaut aussi de toute cette société. On sent à des milliers de signes que les Américains se sont trop passés du temps, et que, par une loi mystérieuse, ils ne font rien non plus qui doive durer. Le colossal décor de ces villes babéliques va être remplacé par un autre. On en a la vision anticipée. Ces machines vont céder la place à d'autres machines, plus simples ou plus compliquées. Dans dix ans, ces hôtels perforés de mille tuyaux, éclairés à l'électricité, sillonnés d'eau chaude et d'eau froide, parcourus incessamment par des ascenseurs si rapides, meublés avec une extravagante magnificence, seront démodés, — *old fashioned*. D'autres les auront remplacés. Il en ira de même de toutes choses, depuis les machines à écrire jusqu'aux fortunes, et ainsi de suite, semble-t-il, indéfiniment, à moins que cette Amérique des industriels et des spéculateurs ne doive passer elle-même, comme a passé l'Amérique des pionniers, et qu'à cette frénésie d'entreprise succède une civilisation où la pièce maîtresse soit, non plus la volonté consciente et calculatrice, mais l'instinct, mais l'habitude, mais la nature héritée et subie. Cette métamorphose suprême demeure, en tout cas, bien éloignée. On en comprend la raison lorsque en étudiant une carte des États-Unis on compare l'étendue du territoire au nombre des habitants. Les Américains se permettent souvent cette plaisanterie, justifiée, de dire que si l'on mettait la France entière au milieu du Texas, il resterait encore beaucoup de Texas autour. Il convient d'ajouter que cet immense Texas n'a pas trois millions d'habitants. La Floride n'en a pas quatre cent mille, et il faut quatorze heures en chemin de fer pour la remonter de Lake Worth à Jacksonville. Trente États sur quarante sont dans des conditions analogues. C'est le secret de cette civilisation. Elle n'a pas dépassé la période de conquête. Sa prodigieuse originalité réside en ceci, que le conquérant y est allé du coup jusqu'au raffinement de la civilisation la plus avancée. Un pareil phénomène ne s'est jamais vu. Il ne se reverra jamais. C'est pour cela que les conducteurs de cette conquête d'un ordre unique, les hommes d'affaires, ne ressemblent pas plus à nos boursiers, à nos industriels, à nos manufacturiers, à nos ingénieurs, que Chicago ne ressemble à Paris ou Minneapolis à Florence. J'aime mieux les villes de la vieille Europe, mais j'admire davantage les gens d'affaires du Nouveau-Monde. L'œuvre faite chez eux à coups de volonté improvisatrice ne vaut pas l'œuvre élaborée chez nous par les siècles, mais les constructeurs actuels de ce pays-ci sont des échantillons d'une humanité plus vigoureuse.

VI

CEUX D'EN BAS

I. LES OUVRIERS

« Les affaires, » a dit un humoriste du socialisme en corrigeant un mot célèbre, « les affaires, c'est le travail des autres... » Cette formule n'est juste qu'à moitié pour les États-Unis où les millionnaires s'écrasent eux-mêmes de besogne, tout autant que les plus opprimés manœuvres de leurs chemins de fer ou de leurs mines. Elle a ceci d'exact que la mise en train des grandes affaires suppose comme élément premier le travail de l'homme de peine. Derrière le capitaliste, si intelligent soit-il, si actif, si entreprenant, il y a l'ouvrier. Étant donné que l'Amérique est par excellence une démocratie, c'est même ce personnage-là qui constitue son assise fondamentale. Si la civilisation de ce pays doit changer de nouveau, comme elle en donne souvent l'impression, c'est par l'ouvrier qu'elle changera, comme la France de 89 qui reposait au fond sur le paysan a été changée par le paysan. De temps à autre, des grèves qui partout ailleurs s'appelleraient des guerres civiles, semblent présager un de ces duels de classes dont l'issue n'est jamais douteuse. Les plus malheureux, depuis qu'il y a des barbares et des civilisés, ont toujours vaincu les plus heureux, quand on en est venu à la bataille. D'autres fois et hors de ces instants de crise suraiguë, vous causez avec quelques-uns de ces ouvriers, vous les trouvez si évidemment heureux de leur travail, l'exécutant si bien, avec une telle indépendance de libres citoyens sur leurs rudes figures! Ils ont si visiblement le calme de l'énergie, parmi le va-et-vient des pistons, le sifflement des courroies de cuir, le ronflement de la vapeur, le halètement des volants! La dépense de force personnelle est pour eux si intelligemment ménagée, si sûrement appuyée par l'aide mécanique! Vous savez, d'autre part, que les gages sont très supérieurs à ceux d'Europe : un dollar et demi par jour, deux dollars, deux dollars et demi, trois dollars. Vous connaissez quelles sociétés de prévoyance entourent l'activité de ces gens. Ces sociétés sont si nombreuses, si complètes, prêtes à soutenir le travailleur et les siens dans tant de circonstances, depuis le chômage jusqu'à la mort! Grâce à une de ces sociétés, l'homme a sa maison à lui. Grâce à des fondations de toutes sortes, l'éducation de ses enfants est assurée. L'impôt du sang, ce monstrueux abus de notre civilisation, lui a été épargné et il est épargné à ses fils. Vous en revenez à cette idée qui a déterminé tant d'émigrants à tout quitter, que l'Amérique est le paradis du prolétaire. Comment concilier deux points de vue fondés l'un et l'autre sur des faits indiscutables, quoique si radicalement contradictoires ? Vous feuilletez des publications faites par des ouvriers et pour des ouvriers. La même contradiction apparaît, plus saisissante encore. Vous lisez dans le programme d'une des associations qui passent pour les plus avancées, des phrases comme celle-ci : « *Calling upon God to witness the rectitude of our intentions...* — Nous en appelons à Dieu pour qu'il reconnaisse la rectitude de nos intentions... » — Une espèce d'hymne en l'honneur de la journée de huit heures se termine par ce vers :

Eight hours for work, eight hours for rest, eight hours for what we will ;

« Huit heures pour travailler, huit pour nous reposer, huit heures pour notre libre fantaisie ; »

mais vous y relevez trois fois le nom de Dieu et trois fois le *His* appliqué à lui avec une grande lettre. Vous en concluez que le désir naturel des réformes bienfaisantes s'associe chez l'ouvrier Américain à un profond instinct religieux, et vous jugez que ce trait correspond bien à la logique du caractère national.

Du moment que la volonté est la pièce maîtresse de ce caractère, le sentiment le plus développé doit être celui de la responsabilité, et la vie religieuse en est la condition naturelle. Vous ouvrez un autre journal, destiné lui aussi aux ouvriers, et que l'on vous a indiqué comme typique; vous y rencontrez avec stupeur des déclarations de ce goût : « Le paradis est un rêve inventé par des voleurs qui veulent cacher leurs brigandages à leurs victimes... » — « Quand le travailleur comprendra que l'autre monde dont on lui parle sans cesse est un mirage, il frappera aux portes des voleurs riches, un fusil à la main, et il demandera sa part des biens de cette vie, dès à présent... » — « Religion, autorité, état, une même pièce de bois a servi à tailler ces idoles. Nous les briserons toutes... » — Que penser d'une classe sociale sur laquelle des documents aussi opposés sont également vrais? C'est là un problème de psychologie trop complexe pour que je prétende l'avoir résolu. J'entrevois du moins une supposition qui permettrait de comprendre la coexistence, dans le prolétariat Américain, d'idées si antithétiques. Des études prolongées sur place, des visites d'usines, la lecture de plusieurs rapports officiels sur la question du travail, des promenades à travers de nombreux logements d'ouvriers, des entretiens avec des personnes plus spécialement compétentes se sont résumés pour moi dans cette hypothèse. Je donnerai, parmi les notes prises au cours d'une enquête trop courte encore, celles-là seulement qui se raccordent au ton familier de ce journal de route, lequel n'a pas l'ambition d'être un traité d'économie politique.

... Deux conversations avec deux des hommes qui ont le plus efficacement pensé aux problèmes de l'avenir social en Amérique, Son Éminence le cardinal Gibbons et monseigneur Ireland, m'ont semblé résumer avec une autorité et une netteté supérieures le point de vue optimiste sur cet avenir. Quoiqu'elles aient eu lieu à quelques semaines de distance, je les transcris bout à bout, tant elles se complètent l'une l'autre. Tout le monde, en France, connaît aujourd'hui le nom de ces deux grands prélats, grâce aux travaux de M. de Meaux et de M. Max Leclerc, grâce aussi à la belle traduction que M. l'abbé Klein a donnée de quelques discours prononcés par l'archevêque de Saint-Paul. Ces deux archevêques ont été les artisans très actifs de cette propagande catholique aux États-Unis dont j'ai déjà parlé. Mais des chiffres permettent de la mesurer plus exactement. Au commencement de ce siècle, les catholiques Américains étaient au nombre de vingt-cinq mille. Un évêque et trente prêtres environ suffisaient pour le service des âmes. Ces mêmes catholiques Américains comptent aujourd'hui près de dix millions de fidèles. Ils ont quatre-vingt-dix évêques, de huit à neuf mille prêtres. Leurs églises et leurs séminaires se multiplient. Ils ont fondé aux portes de Washington une Université qui assure à leur enseignement toutes les suprématies de la science la plus moderne. Monseigneur Keane la gouverne. C'est une des grandes figures encore de ce haut clergé que ce recteur au masque vigoureux d'homme d'action, à la voix vibrante, aux gestes presque durs par moments, aux yeux de flamme : « Tout ce que nous avons fait, » me disait-il, « nous l'avons fait par la liberté. Nous n'avons pas de rapports avec l'État et nous nous en trouvons très bien. Nous sommes payés par les fidèles et nous aimons cela... S'ils estiment que nous sommes trop sévères, » ajoutait-il, « et s'ils veulent nous le faire sentir, nous le supportons sans peine, car nous aimons cela aussi, nous passer de luxe et de représentation... Quand j'étais évêque de Richmond, j'avais un diocèse bien pauvre, j'habitais deux petites chambres et j'étais heureux... Ce que nous n'aimons pas, c'est que les ministres de l'Église aient un train de prince, qu'ils forment une noblesse. Ces vanités ne conviennent pas aux disciples du divin Maître... » Ces sentiments expliquent, mieux qu'aucun commentaire, pourquoi ce clergé a conquis une place contre laquelle ne prévaudront pas les efforts des fanatiques d'intolérance, comme les A. P. A. — On appelle ainsi une ligue anticatholique récemment formée, et qui s'intitule elle-même *American Protection Association*. Ceux qui la composent haïssent l'Église de cette étrange haine, trop commune chez nous. Ils ont bien compris qu'il fallait l'attaquer aux États-Unis sur le terrain même de la liberté. Sur ce point encore, ils ressemblent aux radicaux de notre pays, auxquels la Franc-Maçonnerie les rattache peut-être par une complicité clandestine. — Leur programme consiste à représenter le catholicisme comme incompatible avec les vrais devoirs du citoyen Américain. Ils rappellent cet article de la loi de naturalisation, l'entier renoncement à toute fidélité envers tout souverain étranger. Ils ajoutent : « Les catholiques ne se proclament-ils pas eux-mêmes dépendants du Pape, qui réside à Rome ? » Ni la dangereuse équivoque de ce raisonnement qui affecte de confondre le monde spirituel et le monde temporel, ni la diffusion par milliers de faux documents où les noms vénérés des archevêques de Baltimore et de Saint-Paul figuraient au bas d'instructions secrètes rédigées avec la plus habile perfidie, ni le savant appel à l'antique hostilité contre le Papisme, si vivante au cœur des descendants des Puritains, aucune manœuvre enfin n'a pu lutter contre l'évidente ardeur d'énergie civique déployée par cet épiscopat véritablement vivant. Pas un de ces prélats ne laisse passer une occasion de servir le peuple, de se montrer un homme de son temps et de son pays. Quand l'Association des Chevaliers du Travail fut menacée à Rome, le cardinal Gibbons et monseigneur Ireland n'hésitèrent pas à se rendre là-bas pour la défendre. Quand les organisateurs de l'Exposition eurent l'idée d'ouvrir à Chicago ce Congrès des

Religions, qui demeurera, malgré de regrettables charlatanismes de détail, un des nobles symboles de notre époque, le même cardinal Gibbons accepta de l'ouvrir par une prière solennelle. En toutes circonstances leur cœur bat à l'unisson du cœur de la nation. Ils n'y ont pas de mérite. La constitution ne leur permet-elle pas de pratiquer leur foi sans entrave, de s'associer et de posséder sans contrôle, de fonder des œuvres sans tracasserie et d'assurer le recrutement de leur clergé sans chicane? Que demander d'autre? Et comme tous les catholiques de France accepteraient avec enthousiasme la suppression du Concordat avec celle du budget des cultes, sous de telles garanties! Et puis ce clergé des États-Unis est réellement, intimement Américain. Les traits qui distinguent cette forte race et que je marquai à propos de la société comme à propos des affaires, se retrouvent dans ces évêques et dans ces prêtres avec une égale intensité. Ils ont le réalisme d'abord, la forte vision positive du fait. Lisez les deux volumes où le cardinal a résumé, pour ses compatriotes, le dogme catholique, et en particulier les pages relatives au divorce. Ils ont la vigueur hardie de l'espérance et l'amplitude énorme du projet. Écoutez l'archevêque de Saint-Paul s'écrier : « Nous avons une opportunité admirable. Dans cent ans l'Amérique aura quatre cents millions d'habitants. Notre œuvre, c'est de rendre cette Amérique entière catholique... » Ils ont par-dessus tout la grande vertu nationale, la volonté : « Notre devise, » s'écriait encore l'un d'eux,

« c'est *oser et faire...* » Sommes-nous assez loin du prêtre-fonctionnaire, que l'État emmaillotte en le protégeant, loin des lois restrictives qui empêchent les ordres religieux de posséder, les fabriques de s'administrer, le clergé de se recruter librement? Il y a des années de cela, je me trouvais dîner à la même table que Gambetta. C'était au lendemain de la guerre et le chef de l'opportunisme parlait du programme qu'il appliquerait, si jamais il arrivait au pouvoir. « Et la séparation de l'Église et de l'État?... » dit un des convives. — « Nous nous en garderons bien, » répondit vivement celui que ses intimes appelaient alors le tigre. « *Il faudrait donner la liberté à l'Église et elle serait trop forte...* » C'est ici que j'ai bien compris la portée de ce mot, tombé dans mon souvenir de tout jeune homme. Gambetta était, en le prononçant, dans la vraie tradition Jacobine et Césarienne. Que cet habile homme d'État, le seul qu'ait produit chez nous la révolution de 1870, pensât ainsi, démontre mieux que des pages et des pages combien peut différer la traduction de ce même mot: la démocratie, en faits, en lois et en mœurs. — Une constitution n'est rien que par les gens qui la pratiquent.

La mémoire a de ces caprices. En allant, par un jour froid d'hiver, de Washington à Baltimore où je devais voir monseigneur Gibbons, c'est l'image de l'ancien dictateur de Tours qui m'obsédait, à cause de cette parole jaillie de sa bouche éloquente, entre deux bouffées d'un cigare très noir, dans la salle à manger d'un petit rez-de-chaussée de la rue Linné. Je me demandais ce que serait devenue la France si cet orateur si intelligent, si capable d'adaptation, avait fait ce voyage d'Amérique, et s'il avait vu par lui-même ce que l'Église représente encore aujourd'hui de fécondité démocratique et de large enseignement populaire, lorsqu'elle est libre? Et puis une autre image s'imposait à ma rêverie, étrangement différente, celle du malheureux et subtil Edgar Poe, qui écrivit son *Corbeau*, voici un demi-siècle, dans cette capitale du Maryland que je vois dresser ses maisons là-bas. Quoique le génie de ce poète soit gâté aujourd'hui pour moi par son terrible abus de l'artificiel, par le montage comme mécanique de toutes ses idées, la nature de sa sensibilité me touche encore, et surtout le malheur de sa destinée. Je songe au mystère toujours renouvelé de la formation des âmes. Celle du poète a trouvé son principe de désespoir et de dégradation dans cette société où celle du prêtre que je vais rencontrer tout à l'heure s'est épanouie pleinement. La spiritualité de l'une a causé son agonie, la spiritualité de l'autre a causé sa force, dans le même cadre de la même civilisation. Cependant à regarder le premier aspect blanc de Baltimore, et à marcher le long de ses trottoirs, j'éprouve qu'elle est bien, de toutes les villes Américaines, la plus faite pour y promener des songes de poésie. La rue Charles que je suis ainsi, un peu étroite et serrée entre ses maisons claires et pas trop hautes, dégage un charme d'intimité. Il y a un peu de silence autour du square où s'élève le monument de Washington, et elle me rappelle l'élégante place Stanislas à Nancy. J'ai l'impression, si rare ici, d'un coin de ville qui a duré, qui durera. Ce décor moins momentané, moins violent et plus délicat, s'harmonise avec mon attente, avec cette approche du primat d'Amérique tel que les prêtres de l'Université de Washington me l'ont dépeint. Encore quelques pas sur la chaussée paisible de cette rue sans tramways électriques et sans cars à câble, et me voici devant un palais du même style simple que les autres maisons environnantes. La coupole d'une église le domine. C'est la demeure du cardinal.

Son Éminence me reçoit dans un salon sans faste que décorent des portraits de prélats célèbres. Ceux de Léon XIII et du cardinal Manning sont en gravure et posés sur des chevalets. Physiologiquement monseigneur Gibbons est de la race de ces ascètes chez lesquels il semble que les mortifications aient laissé juste assez de chair pour suffire au travail de l'âme. Quoiqu'il ait soixante ans passés, il en paraît cinquante à peine, tant il est droit dans sa mince et souple taille. Je l'avais entrevu, l'autre jour, à Washington, dans une des tribunes du Congrès, n'ayant, comme insigne de sa dignité, qu'une calotte de pourpre sur le derrière de sa tête. Aujourd'hui, dans sa maison, il porte la soutane noire à liséré rouge, une soutane irréprochablement tenue, mais qui n'est plus toute neuve, et d'où passent ses pieds chaussés de bottines à élastiques et fortes semelles. La simplicité est partout empreinte autour de cet homme de prière et d'action, sur lui et autour de lui. Les mains sortent du drap sans linge, maigres et fines. Le visage, à la fois très réfléchi et très calme, est comme creusé en long, avec un nez un peu fort. La lèvre supérieure avance, immobile, comme celle du portrait d'Érasme au Louvre. C'est une bouche d'écrivain et de diplomate plus que d'orateur. L'expression est ailleurs, dans l'arrière-pli profond de la joue et dans les yeux, d'un bleu clair sur ce visage presque gris. Ces yeux regardent d'un regard admirable, très doux et très ferme, très lucide et très droit, un regard de certitude. Les psychologues modernes ont un mot, assez bizarre mais très précis, pour désigner ces caractères où toutes les puissances se subordonnent à une énergie centrale, à une foi, scientifique ou artistique, politique ou religieuse, acceptée sans hésitation et sans retour. Ils les appellent des *Unifiés*. Sénèque disait déjà, devançant par une de ses trouvailles de grand moraliste nos théories modernes de l'esprit : « Si vous avez rencontré un homme *un*, vous avez vu une grande chose. » Une disposition intérieure ne suffit pas à composer un tel équilibre. Il y faut un accord très rare des circonstances et de l'instinct, du milieu et de l'impulsion innée. Cette rencontre s'est produite pour le cardinal d'une manière singulièrement exceptionnelle. Me parlant de sa vie, il me raconte, avec la reconnaissance émue d'un croyant qui reconnaît l'action de la Providence derrière la figure de ce monde qui passe : « J'ai eu un bonheur peu commun. Je suis né ici, j'ai été baptisé, j'ai fait ma première communion et j'ai été ordonné prêtre dans cette même cathédrale dont je suis aujourd'hui l'archevêque... » Et il continue, me racontant sa première visite à Rome, alors qu'il siégeait au Concile du Vatican, le plus jeune de mille prélats réunis dans cette assemblée. Il était évêque de la Caroline du Sud et prêtre depuis cinq ans à peine. A cette époque, il y avait quarante-cinq évêques seulement dans tous les États-Unis. « Je me les rappelle, » continue-t-il, « arrivant ici à la première assemblée de Baltimore, quand j'étais chancelier de l'archevêque. Ils sont plus du double aujourd'hui. Il en est de cela comme des conversions. On les comptait alors. Cette année j'en ai eu sept cents, rien que dans ce diocèse qui est très petit... *The human soul needs food,* » ajoute-t-il en Anglais, « l'âme humaine a besoin de nourriture, et elle ne la trouve complète, cette nourriture, que dans le catholicisme... » Il parle un Français très pur, en cherchant un peu ses mots. On sent à l'entendre que sa parole ne doit jamais jeter un très vif éclat, mais cette parole est si exempte de déclamation, cet esprit si visiblement au service d'une conscience éprise de vérité, un si constant effort se révèle à chaque phrase pour égaler l'expression à la pensée sans surcharge et sans faiblesse, qu'une autorité irrésistible en émane, celle même qu'annonçait cette physionomie, douce, ferme et sûre. Tout naturellement, lorsqu'il aborde le terrain des problèmes sociaux, monseigneur Gibbons quitte le Français pour l'Anglais. Il semble que nous devions employer un langage étranger avec d'autant plus de facilité quand nous avons à communiquer des idées qui nous sont très familières. Il n'en est rien. Plus nous avons pensé à un sujet, plus nos conceptions très précises exigent la précision de l'idiome qui nous a servi à les former. Peut-être faut-il chercher là une des raisons pour lesquelles tant d'hommes supérieurs éprouvent une difficulté singulière à manier des langues qu'ils connaissent et qu'ils lisent parfaitement.

— « ... Je n'ai jamais eu d'influence sur la création ni sur l'organisation des *Chevaliers du travail,* » répond le cardinal à une de mes demandes. « Ce que j'ai dit à leur sujet, lors de mon voyage à Rome, c'est que l'Église n'a aucun motif pour condamner du coup et en principe toutes les associations de travailleurs. J'ai toujours pensé et je continue de penser que les ouvriers ont le droit de s'associer pour se protéger contre la tyrannie possible de ceux qui les emploient. Je connais les dangers de ces associations : les grèves d'abord, — une fois réunis, ils sont tentés si vite de se lancer sur cette voie qui n'est pas bonne, et où ils ont toujours été brisés, — l'intolérance ensuite et la persécution à l'égard de leurs camarades qui refusent de se joindre à eux. Malgré ces dangers, j'ai cru que l'Église risquerait de perdre trop d'âmes en forçant des milliers de ces hommes à choisir entre leur foi et une société dont les principes n'avaient, par eux-mêmes, rien de condamnable... »

— « ...Une révolution aux États-Unis? » répond-il sur une autre de mes questions. « Non, je ne la crois pas possible. Les Américains, on le leur a souvent reproché, sont d'abord et surtout des hommes pratiques. Avant de déposséder d'un dollar un millionnaire, un billionnaire, si vous voulez, ils reconnaîtraient qu'ils touchent à la pierre d'angle de tout l'édifice, et ils s'arrêteraient. Nos ouvriers sont très intelligents, d'une intelligence très hardie mais très juste. Elle leur sert à voir la logique des idées. Ils comprennent, malgré les sophismes des agitateurs, que toucher à une seule propriété, c'est toucher à toutes les propriétés. Aussi vous l'avez vu, quand les anarchistes ont été condamnés à Chicago, le sentiment public, manifesté presque aussitôt après, par un vote dans une élection, a été en faveur du juge, auteur de l'arrêt, et contre le gouverneur de l'Illinois qui avait montré de la sympathie aux condamnés... Nous n'avons pas chez nous les ferments de révolution qui rongent l'Europe. Nos ouvriers, quand ils veulent travailler, gagnent largement de quoi vivre, deux, trois dollars par jour. Ils arriveront à ne travailler partout que huit heures. Et puis, ils ne sont pas irréligieux. Il n'y a pas d'exemple qu'un homme public se soit présenté comme athée... » Et sur mon observation que j'avais pourtant rencontré à l'université de Harvard un grand nombre d'esprits pénétrés d'agnosticisme. « C'est vrai, » continue-t-il, « qu'un mouvement de ce genre est reconnaissable dans certains groupes très cultivés. Mais il est circonscrit à ces groupes, et le christianisme demeure très vivant dans les mœurs privées et publiques. On ouvre le Congrès par des prières. Le président ne s'adresserait pas au peuple sans prononcer le nom de Dieu. Le repos du dimanche est fidèlement observé... »

Il y a dans la voix de l'archevêque une fermeté passionnée et dans ses prunelles une lueur plus chaude, lorsqu'il parle des choses de la religion, et lui aussi, comme monseigneur Keane, il me vante les bienfaits de la liberté : « Notre grande force, c'est de n'avoir aucun rapport avec l'État, et qu'il respecte notre indépendance. Nous pouvons nous mêler aux affaires publiques avec plus d'efficacité, dans ces conditions, et pour le bien de tous. L'État nous aide complaisamment, lorsqu'il s'agit de police. A Baltimore, par exemple, lors du dernier concile, l'Administration des postes avait établi un bureau spécial pour le service des évêques. Mais en dehors des petits détails de cet ordre, l'État ne s'occupe pas de nous. C'est le public qui s'en occupe. On vient sans cesse nous consulter. Ainsi dernièrement, dans cette affaire de la loterie de la Louisiane, qui ruinait tant de pauvres gens, on m'a prié d'écrire une lettre destinée aux journaux. Je l'ai écrite, et je crois qu'elle a contribué à faire cesser ce scandale. Le peuple nous aime, parce que nous sommes avec lui... » Et comme je l'interromps pour lui demander s'il en est de même des riches, et si, d'autre part, il ne prévoit pas de grosses difficultés avec ces accumulations d'énormes fortunes dans un si petit nombre de mains : « Oui, » répond-il, « c'est un grave problème. Il faut espérer qu'avec le temps on trouvera un meilleur moyen de répartir la richesse commune. C'est pour cela que je vous disais tout à l'heure ma sympathie envers les associations par lesquelles l'ouvrier se défend. Et je n'ai pas peur d'elles, malgré de bien redoutables excès qu'elles ont produits, parce que notre ouvrier, je ne saurais trop vous le répéter, est profondément, foncièrement sage. D'abord, il a lui-même des chances de devenir ce millionnaire qu'il envie. Cela s'est vu et souvent. En outre, et même sans cette espérance, il est libéral et il est juste par instinct. Lorsqu'on a proposé un impôt sur la fortune personnelle, j'ai eu l'occasion d'en causer avec beaucoup de gens du peuple. Je les ai tous trouvés contraires à cette mesure et tous pour la même raison. Ils n'approuvaient pas un projet qui poussait à l'espionnage et au mensonge. Ils le jugeaient inquisitorial et immoral... Oui, j'ai confiance dans ce peuple, et j'ai confiance dans son amour de la vérité. J'en ai eu la preuve trop évidente, lorsque j'ai publié, voici quelques années, un petit livre pour montrer le Catholicisme tel qu'il est, sous ce titre : *La Foi de nos Pères*. Il a été vendu à deux cent cinquante mille exemplaires... » Le visage sérieux du prélat s'éclaire à ce souvenir. Je n'ai jamais mieux senti qu'en regardant ce sourire, quelle différence sépare la pauvre gloriole de l'auteur professionnel en train de compter ses « milles » par vanité ou par lucre, et la joie virile de l'écrivain de foi qui mesure par le succès d'un livre le succès rendu à de fortes convictions. Les hommes de Dieu ont de ces enseignements, même sans le savoir. C'est sur cette impression bienfaisante que se termina cet entretien dont j'ai cru pouvoir rapporter utilement les quelques parties les plus générales. En passant le seuil de l'archevêché, j'emportais le sentiment d'avoir causé avec un admirable prêtre. « C'est bien quelque chose, » ainsi que me disait un vieux Père de Terre Sainte qui me montrait le paysage de Nazareth, et après m'avoir raconté : « Je vois ces horizons chaque jour et je me répète que c'est celui où Notre-Seigneur passait tout enfant... Oui, » insistait-il, « c'est bien quelque chose... » Qui donc a écrit cette phrase profonde, où la sublimité du sacerdoce chrétien se trouve résumée : « Dieu a donné le prêtre au monde. La charge du prêtre est de donner le monde à Dieu?... »

..... Quelques semaines plus tard, j'étais dans le *hall* d'un des grands hôtels de la Cinquième Avenue à New-York. Au bureau, des secrétaires dépouillent un courrier, parlent au porte-voix, timbrent des notes. Des hommes d'affaires lisent leur correspondance, le cigare aux lèvres. D'autres se pressent autour d'une petite table sur laquelle une jeune femme aux yeux intelligents, pâle d'un long travail sédentaire, frappe de ses doigts agiles les touches d'une machine à écrire. Ils attendent leur tour de lui dicter quelque lettre. D'autres personnes regardent si l'un des trois ascenseurs qui font la navette le long des douze étages va descendre. D'autres poussent la porte du bar, dont on entrevoit, au fond, dans le reflet d'une glace, le comptoir entouré de consommateurs. Au milieu du *hall* un homme cause, — une espèce de géant à l'ossature puissante, un de ces athlètes aux larges épaules, à la taille robuste, aux mains et aux pieds solides, où l'on dirait que la nature a mis plus de vitalité et comme employé plus d'étoffe. Il est coiffé d'un large chapeau mou en feutre noir. Mais le revers droit de sa redingote annonce qu'il appartient à l'Église, et son col violet qu'il y occupe une haute place. C'est monseigneur Ireland, l'archevêque de Saint-Paul, que je suis allé vainement chercher l'automne dernier dans son diocèse du Minnesota. On ne me l'aurait pas nommé que je l'eusse reconnu, tant il est la figure visible de son éloquence. Sa grande face longue, tailladée de larges traits, est éclairée par deux yeux pers, presque trop petits pour ce puissant visage très brun de ton. Le grisonnement des cheveux et des sourcils, jadis très noirs, décèle les cinquante-sept ans passés du prélat. Le menton très fort dit la volonté, le nez avancé dit la finesse. Le front a cette coupe un peu fuyante qui se remarquait chez Mirabeau et chez Gambetta, ces deux autres grands orateurs. La bouche est admirable de mobilité expressive. C'est une bouche éloquente et prenante, avec des lèvres larges qui annoncent la bonté. Il s'y creuse pourtant un pli amer. Malgré sa vaillance, l'archevêque a trop lutté pour n'avoir pas désiré quelquefois de prononcer le *Nunc dimittis* du croisé fatigué. En ce moment il est tout attention et tout bonhomie. Je devais savoir de lui-même, quelques minutes plus tard, que le personnage avec lequel il causait ainsi, dans ce *hall* d'hôtel, était un reporter.

— « Je ne renvoie jamais un journaliste, » me dit-il, après m'avoir expliqué ce petit trait de mœurs bien Américain. « Seulement je le préviens que, s'il me prête des paroles inexactes, je ne le reverrai plus.... » C'est encore un trait commun avec beaucoup d'autres célèbres orateurs que la voix de l'archevêque soit gutturale, presque rauque. Un de ses admirateurs m'en avait prévenu : le début de ses allocutions est quelquefois pénible à entendre, puis l'oreille s'habitue à cet accent. Lui-même s'échauffe, et le don de l'expression est si fort chez cet homme, né pour être tribun s'il n'était apôtre, que l'on finit par aimer jusqu'à cette âpreté dans le timbre de ses phrases. Quelles heures inoubliables j'ai passées ce matin-là, puis l'après-midi, puis un autre jour encore, à l'entendre parler de l'Amérique avec un patriotisme si profond, de la France avec une sympathie si émue, de l'Europe avec une impartialité lucide et supérieure ! J'admirais, en l'écoutant, la souplesse de cette intelligence dans laquelle il y a toute l'excitabilité Celtique, — monseigneur Ireland est, comme l'indique son nom, d'une famille Irlandaise, — toute la dialectique Latine, — il a été élevé au petit séminaire de Meximieux, dans le diocèse de Belley en France, — et tout le réalisme d'un Américain issu de race ouvrière. Son père était un charpentier, venu d'Irlande en Minnesota à une époque où la ville dont son fils est archevêque n'existait pas. J'écoutais cette souple et vivante parole passer des plus hauts sujets de théologie aux plus humbles détails d'activité pratique. L'archevêque disait comment, à une certaine époque, il avait dû, par ses conseils, diriger les semailles des immigrants de son diocèse, trop nombreux et trop ignorants pour que les concessions de terre qu'il leur avait obtenues fussent utilement exploitées. Puis il répondait à mes questions de psychologie compliquée sur la nature de la piété Américaine, chez qui le mysticisme se traduit aussitôt en activité. Il me décrivait ses premiers séjours à Rome, sa solitude, la sorte d'étonnement effrayé dont l'entouraient les vieux cardinaux, et, revenant à ce problème social sur lequel je l'interrogeais, comme j'avais interrogé monseigneur Gibbons :

— « Nos ouvriers?... » me disait-il. « Non, je ne redoute rien d'eux. D'abord ils sont bons, et même ceux qui ne sont pas bons ont du bon sens. Il y a dans l'Américain, et du haut en bas de l'échelle, beaucoup plus d'esprit conservateur que ne se l'imagine l'Europe. Ce qui domine tout le monde ici, voyez-vous, les pauvres journaliers aussi bien que les millionnaires, c'est le sentiment de la loi. Non, l'ouvrier Américain n'est pas révolutionnaire. Il sent trop le prix de ce qu'il a pour rêver un ordre social absolument différent. Mais, s'il accepte l'ordre qui existe, il veut s'y défendre. A-t-il si tort? Et il procède par associations. A-t-il si tort encore? C'est dans la race, cela. Les gens riches s'amusent bien par clubs. Pourquoi les ouvriers ne s'organiseraient-ils pas, pour se protéger, en clubs à eux qui sont les sociétés? Un grand pas a été franchi, quand ces associations propres à chaque métier se sont elles-mêmes associées entre elles. Pourquoi non encore? Les *Chevaliers du Travail* se formèrent ainsi. A mon sens, et malgré d'inévitables excès, cela est bon. Les capitalistes commencent à comprendre qu'il faut compter avec ces grandes forces collectives. Qu'arrive-t-il? On discute, et discuter reste encore le plus sûr moyen de se comprendre. Ainsi, cette année, les directeurs d'un chemin de fer de l'Ouest, dont je connais beaucoup le président, crurent devoir diminuer les salaires. Les bénéfices de la compagnie avaient trop baissé. Voici comment les choses se passèrent. Le président entra en conférence avec les représentants des mécaniciens d'abord. Ces pourparlers durèrent quatre jours. Nos gens demandèrent le pourquoi de la réduction. Ils examinèrent le bilan de la compagnie. Ils voulurent savoir à quel chiffre les affaires devraient remonter pour que le premier salaire fût rétabli. Ces pourparlers avec le président une fois terminés, eux-mêmes durent avoir des conférences avec leurs camarades. Finalement, le corps des ouvriers ayant accepté la réduction, ce fut le tour des serre-freins, ou *brakemen*. Il vous faudrait avoir assisté à un de ces entretiens pour mesurer à quelle profondeur ce pays-ci est égalitaire. Mais voilà. L'homme d'affaires Américain se trouve trop proche du temps où il était ouvrier lui-même, trop proche du peuple pour ne pas savoir, quand il cause avec ses ouvriers, à qui il cause et ce qu'il doit leur dire. Ce sont des gens qui ne se croient pas de deux races différentes, et c'est beaucoup..... »

L'archevêque se tait. Il est sur le point d'aborder franchement un sujet pénible. A tous ses mots j'ai senti frémir l'apôtre plébéien, et qui lui-même voisin des humbles par son origine, comme ces hommes d'affaires dont il me parlait, se réjouit des progrès des travailleurs et souffre de leurs erreurs. Il continue :

— « Notre ouvrier pourtant est atteint de deux graves défauts. Le premier, le plus grand, c'est l'intempérance, celle de l'alcool malheureusement. Car, du vin, ils n'en boivent pour ainsi dire pas. Nous avons mené et nous menons une campagne acharnée contre ce vice. Nous n'avons pas vaincu. Le second défaut, c'est la prodigalité. Notre ouvrier va trop vite. Aussitôt qu'il a de l'argent, il le dépense. Il veut que sa fille soit une dame. Vous entrez dans sa maison. Vous y trouvez un tapis, un piano. Ce n'est pas qu'il soit bien sensible au luxe, mais ce même profond sentiment d'égalité le pousse à cet étalage aussi. Il lui semble naturel, presque nécessaire, que le luxe soit à la portée de tous. Alors, quand viennent les mauvaises années, il est pauvre et il souffre. L'assurance corrige un peu cela. D'ailleurs, à côté des prodigues, il y a les sages. Beaucoup arrivent à s'acheter un coin de terrain pour s'y bâtir une maison, — voyez l'exemple de Philadelphie, — et tout de suite à côté un coin de terrain sur lequel ils spéculent. Voilà pourquoi la haine du capital n'existe pas chez nous. Et puis nos ouvriers sont chastes et ils sont religieux. On me dit qu'en Europe le concubinage est le fléau des classes pauvres. Rien de pareil parmi nos populations. Je résumerai leur vertu d'un mot. La meilleure espérance de l'Église est ici dans les ouvriers. Tous ceux qui sont Catholiques sont pratiquants. Vous les verrez communier à Pâques presque sans exception. C'est cette ferveur du peuple qui nous donne cette opportunité magnifique dont je parle toujours. Cet immense pays est si neuf, si dépourvu de préjugés, et il éprouve de plus en plus le besoin de cet ordre dans l'unité, la marque propre de l'Église Catholique. Le grand problème, pour que cette unité se manifeste, c'est qu'il y ait vraiment une Église Catholique Américaine et d'abord unité de langue. Or beaucoup de nos fidèles sont des immigrants : des Allemands, des Polonais, des Canadiens-Français. Ils nous arrivent ne parlant que leur propre langue, et avec des prêtres qui ne parlent eux aussi que cette langue. Le danger est réel. Si nous imposons l'Anglais dans nos diocèses, ces prêtres risquent d'être sans fidèles, et ces fidèles sans prêtres. Il faut pourtant forcer les uns et les autres à l'apprendre, cet Anglais, pour que notre Église ne se disperse pas en une série de chapelles locales, et aussi pour que nous ne puissions pas être accusés de demeurer des étrangers dans le pays. Mais quoi! C'est un effort à exiger de la première génération, et la seconde sera composée de Catholiques vraiment Américains. Ici encore nous avons dû combattre. Les Allemands ont adressé une pétition à Rome pour obtenir qu'il y eût des évêques de langues différentes et dans un nombre proportionné à la nationalité des immigrants. Or, sur dix millions de Catholiques, plus de trois millions sont Allemands. Un tiers des évêques eût donc été Allemand. C'en était fait de l'unité de notre Église. Heureusement les pétitionnaires ont mêlé la politique à leur demande. Ils ont insisté sur l'intérêt des puissances Européennes à ce partage. C'était toucher au patriotisme des Américains, qui se sont inquiétés, et nous avons vaincu. Ah! Notre avenir est vaste, bien vaste, à la condition que nous soyons profondément, résolument Américains et démocrates. Nous avons besoin de trois choses : de bonnes mœurs, nous les avons; de fidèles, l'immigration nous en apporte sans cesse; d'intelligence, nos universités et nos séminaires vont nous en donner, toujours davantage. Mais entendez bien, ce n'est pas l'intelligence d'hier qu'il nous faut, à nous comme à vous, c'est celle d'aujourd'hui, celle de demain, celle du vingtième siècle..... »

Et tandis que l'archevêque semblait voir déjà de ses yeux clairs ce lendemain triomphant pour lequel il a donné toute sa vie, heure par heure, je me souvenais du cri qu'il a poussé dans la cathédrale de Baltimore et dont toute notre conversation n'est qu'un commentaire : « Le Christ a fait du problème social la base même d'un enseignement. Car voici la preuve qu'il a donnée de sa divinité : les aveugles voient, les boiteux marchent, les lépreux sont purifiés et *les pauvres sont évangélisés*..... »

Un de mes amis Français à qui je lis le résumé de ces deux conversations, hoche la tête. Il y a dix ans que ses fonctions le retiennent à New-York. Il connaît bien les États-Unis et il les croit menacés, sinon d'une catastrophe, à tout le moins de troubles immenses. Je dois ajouter qu'il est naturellement pessimiste, très hostile à la démocratie, et qu'il vit dans un état de colère permanente contre le positivisme de la société Américaine.

— « ..... Oui, je voudrais les tenir ici, vos deux archevêques, » me dit-il après quelques instants, « et leur mettre seulement sous les yeux ces documents, en leur demandant de me les expliquer. » Et, avisant un des cartonniers de son bureau, il en tire quelques fiches les unes après les autres. « Ce ne sont pas des idées et des phrases, cela, ce sont des faits et ce sont des chiffres. Je les ramasse pour un grand livre que je n'écrirai peut-être jamais, et comme ils sont tous empruntés aux rapports publiés par le *Labour Bureau* depuis dix ans, ils sont bien incontestables. Nous sommes en janvier 1894. Hé bien! à la fin de décembre dernier, il n'y a pas vingt jours, l'enquête officielle constatait que dans les seuls États de New-York et de New-Jersey le nombre des ouvriers sans travail s'élève à deux cent vingt-trois mille deux cent cinquante. En Pensylvanie, ce nombre s'élève à cent cinquante-un mille cinq cents. Calculez, et vous ne serez pas au-dessus de la vérité, qu'il y a ainsi dans ce pays-ci plus de huit cent mille *désoccupés,* comme on les appelle. Additionnez les deux millions de femmes et d'enfants qui constituent leurs familles, et vous arriverez à cette conclusion qu'à l'heure présente et par ce terrible hiver, la grande République, ce paradis du prolétaire, compte sur son sol trois millions d'êtres humains qui meurent littéralement de faim. Et l'on veut que je ne croie pas à une révolution prochaine, quand de pareilles armées de désespérés sont là, prêtes à suivre le premier agitateur qui saura les soulever? Ajoutez que tous ces affamés sont enrôlés dans quelque association, et qu'à côté d'eux grouille une autre armée presque aussi misérable, celle des ouvriers de moins en moins payés et à qui le travail est rendu presque intolérable par suite de l'universelle dépression des affaires. Voici d'autres chiffres empruntés à la même liste officielle. Vous les trouverez et quantité d'autres aussi concluants dans le livre que la fille de Karl Marx, je crois, Mme Avelane et son mari ont publié sous ce titre : *The working class movement in America.* A Fall River, par exemple, et dans les grandes manufactures de coton, les gages moyens de l'ouvrier sont de neuf dollars par semaine, cela lui fait un dollar et demi par jour, tandis que dans New-Jersey cette moyenne s'abaisse à un dollar vingt-cinq, et dans le reste des États-Unis à un dollar. Au premier regard, ces chiffres semblent plutôt élevés, et c'est en les faisant miroiter que certains économistes vantent le bonheur des classes laborieuses en Amérique. Mais pour apprécier ce que valent en réalité ces six ou sept francs gagnés chaque jour, il faut dresser une petite table comparative du coût de la vie dans les différents pays. Le loyer moyen d'un ouvrier Américain lui coûte soixante-sept dollars par an, c'est-à-dire plus de trois cent quarante francs, tandis que le loyer moyen d'un ouvrier Suisse lui coûte vingt-cinq dollars, c'est-à-dire à peine un peu plus de cent vingt-cinq francs, et celui d'un ouvrier Allemand vingt-deux dollars, c'est-à-dire environ cent dix francs. L'ouvrier Américain dépense pour son chauffage à peu près trente dollars, quand l'ouvrier Suisse en dépense vingt et l'Allemand dix. Et tout est en proportion. Ces gages, qui paraissent suffisants, considérés du point de vue de l'Europe, ne représentent pas de quoi soutenir une famille. Le travail des femmes et des enfants est la conséquence de cet état de choses, et cette exploitation-là est plus dure encore. Tenez, voici d'autres chiffres. A Philadelphie, les chemises de femme sont payées soixante cents, ou soixante sous, comme vous voudrez, soit trois francs la douzaine; les tabliers de nourrice trente-cinq sous. De ces tabliers, une ouvrière fait à peu près deux douzaines dans sa journée, en travaillant depuis cinq heures et demie du matin jusqu'à sept heures du soir. Des femmes plus instruites, celles que l'on emploie à ce *clerical work,* — il n'y a guère de mot exact pour exprimer ce travail de bureau, — gagnent de cinq à six dollars par semaine. Là-dessus, elles ont à payer leur chambre, leur blanchissage, et à se tenir élégamment pour ne pas perdre leur position. Quant aux enfants, ce sont des statistiques navrantes : dans le Connecticut, sur soixante-dix mille ouvriers, cinq mille ont moins de quinze ans. Sur cent employés des fabriques de cigares, dans New-York City, vingt-cinq sont des enfants. Or le travail des manufactures de tabac est de dix heures par jour. Dans celles de coton, il est souvent de onze. A Détroit, les petits garçons des usines travaillent neuf heures seize minutes, et les petites filles neuf heures dix. Notez que ces exemples sont pris dans des États où l'on s'est occupé de la législation du travail... Maintenant, » conclut-il en refermant ses papiers, « si vous voulez que ces renseignements de statistique s'animent pour vous, vous avez trois petites expériences à faire, toutes simples, et qui ne vous tiendront pas éloigné de votre hôtel plus de quelques heures chacune. Demandez à un directeur de journal qu'il vous donne un reporter pour vous accompagner dans les bas quartiers de New-York, pendant le jour, première visite, — puis le soir, seconde visite, — puis dans les pénitenciers des îles, troisième visite. Vous apercevrez le déchet de cette civilisation dont les fastuosités vous ont d'abord ébloui, et peut-être jugerez-vous que je n'ai pas si tort en protestant contre l'optimisme des deux grands évêques à qui vous avez demandé quelques idées sur les classes ouvrières aux États-Unis. Comme à beaucoup de gens de cœur, les rêves de leur bonne volonté leur cachent la hideur du réel... »

J'ai suivi le conseil de mon compatriote, quoique les documents cités par lui ne m'eussent pas produit une impression bien profonde. J'ai trop étudié déjà les problèmes sociaux, pour attacher une importance sincère aux enquêtes officielles. Elles valent les enquêtes révolutionnaires, c'est tout dire. Les unes et les autres procèdent par chiffres extrêmes, et, somme toute, la preuve que la société actuelle est viable, c'est qu'elle vit. Elle comporte d'affreuses misères qui tiennent à des causes trop multiples, pour que le remède à ce déchet de civilisation, comme disait mon ami, soit jamais formulé avec certitude. Chaque fois qu'on a essayé d'appliquer à cet organisme infiniment complexe des mesures de réformation radicale, on a surajouté les injustices du désordre et ses malheurs aux malheurs et aux injustices du sort. Les révolutionnaires ont pourtant raison d'exagérer les faits trop odieux et ces brutalités d'écrasement qui constituent ce que l'on doit appeler le péché social, notre péché à tous. Ils empêchent nos égoïsmes de s'endormir, soit qu'ils nous épouvantent dans notre sécurité, soit qu'ils nous émeuvent dans notre humanité, et ils provoquent les remèdes de détail, les seuls qui aient jamais adouci un peu le lot des victimes de la trop dure concurrence. Je ne regrette donc pas les trois excursions dans les dessous de New-York, entreprises à la suite de ces entretiens. Quoique de pareilles expériences soient bien superficielles, je crois y avoir gagné une vue plus exacte des données parmi lesquelles se prépare l'avenir de ce pays sans analogue. Les heures employées à ces trois visites furent courtes, et les détails que j'y pus saisir, limités. Le lecteur jugera, par les pages de journal où j'ai consigné sur-le-champ chacune de ces « expériences », si je me suis trompé en attachant quelque importance à leur signification.

. . . .

13 janvier. — ... Vers midi, et par un jour d'hiver cruellement froid, nous montons, M. K*** et moi, dans un des cars verts de Broadway, qui marchent encore avec des chevaux. En vingt minutes, nous avons quitté le New-York que je connais pour un New-York que je ne connais pas. Les blocks succèdent aux blocks, bâtis d'une façon plus incohérente encore dans cette partie que dans l'autre, celle où je débarquais voici cinq mois. Nous changeons de voiture au coin de la Première Avenue, pour descendre après vingt autres minutes, et suivre à pied une longue rue toute en maisons dégradées. Au sous-sol d'une de ces maisons, un escalier plonge qui nous conduit dans une sorte de petit *office*. Une cloison de planches sans papier et sans peinture le divise en deux chambres. L'une sert de salle d'attente, l'autre de bureau. C'est ici l'agence centrale d'une de ces associations d'ouvriers qui foisonnent aux États-Unis. Celle-là, toute récente, a été fondée par un jeune homme qui se tient en ce moment dans le bureau. Je l'appellerai *Bazarow*, du nom de l'étudiant nihiliste dans le *Pères et Enfants* de Tourgueniew, ce qui ne sera pas en contradiction avec les propos que nous échangeâmes durant cette étrange après-midi. C'est un juif Russe, de la partie qui touche à la Pologne, venu à New-York il y a six ans, et agitateur de profession. Il est assez beau, avec de longs cheveux très blonds qui bouclent autour d'un visage très pâle. Les yeux, à fleur de tête, sont glauques et rayés de minces filets de sang, dans leur partie blanche. Sa voix, qui grasseye, a moins d'accent étranger en Français qu'en Anglais. Cette dernière langue est pour lui une acquisition toute récente. Il la parle avec la facilité extrême qui convient à sa double origine. Il est Slave et il est Sémite.

Ce personnage inquiétant nous a priés de nous asseoir, après nous avoir regardés de ce regard habitué à chercher l'espion possible, qui est celui de tous les militants du socialisme. Cependant il est bien en règle avec les lois et le brevet qui l'autorise à fonder son association s'étale sur le mur, au-dessus de la table, à côté d'une petite affiche rédigée en hébreu et marquée d'une tête de mort avec des os en sautoir. Sans doute il n'aperçoit rien en nous qui justifie le soupçon, car il continue de dépouiller sa volumineuse correspondance du matin, mais cette fois avec une vaniteuse coquetterie de diplomate très occupé. Il lit des noms, dicte des rendez-vous, s'étonne de ne pas connaître celui-ci ou celui-là, consulte son secrétaire. Ce dernier, un homme de quarante ans, de mise sordide et de mine chafouine, est en train de compter cinquante sous à un ouvrier qui tend docilement un livret rouge, avec une espèce de passivité hargneuse. Le secrétaire échange avec ce sinistre client quelques mots en langue Allemande, puis il parle Russe avec son chef, et j'avise sur la table une pile de brochures, destinées à la propagande. C'est la traduction Anglaise d'un ouvrage de l'Italien Mazzini : « *The duties of man, — les devoirs de l'homme* ». Je l'ouvre au hasard et j'y trouve un chapitre sur Dieu. Voilà d'où le parti révolutionnaire s'est élancé. — Pour arriver où, leurs journaux le disent trop clairement. Ce qu'ils ne disent pas assez, ce qu'un pareil endroit rend perceptible et comme concret, c'est la mixture internationale, l'étonnante fusion de races que représente ce parti. C'est un des coins de *Cosmopolis* que je retrouve ici, un des faubourgs, une banlieue plutôt de cette cité des cités, qui eut pour fondateurs des raffinés, comme le prince de Ligne, lord Byron, Mme de Staël, Gœthe, Beyle et Henri Heine. Ces grands artistes et ces grands seigneurs ont demandé à l'expatriation et au voyage de quoi mieux goûter le charme composite de la vaste civilisation moderne. Les socialistes actuels demandent à la vie cosmopolite le moyen de mieux détruire cette même civilisation. C'est une preuve de plus que nos habitudes et nos milieux ont justement le sens et la valeur de nos âmes.

Bazarow a fini son dépouillement, et il sort avec nous pour aller à la police. Nous devons prendre là un détective qui nous accompagne dans notre visite aux bas quartiers. L'agitateur a exprimé lui-même son désir que nous fussions protégés, et lui avec nous, contre un danger qui se trouve être bien imaginaire. Ce petit détail montre mieux que tous les discours combien ce parti de la destruction sociale, qui nous semble, à nous autres conservateurs, si uni dans sa haine de l'ordre établi, est réellement divisé dans son fond. Notre guide a peur d'être malmené par des ouvriers qui appartiennent à une autre secte. Il marche d'un pas qui, à lui seul, sur un des trottoirs de cette ville de hâte, révèle l'étranger, un pas flâneur, qui va sans but, sans hâte, sans précision. Il porte un paletot-sac dont les pans descendent plus bas en avant qu'en arrière, à cause du poids des livres qui bourrent les poches. Avec son chapeau souple et déformé, sa chemise de flanelle, son pantalon élimé, il me rappelle les bohèmes de la littérature qui foisonnent dans les cafés du quartier Latin et de Montmartre, leur indifférence au monde extérieur, leur incurie agressive, et leur intoxication de l'idée, de la parole surtout. Durant la demi-heure que nous mettons à gagner la police d'abord, puis, le chef de ladite police étant absent, un bar où nous devons luncher, Bazarow parle, parle, parle toujours. Son bavardage n'est pas sans éloquence. Comme tous les révolutionnaires que j'ai connus, il se maintient dans la sphère des idées générales. Il prodigue les théories de vaste régénérescence, invérifiables et par conséquent indiscutables, et il les coupe sans cesse d'un énergique : « *That is my belief,* — telle est ma croyance, » — de quoi soulever d'enthousiasme une assemblée d'instinctifs. Il énonce quelques opinions exactes sur le paysan Français qu'il compare au paysan Russe. Qu'il les connaisse l'un et l'autre, prouve l'étendue et la pénétration de ce travail révolutionnaire, en train d'attaquer l'ouvrier des champs après avoir pourri celui des usines. Le nom de Jérusalem ayant passé dans la conversation à propos des colonies agricoles dont quelques Israélites charitables prennent l'initiative en Palestine :

— « Jérusalem, » dit Bazarow, « mon père voulait m'y envoyer! Mais ma Jérusalem à moi est ici. Mon père, » continue-t-il, « voulait faire de moi un saint... Je suis devenu un infidèle... » Il ricane. Ses gros yeux verts laissent passer cet étrange regard propre à certaines personnes de sa race, où il tient un infini de mystification et de désillusion. Quand on a vu pleurer les Juifs, au pied du mur du Temple, à Jérusalem, le vendredi, on comprend quel doit être le scepticisme de ces espéreurs éternels le jour où ils cessent de croire à ce Messie promis, et qui, pour eux, n'est pas venu. Et comme si celui-ci avait entendu ma pensée, il reprend : « D'ailleurs entre les gens qui s'appuyent sur la Bible et nous, il y a un abîme... Je sais. Il y en a qui se prétendent socialistes, surtout des Catholiques, l'archevêque Ireland, par exemple... Mais, Catholiques, Juifs ou Protestants, prêtres, rabbins ou pasteurs, tous ces gens racontent au peuple qu'il doit accepter la volonté de Dieu, qu'il doit être résigné, *satisfied,* hé bien! le socialisme consiste justement à lui enseigner le contraire, à lui démontrer qu'il doit être révolté, *dissatisfied...* » — Il prononce cette phrase profonde au moment même où nous passons le seuil du restaurant, dans lequel M. K*** l'introduit, en lui disant avec l'ironie incisive d'un vrai Américain : « Nous autres démocrates, nous aimons les cabarets aristocratiques, n'est-il pas vrai ?... » Nous prenons place dans une salle à manger assez luxueusement décorée en effet de glaces et de verres de couleur, où des hommes d'affaires, presque tous Juifs aussi, dévorent un lunch hâtif. Un d'eux reconnaît Bazarow et lui serre la main. C'est un des patrons chez lesquels il a travaillé lors de son arrivée à New-York et qu'il a failli ruiner par une grève. « Il s'est battu contre moi très franchement, » dit l'agitateur, « je me suis battu contre lui très franchement. Ce n'est pas une raison pour ne plus se connaître... » Il sourit au souvenir de cette grève dont il nous raconte les épisodes, tout en dégustant des huîtres frites. Il y voit une campagne glorieuse, en faveur d'idées dont je souhaite que du moins il les croie vraies. Il oublie les gens qui ont eu plus faim. C'est à quoi d'ailleurs les révolutionnaires n'ont jamais pensé. Quand on reconstitue leur psychologie, on trouve toujours que ce sont des esprits d'abstraction pour qui la douleur humaine est le point de départ d'un raisonnement. Ces théoriciens qui en parlent le plus sont aussi ceux qui la sentent le moins.

Nous retournons à la police. Notre compagnon reste à la porte et il a raison, car le célèbre M. Byrnes, que nous trouvons enfin, nous parle de lui en termes qui eussent rendu cette visite pénible, si l'autre eût été là. Ce chef de la sûreté, le meilleur qu'ait jamais eu New-York, est un géant au visage dur, à la bouche serrée, à l'œil pénétrant, presque empoignant. C'est une impression étrange que de quitter ainsi en quelques secondes la société d'un révolutionnaire déclaré pour celle d'un professionnel de la justice. On sent à la fois la nécessité pour chaque civilisé de prendre parti dans ce duel implacable et ininterrompu de l'ordre contre le désordre, et la légitimité, en un certain sens, de l'une et de l'autre forme d'âme. Cette impression, j'allais la subir plus forte encore. M. Byrnes fait venir, pour nous escorter dans notre tournée au pays de misère, un de ses meilleurs agents dont j'ai promis de taire le nom véritable. Je l'appellerai Clark, comme j'ai appelé Bazarow le nihiliste Polonais. Nous voyons entrer un homme court et large, à face de molosse moustachu, avec une mâchoire de prise et de morsure, au-dessous d'un nez coupé en carré. Ses petits yeux noirs semblent lui brûler trop près de la cervelle, comme ceux des bêtes de proie. C'est un animal tout muscles et toute poursuite, dont les moindres mouvements trahissent une agilité sauvage. Rien qu'à le regarder marcher, je comprends que les romanciers Américains aient le goût de choisir les détectives pour héros de leurs récits sensationnels. Dans une créature de cette race, l'énergie physique et morale est à l'état de jaillissement continu, comme chez les soldats qui font campagne. L'audace, la présence d'esprit, la capacité de suffire à tous les dangers, l'adresse et la ruse se dégagent de cet athlète de police, et avec cela une jovialité de soudard. Nous avons pris congé de M. Byrnes, dont la prunelle aiguë s'est adoucie pour regarder « son homme », et nous voici au bas de l'escalier, M. K*** et moi, qui présentons MM. Clark et Bazarow l'un à l'autre. Il y eut vraiment dans la confrontation de ces deux êtres tout l'antagonisme, soudain révélé, de deux espèces sociales. Les yeux à fleur de tête du révolutionnaire se firent insolents, d'une insolence ironique et effrayée, tandis que le petit nez court du policier se fronçait et se crispait comme le museau d'un dogue qui va s'élancer et mordre. Le « *very glad to meet you, sir* », qu'il dit à l'Américaine, s'échappa comme un grommellement, et, marchant côte à côte, leurs dos seuls continuaient d'évoquer l'idée de deux mondes en combat : l'un dans sa carrure de troupier, le pardessus militairement brossé et boutonné, le chapeau luisant comme du métal, les pieds chaussés de fortes bottes, marchait avec une certitude singulière, tandis que l'autre, par instinct et par outrecuidance, exagérait encore son débraillement, les pieds lancés mollement, les mains comme flottantes dans les poches de son pantalon déchiré et délavé, l'air indifférent, gouailleur et indomptable sous la loque de son couvre-chef. Et cependant ils commençaient de causer ensemble, avec cette familiarité bon enfant qui semble flotter dans l'air de cette vaste démocratie et se respirer par tous les pores :

— « C'est étonnant que nous ne nous soyons pas encore rencontrés, monsieur Clark, » dit Bazarow.

— « Et que je ne vous aie pas arrêté, mon garçon, » répond l'autre.

— « Oh, » reprend le Polonais, « nous savons que M. Byrnes et ses hommes n'aiment pas beaucoup les gens occupés à l'organisation du travail, et ces gens-là n'aiment pas non plus beaucoup M. Byrnes et ses hommes... »

Il y a de l'orgueil et du défi dans la voix grasseyante de l'étranger. Nous appréhendons une dispute, et j'interroge M. Clark sur sa vie et sur son métier : « *Well,* » me dit-il après quelques phrases sur son âge et sur sa famille, « ce métier a le mérite de donner toujours lieu à quelque petit *excitement*... Ainsi, la semaine dernière, j'ai eu dans la bouche le canon du revolver d'un voleur désespéré. S'il avait tiré, je n'aurais pas eu le plaisir de faire votre connaissance aujourd'hui et celle de ce gentleman... » Et il regarde de nouveau du côté de Bazarow. Je sens ses muscles bouger sous le drap de son pardessus. Ils lui démangent à voir sa proie si près et à ne pas lui sauter dessus. Il passe dans ses petits yeux une mauvaise lueur. Pour le moment, son métier à excitation consiste à protéger cet ennemi, sur lequel il aurait si bonne envie de bondir, — et, redevenu maître de lui, il goguenarde et lui offre un cigare.

Nous sommes entrés, tout en causant ainsi, au cœur du quartier que les New-Yorkais appellent la Bowery, d'un vieux mot Hollandais qui signifie ferme. La rue où nous nous engageons pourrait aussi bien serrer ses maisons sordides dans un faubourg de Rome ou de Naples. Elle n'est peuplée que d'Italiens. Après avoir cheminé quelques instants entre ces masures, le long desquelles toutes les enseignes et toutes les affiches sont en Italien, nous pénétrons dans un premier logis. Il se compose de deux chambres au rez-de-chaussée, aussi étroites que des cabines de bateau. Des hommes et des femmes y travaillent, au nombre de huit, accroupis dans un air fétide qu'un poêle de fonte rend plus asphyxiant encore, et quelle saleté! Pas un d'eux ne parle l'Anglais. Je les questionne dans leur langue et j'apprends qu'ils sont de Catanzaro, en Calabre. Voici quatre ans, à cette date ou presque, je visitais cette belle ville haute d'où l'on voit la mer et que l'on atteint en gravissant des côtes plantées de cactus. Pourquoi ne sont-ils pas restés là-bas, à paître leurs troupeaux et à manger les fruits fauves qui pointent sur le bord des vertes raquettes épineuses? L'invincible espérance les a portés ici, dans cette tanière qu'ils paient huit dollars par mois, — le prix d'un loyer d'un an dans leur pays. — Au lieu d'avoir derrière leur fenêtre la sauvage montagne violette, les profonds ravins verdoyants et la libre mer bleue, ils ouvrent leur croisée, quand ils veulent renouveler l'air, sur une cour, froide et puante comme un égout, dans laquelle tout le linge des voisins, pendu à des cordes, secoue une pluie de microbes empestés. Et c'est ainsi, indéfiniment, le long de cette rue et de combien d'autres? Nous visitons une seconde maison, où se tient une seconde famille, composée de neuf personnes. Ceux-ci viennent de Caserte. Les femmes et les enfants grelottent dans leurs haillons, malgré le poêle toujours chauffé à blanc. Avec leurs faces méridionales, jaunes de la cuisson du soleil natal, verdâtre presque, où tournent des prunelles d'un noir brûlant, ces exilés font pitié. A deux pas, en plein air, si ce brouillard de cave, âcre et pestilentiel, peut s'appeler de l'air, des filles drapées de châles épais, et qui sont des Abruzzes, retapent des couvertures.

Maigres et usées déjà malgré leurs vingt ans, elles sourient d'un sourire qui a faim et qui a froid, froid surtout, froid jusqu'aux os, froid jusqu'au sang, et elles maudissent « *questa brutissima terra,* » — cette terre de hideur. — On devine l'entreprise d'émigration, l'exode par villages entiers, le voyage de Naples à Gibraltar, puis de Gibraltar ici, au rabais, dans la cale ou sur le pont, suivant la saison, à bord d'un de ces vastes paquebots dont l'image coloriée se voit à la fenêtre des cabarets de la rue. L'annonce de la compagnie, qui est Allemande, s'étale au-dessus. A une autre devanture d'un autre cabaret la croix de Savoie se dessine. Il y a un symbolisme dans cette rencontre. N'est-ce pas l'œuvre de la Triple Alliance et de la folie militaire que cette fuite de ces malheureux loin de leur admirable patrie, devenue trop pauvre? Et même entre ces deux misères, l'*agio* ne les lâche pas. Cette inscription passablement ironique : « *Banca Popolare...* — Banque Populaire... » — apparaît à un détour. Des billets de banque de cent et de cinquante lires, étalés sous un vitrage, tentent la main. Nos compagnons s'arrêtent : « Croyez-vous, » dit emphatiquement le socialiste, « qu'on ne ferait pas mieux de donner tout cet argent aux malheureux que nous venons de voir?... Et s'ils le prenaient pourtant?... » — « Ils ne le feront pas, » répond philosophiquement le policier, « le crime habituel ici n'est pas le vol. C'est le coup de couteau et aussi la prostitution. Ils vendent leurs femmes aux Chinois, qui sont là, dans le quartier contigu. La loi ne permet pas aux femmes jaunes d'habiter les États-Unis... Mais John, » — c'est le surnom Américain des habitants du Céleste Empire, « John a beaucoup de goût pour les femmes blanches, et il s'en paie le plus qu'il peut avec l'argent qu'il gagne ou qu'il vole. Car c'est son crime, à lui, le vol, comme chez les Irlandais l'ivrognerie... D'ailleurs, » conclut-il, « voici leur rue... »

L'affiche Italienne a cédé en effet la place à l'illisible affiche en caractères de l'Extrême-Orient, et sur le mince trottoir, devenu propre, j'entends claqueter les épaisses semelles de bois des Jaunes. Petits et frêles, la face glabre sous le chapeau rond, avec la natte noire des cheveux enroulée par-dessous en un chignon huileux, ils vont et ils viennent silencieusement. Leur torse n'a pas de forme visible, sous la blouse bleue à manches flottantes. Leurs pieds si minces le sont davantage encore sous le battement de leurs larges pantalons. Ces espèces de nains aux traits délicats, avec leurs yeux bridés, si noirs sur un teint si jaune, avec leurs pommettes saillantes, l'ossature triangulaire de leur masque et leur nez camard, donnent l'impression d'un envahissement de bêtes qui vont se repandre dans la ville, gagner, gagner, tout détruire. Il y a du serpent dans ces faces plates, et une énigmatique endurance dans ces regards qui semblent ne rien recevoir du monde environnant. Bazarow, depuis que nous avons quitté la rue Italienne, semble lui-même devenu aussi impassible que ces étranges promeneurs. Il ne peut que les haïr, car ils sont des ennemis plus dangereux pour le socialisme que les plus féroces capitalistes, travaillant, comme ils font, pour rien, et d'un travail toujours égal, jamais rebuté, jamais lassé, des quinze et des seize heures d'affilée. Avec eux, la main-d'œuvre s'avilit, et sans cesse il faut les protéger contre la fureur de leurs concurrents de race blanche, qu'ils ruineraient en quelques années, si on les laissait libres. A mesure que l'agitateur s'assombrit, le détective, lui, devient plus jovial. Il trouve ces gens très plaisants, — « *great fun* ». — Il entre dans toutes les boutiques, touche à tous les objets, frappe sur toutes les épaules avec sa large main, en s'esclaffant de rire. Les petits hommes jaunes clignent leurs yeux noirs avec une bonhomie malicieuse. Ils nous offrent leurs marchandises, du thé enveloppé dans des boîtes coquettes, des laques, des étoffes, des porcelaines, le tout digne d'un bazar de vingtième ordre. Ils en demandent des prix exorbitants, et ils continuent de sourire quand on discute avec eux, sans plus s'émouvoir et sans insister. Ce n'est pas le commerce qui les fait vivre à New-York, c'est le blanchissage. Ils l'entreprennent à des prix si humbles qu'ils l'ont accaparé. Il leur faut si peu! Nous entrons, pour nous rendre compte de leur régime, dans un de leurs restaurants. Sur des tables rondes, très hautes, des mets préparés attendent, qui trahissent le travail des doigts minutieux : des oranges farcies, pelées à l'avance et encore revêtues de cette peau qui les protège, des oignons dressés, des hachis dans des feuillages, des crudités bizarres révèlent un estomac tout autre, le suc gastrique habitué par une hérédité vingt fois séculaire à dissoudre d'autres nourritures. Partout les longues pipes droites, avec leur petit fourneau de métal, dénoncent le vice traditionnel, le goût terrible de l'opium. — « Il faudra revenir la nuit pour les voir fumer, le jour ils travaillent... Dans l'entre-deux, ils n'ont pas trop le temps de mal faire. S'il n'y avait qu'eux à New-York, M. Byrnes ne serait pas si occupé... »

Tandis que le chien de police grommelle de nouveau ainsi en regardant Bazarow, le visage de ce dernier s'éclaire et s'illumine. Sa bouche épaisse recommence de parler. Nous sommes maintenant parmi ses fidèles, car nous débouchons du quartier des Chinois dans celui des Juifs. Ces derniers sont pour la plupart des Allemands et des Polonais. Ah! L'invincible, l'indestructible race et que je retrouve pareille à elle-même, telle que je l'ai vue dans les ruelles de Tanger, dans celles de Beyrouth, dans celles de Damas et sur cette hauteur de Safed où, dans la synagogue, les vieux rabbins commentent le Talmud et annoncent le Libérateur. D'où arrivent les pauvres Juifs de ce quartier-ci ? A travers quelles abominables odyssées de persécution sont-ils venus installer dans ce faubourg de New-York ces étalages dont les Auvergnats et eux ont seuls le secret, ces échoppes où le marchand trouve le moyen de vendre l'invendable : vieilles ferrailles, vieux boutons, vieux morceaux de bois, vieilles loques? Ces indescriptibles boutiques où traîne le déchet du déchet envahissent le trottoir. Les affiches maintenant sont en hébreu. Des crieurs vont, offrant des journaux, en hébreu aussi. Les enfants pullulent, attestant cette puissance de procréation dont parlait la promesse du Livre : « ... comme les sables de la mer ». Beaucoup de ces petits ont ce magnétique éclat oriental des prunelles qui se retrouve aussi dans les yeux des femmes en train de grouiller parmi cette misère. Bazarow est chez lui maintenant. Il marche parmi les saluts et les sourires. Il connaît tout le monde et tout le monde le connaît. Son pas incertain de tout à l'heure s'est fait précis pour nous conduire. A sa suite nous visitons plusieurs ateliers, tant d'hommes que de femmes, où l'on travaille à de la couture. Nous y trouvons, rangées sous la surveillance du chef, du *boss,* de patientes et maigres figures masculines toutes velues, avec un nez infini, de pauvres poitrines féminines creusées, des épaules aiguisées par la phtisie, des filles de quinze ans, vieilles comme des grand'mères, et qui n'ont pas mangé un morceau de viande dans leur vie, toute une lamentable suite de physiologies de misère. A peine si nous pouvons supporter l'atmosphère de ces ateliers, où le relent des corps mal soignés se mélange à l'odeur des nourritures gâtées, le tout exaspéré par la fade senteur du poêle. Nous questionnons ces esclaves sur le salaire gagné ainsi. Les chiffres donnés par les partisans de la révolution deviennent affreusement exacts, — d'une exactitude qui, contrôlée de la sorte, serre le cœur. Pour douze de ces petits pantalons d'enfants, sur le drap desquels nous voyons se pencher ces profils creusés de détresse, l'entrepreneur donne soixante-quinze sous. L'ouvrier n'en fait pas dix-huit dans ses meilleures journées en ne perdant pas une demi-heure. Douze de ces chemises dont ces aiguilles maniées par des mains de poitrinaires aux ongles recourbés piquent hâtivement la toile, — oui, douze de ces chemises rapportent trente et un sous, et l'ouvrier doit payer son coton sur sa poche! Encore ces prix ne sont-ils pas sûrs. Depuis un an les salaires ont été diminués de moitié. Qui peut savoir quels ils seront demain? En attendant ils permettent de vivre, mais comment? Des assiettes qui traînent sur les tables font la réponse, remplies de rogatons qui dégoûteraient un chien affamé. Ces bouches amères y mordent avec une avidité qui épouvante. Nous voyons une fillette de douze ans poser son morceau d'étoffe pour manger ainsi. Elle est si hâve et si chétive que les larmes nous viendraient, si l'agitateur ne disait d'un accent déclamatoire :

— « N'est-ce pas la honte de l'humanité?... »

Que lui répondre, sinon qu'au jour de la grève cette détresse humaine n'aura même plus cet os à ronger?.....

. . . .

15 Janvier. — Vers huit heures du soir, un de mes confrères de New-York, Richard Harding Davis, vient me prendre avec deux amis pour exécuter dans la Bowery une tournée nocturne après la tournée diurne. Ce remarquable écrivain, l'un des premiers conteurs de la jeune Amérique, est un homme de moins de trente ans, avec une large face, osseuse et mobile, rouge de hâle, un nez coupé court, un menton carré. C'est un de ces visages d'ici, glabres et puissants, avec des traits fins dans une physionomie forte. Il y a de l'extrême tension nerveuse, presque du surmenage dans le pli de la bouche et dans l'expression des yeux. Et pourtant un air de jeunesse et de santé domine. Derrière le journaliste et le romancier, trop chargés de besogne, on devine le *Princeton man* tout voisin, l'étudiant qui voici huit ou dix hivers s'entretenait comme capitaine de quelque compagnie de *foot ball*. Au sortir de l'Université, Davis s'est fait reporter d'un grand journal de Philadelphie. Cet étrange métier l'ayant mis en rapport avec les pires canailles des bas-fonds de la ville, le pittoresque de ces réfractaires a éveillé en lui l'artiste, et il a dessiné plusieurs de ces figures de damnés sociaux dans une série de Nouvelles, dont une au moins à laquelle j'ai fait allusion plusieurs fois déjà, *Gallegher,* est un chef-d'œuvre. Il a su peindre là, en quelques traits d'une sûreté inégalée, le Gavroche de ce pays-ci, ce petit garçon féroce, aux nerfs d'acier, à la volonté déjà indomptable, que l'on voit, dans les tramways et les chemins de fer, entrer par une extrémité de la voiture et sortir par l'autre, criant sa marchandise, journaux, romans ou fruits, d'un accent si âpre. Il y a de l'humour et du tragique dans les cinquante pages de ce récit auquel je renvoie le lecteur curieux de mœurs Américaines. C'est de l'observation affreusement cruelle et avec cela pathétique, sinistrement réaliste et pourtant gaie. Une espèce de verve sauvage achève en santé ce que cette eau-forte d'après nature aurait d'atroce, et, par ce soir de Janvier où nous roulions en landau vers cette Bowery, paradis de ceux que l'on appelle à Paris les escarpes, et à New-York les *toughs* et les *roughs,* Davis était bien le causeur de sa nouvelle, un humoriste visionnaire, rempli des anecdotes les plus inédites sur ces grotesques du vice et du crime. Il nous contait par exemple comment l'original petit garçon qui lui avait posé *Gallegher* était allé, après la publication, aux bureaux du journal où ce croquis avait paru, réclamer sa part des droits d'auteur. Il se décrivait lui-même, sortant de la maison de son père, à Philadelphie, en frac de soirée, et rencontrant un voleur avec lequel il avait fraternisé dans l'incognito d'un tripot de banlieue. Le voleur cligne de l'œil et aborde Davis : « Que faites-vous là? Est-ce que vous êtes maître d'hôtel dans cette maison? » Et comme l'écrivain s'amuse à répondre affirmativement : « Quand vous la dévaliserez, ne m'oubliez pas... Je serai de la partie... » Et, sur cette bonne promesse, les deux hommes se séparent en se serrant vigoureusement la main.

Tout en nous délectant à cet animalisme d'une conversation mimée avec une espèce de génie et qui m'explique le talent de l'auteur, — ce don qu'il a de faire courir et comme gesticuler sa phrase, — nous voici arrivés à ce même poste central de police où j'ai vu M. Byrnes, l'autre matin, sourire au mufle vaillant de M. Clark. C'est un autre détective que nous devons prendre le soir, et qui montre d'ailleurs la même carrure, la même audace tranquille que le premier. Les espèces sociales, dans ces métiers excentriques, élaborent une fixité du type que les espèces naturelles ne surpassent pas. Celui-ci professe, comme son collègue, une idolâtrie pour M. Byrnes et un amour passionné pour sa besogne. Comme un chasseur de grosse bête ne vous épargne pas un seul des lions ou des tigres qu'il a tirés et vous étale des peaux après des peaux, en vous marquant le trou de la balle, le policier nous force à passer en revue les photographies, par centaines, des criminels arrêtés à New-York depuis ces dernières années. Ce qui domine dans ces héros du vol et de l'assassinat, c'est l'expression égarée ou maniaque, et c'est la tristesse. On peut compter les visages qui rient, et de quel rire, outrageant, voulu, gouailleur! Moins nombreuses encore sont les faces qui révèlent l'intelligence. Elle est alors si concentrée, si visiblement repliée sur elle-même, si armée et si défiante qu'elle fait peur, même dans cet inefficace reflet, émané de ces inertes images. Je crois que je reconnaîtrais, si je les rencontrais dans la vie, les yeux d'une de ces photographies entre autres, ceux d'un homme de trente ans, condamné comme faussaire et que le détective considère avec une admiration non dissimulée en murmurant : « *He was a great man!...* — C'était un grand homme!... » — Comparant en souvenir cette collection de portraits avec une collection analogue que j'ai eue entre les mains à Paris, mais de criminels Français, il me semble que ceux d'ici sont plus amers, plus sinistres, plus complètement déclassés, plus implacables et surtout plus volontaires. J'ai cherché en vain parmi eux cette physionomie, si fréquente en pays Latins, de l'homme déchu par faiblesse, tout voisin de l'homme resté honnête par circonstances. — Les choses sont-elles ainsi réellement, ou bien ai-je cédé, en les voyant telles, au goût des théories générales, naturel au voyageur? — Il ne m'a pas semblé non plus que le musée des pièces à conviction, réuni à côté, fût composé tout à fait comme il eût été chez nous. Des tables de roulette y alternent avec des revolvers, des *night sand bags* avec des outils pour forcer les serrures, des moules à fausse monnaie avec des plaques à faux billets de banque. On dirait que les voleurs d'ici sont plus industrieux et, comment exprimer cela, moins *occasionnels* dans leurs mauvais coups? Le détective nous découvre une scie avec laquelle un célèbre assassin a scié le cadavre de sa victime. Pour obtenir de lui l'aveu de son crime, un autre détective imagina de se promener la nuit, vêtu d'un suaire et gémissant, dans un couloir que nous visitons et sur lequel donnait le cachot. L'assassin crut voir un fantôme et il avoua en effet : — « Mais, » dit un de nos compagnons avec dégoût, « ce n'était pas loyal... — *It was not fair play*... » Voilà le vrai cri de l'Anglo-Saxon avec toute son horreur innée pour la ruse et pour le mensonge. En l'entendant je me souviens d'une indignation pareille, éprouvée par une jeune fille devant laquelle on racontait la délicieuse hypocrisie d'un prince Sicilien du dernier siècle. Malade à mourir, il fit le vœu, s'il guérissait, de bâtir une Chartreuse. Il guérit, et, pour concilier sa dévotion et son avarice, il imagina de construire dans son parc, aux portes de Palerme, un pavillon en forme de couvent, qui se voit encore. Le mot de *Certosa* décore l'entrée, et les quelque dix cellules sont peuplées de figures de moines, mais en cire, parmi lesquelles se trouve un Abélard en train d'écrire à Héloïse. — « Quelle honte ! » fut le seul mot que cette anecdote d'une fantaisie charmante arracha aux lèvres de la jeune Américaine. Elle n'y voyait, elle, que le manque de conscience et la bassesse de l'insincérité. Notre ami de ce soir n'est pas loin de juger de même la perfidie employée vis-à-vis du scieur de cadavre, et il ne donnerait pas volontiers la main au policier inventif qui s'est avisé de ce joli tour...

Nous descendons vers la rue sur cette discussion,

et cette fois nous allons à pied. Il est neuf heures et toutes les maisons se ferment déjà. La vie nocturne n'existe qu'à Paris. A New-York comme à Londres, toutes les façades sont éteintes depuis longtemps lorsque minuit sonne. Seuls les *saloons* continuent à flamboyer au rez-de-chaussée des bâtisses hautes ou petites. Sur les comptoirs sont préparés par vingtaines de ces ingrédients qu'un poète bachique du temps de Louis XIII définissait des « éperons à boire d'autant »... — Ce sont des gâteaux salés et des poissons fumés, du jambon et des huîtres frites. Une machine à parier attend dans un coin, pareille aux tourniquets qui décorent les boutiques des marchands de vin à Paris, avec cette différence : on ne joue sur celle-ci que des whiskeys et des cocktails, et la bille y est remplacée par cinq cartes de poker. Un de ces ingénieux appareils que l'Américain ne se lasse pas d'inventer, fait aller et venir ces cartes, à chaque fois qu'une pièce en nickel tombe dans une fente ménagée *ad hoc*. Un *full* se produit, ou une séquence, ou deux paires, ou un misti, ou quelque autre figure, et c'est de quoi procurer aux pauvres diables qui gagnent ou perdent de la sorte leur intoxication du soir, l'illusoire mirage d'une partie comme ils les aiment. Ils se tiennent debout, dans l'aveuglante clarté du gaz et de l'électricité, ivres dès cette heure-ci à ne pas pouvoir bouger, et, presque tous, même dans cet immonde quartier, gardent sur eux cet à-peu-près de tenue, qui me donnait, le premier jour, l'idée d'une ville tout entière habillée au magasin de confections. J'en ai tant vu, de ces Américains de toute classe, voyager ainsi, dans cet à-peu-près de costume, une toute petite valise à la main, en carton-cuir, de quoi changer de manchettes et de faux col! Au matin, ils passent chez le barbier après avoir pris un bain dans le cabinet de toilette de leur chambre d'hôtel. Un nègre leur brosse leurs bottines, un autre leur chapeau et leurs habits. Une petite ligne de linge blanc aux poignets, une autre ligne de linge blanc par-dessus le large plastron de cravate qui cache la chemise, et voilà un gentleman de qui la propreté durera jusqu'au bar de minuit. Nous finissons par entrer dans un de ces bars. Huit à douze « Messieurs » de ce type y discutent devant leurs verres, où une cerise confite nage entre des rognures de citron. Ils attendent le retour de quelques-unes des prostituées dont Clark nous parlait l'autre jour et qui sont à deux pas, en train de se vendre à des Chinois. Elles vont reparaître et régler sans doute les consommations de ces honorables personnages, lesquels joignent à leur métier de souteneurs un goût passionné pour la boxe. Ils sont fort intéressés maintenant à comparer les chances du Californien Corbett et de l'Anglais Mitchell, qui doivent se mesurer à Jacksonville, en Floride. Sur les murs, une série de portraits, des athlètes célèbres en tenue de combat, révèle les admirations du patron et son secret commerce... Il organise sans doute de ces rencontres clandestines comme Davis en a justement décrit une dans son

Gallegher, où les billets coûtent des cent et des deux cents dollars. Il est Allemand lui-même, et avec ses prunelles finaudes, toutes bleuâtres dans sa large face blafarde, il regarde le détective qui semble ne pas le connaître, mais que lui connaît très bien. Il y a dans ce coup d'œil de l'indifférence et de l'égalité. Avec les dessous des élections aux États-Unis, qui peut savoir si un simple teneur de *saloon* n'est pas un des grands racoleurs de voix du parti au pouvoir? Y a-t-il la conscience de cette force dans le calme de l'Allemand? C'est bien possible, comme aussi dans l'attitude des infâmes clients de cet obscur patron qui fument de gros cigares d'un demi-dollar pièce avec la sérénité des dieux de Lucrèce, et qui paraissent peu soucieux de la campagne de moralisation proclamée ces dernières semaines. Deux nouveaux visiteurs entrent dans l'assommoir, qui parlent Allemand avec le marchand d'alcool. Décidément New-York est bien la vraie *Cosmopolis,* non plus celle des oisifs et des dilettantes, mais un monstrueux creuset où tous les aventuriers et les besogneux du monde entier viennent se heurter, se mêler, se fondre, pour former un peuple nouveau, — mais lequel?

Se fondre? — Cette intime mixture de ces éléments si peu réductibles, qui sont les races, s'accomplit-elle réellement? Pour ce qui touche aux Jaunes, en tout cas, il est permis de répondre hardiment que non. Quel étrange pouvoir gardent ces gens de résister au milieu, de s'en abstraire, de s'y *insuler,* si l'on peut dire! J'en eus une preuve nouvelle, cette nuit-là, en quittant ce repaire pour le théâtre Chinois, qui est à deux pas. — Sur la scène des acteurs, des hommes déguisés en femmes, tout fardés et tout parés, fardés de couleurs vives qui leur laquent le visage, parés d'étoffes de chapes, brochées et brodées, roides et luisantes, jouent, ou plutôt miment, avec des gestes lents et rares, une scène d'une interminable pièce. Un instrument à cordes, monotone et aigre, accompagne cette fantomatique représentation d'un gémissement et d'un grincement. Que parlais-je de gestes? Pendant la demi-heure que nous avons passée là, les sept acteurs n'ont pas fait, à eux tous, vingt mouvements. Le décor, qui représente l'intérieur d'une pagode, avec une ouverture sur un jardin, évoque sans doute de quoi suffire à l'intérêt de ce public où il ne se prononce pas une parole, où n'éclate ni un rire, ni un applaudissement. Cinq cents de ces hommes cuivrés sont assis, immobiles dans leur costume de travail, tous pareils les uns aux autres avec leur chapeau rond, la queue tressée de leurs cheveux noirs, leur ample blouse d'un bleu sombre, avec ces éternelles faces de serpents où se brident leurs longs yeux, luisants et inexpressifs. Pas un d'eux ne paraît remarquer notre présence, quoique nous ayons dû faire quelque bruit en nous engageant dans le couloir qui descend vers la scène, entre les gradins. On les sent étrangers, à des profondeurs qui ne se mesurent point, impénétrables et surtout inintelligibles. C'est dans le choix et la qualité du plaisir que ces différences totales et foncières se révèlent, car notre amusement, c'est nous-mêmes, c'est notre indépendance et c'est notre goût, au lieu que notre travail ne fait, si souvent, que traduire l'esclavage du milieu. Ce théâtre et l'automatisme hypnotisant de son spectacle n'ont plus rien de commun avec la sorte de divertissement que nous allons chercher à la comédie. Et, de même, l'ivresse brutale et mécanique de l'alcool — notre ivresse — n'a plus rien de commun avec l'empoisonnement intellectuel de l'opium, qui demeure le vice favori de ces gens. Il faut voir quelques-uns d'entre eux se livrer aux délices de cette terrible drogue, immédiatement au sortir du théâtre, pour comprendre combien cette folie des stupéfiants correspond, dans ces natures, à des instincts profonds et sans doute indestructibles. Les deux impressions se complètent avec une puissance singulière. Nous n'eûmes que vingt pas à faire, hors de la salle de spectacle, et tout de suite nous descendîmes dans une des chambres au sous-sol qui servent, à ces maniaques, de cave à rêve. A la lumière d'un bec de gaz à demi baissé, un maigre Chinois est couché sur une natte, posée elle-même sur un lit de pierre, en saillie le long du mur. De ses mains agiles, il fourrage dans un pot rempli d'une substance noirâtre. Avec une forte aiguille de cuivre, adroitement et sûrement, il roule une épaisse boulette qu'il fait chauffer à une flamme. Puis avec la pointe de la même aiguille, sans se hâter, du même geste adroit et précis, il introduit la boulette en fusion dans la cheminée métallique de sa pipe. Il aspire quelques bouffées. La pipe est fumée, et il recommence son manège. Une torpeur de volupté nage dans ses prunelles. Encore vingt opérations pareilles, et il sera comme le gros homme dont la silhouette se dessine au fond de la cave, et qui, bouffi, livide, immobile, s'abîme dans des visions qu'aucune force humaine ne saurait lui ravir. Un souple et souriant personnage, le patron du local, court de-ci de-là, préparant des pipes et de l'opium pour d'autres habitués qui attendent leur tour de s'abandonner à l'attrait de cette mystérieuse et meurtrière extase. La solitude et la taciturnité de ce plaisir rendent cette salle presque tragique. Aucun cri, aucune parole même. Il y a comme une solennité d'initiation dans l'attitude où s'abandonnent ces dévots des paradis artificiels, et cette ivresse semble à la fois moins vile et plus criminelle, moins dégoûtante et plus inguérissable que celle du whiskey ou de l'eau-de-vie. A coup sûr elle est si autre qu'elle donne un frisson de cauchemar et que nous quittons cet antre avec un soulagement...

Les lanternes Chinoises éclairent de leur lumière falote le bas de la rue. Un tournant. Elles ont de nouveau cédé la place au gaz, et l'opium à l'alcool. Les *saloons* à présent succèdent aux *saloons*. Un policeman gigantesque et complaisant que le détective a racolé pour nous guider aux caves des fumeurs d'opium, nous arrête soudain devant une haute maison qu'il nous montre d'un geste de fierté.

— « *Well,* » nous dit-il avec la plus comique emphase, « *you may be globe-trotters,* — vous pouvez être des *trotteurs du globe,* vous ne trouverez nulle place comparable au Bismarck de New-York. Voulez-vous y entrer?... » Nous acceptons et il nous explique — ô ironie de la gloire humaine! — que ce Bismarck est simplement un endroit où on loge à la nuit pour douze, pour dix et pour sept sous. Engagés à sa suite dans un couloir sombre, nous le voyons qui parlemente avec le concierge de ce dortoir de misère. Ce dernier, après quelques difficultés jouées, — prélude d'un partage de pourboire trop intelligible pour qui a éprouvé le peu de conscience du sergent de ville Américain, — nous permet de gravir les marches d'un escalier mal éclairé qu'emplit déjà une abominable puanteur. Une porte s'ouvre au premier étage. Nous parlementons derechef, et nous pénétrons dans une immense pièce, chauffée, à ne pouvoir y respirer, par un colossal poêle de fonte. Là, dans une buée à peine brisée par de rares lumières, se profile une double rangée de lits en caoutchouc, avec une véritable jonchée de corps, les uns à moitié nus, les autres dévêtus entièrement. Ces malheureux dorment tous de ce sommeil qui ressemble à la mort et où la vie retrempe pourtant ses énergies profondes. On voit à la position de leurs membres qu'ils se sont, non pas couchés, mais abattus, mais écroulés sous la fatigue, comme ils étaient. Des plantes de pieds se dressent, noires de la fange des rues, racontant des errances indéfinies, à même le trottoir, à même le chemin. Les faces hâves de ceux qui achèvent de se *déloquer* — il faut créer des mots pour traduire l'innommable dépouillement de ces innommables haillons — nous suivent du regard, passivement, stupidement. Nous leur sommes déjà des apparitions de rêve, à travers la double vapeur de cette atmosphère épaisse et de leur envahissante lassitude. Ces dormeurs-là sont pourtant des favorisés. L'espèce de hamac où ils reposent doit leur être une singulière volupté puisqu'ils dépensent à se payer cette douceur les deux sous de surplus. Deux sous de pain! Deux sous de tabac! Deux sous de whiskey! Les hôtes de l'étage au-dessus dorment, eux, sur des planches. Ceux du troisième dorment sur le carreau. Il est bien dur dans sa promiscuité pestilentielle. Mais ce n'est pas la rue, ce n'est pas la nuit de Janvier, si meurtrière à la pauvre chair épuisée. Voilà l'idée que je lis distinctement sur le visage, fin et fatigué, d'un vieillard à barbe verdâtre, qui ôte sa jaquette, assis par terre dans ce dernier des trois dortoirs, véritable fantôme de la misère humaine, à ne jamais l'oublier, avec l'anatomie de son torse décharné où des touffes de poils grisonnaient sur des côtes saillantes. En le regardant, je me souviens que ce soir même j'étais invité à un bal dans un des palais de la Cinquième Avenue. J'ai sacrifié cette fête à cette visite. La maison m'apparaît en pensée, toute décorée de roses qui valent un dollar la fleur, tout illuminée par les toilettes des femmes qui ont sur elles pour vingt-cinq mille, pour cent mille, pour deux cent mille francs de pierreries. Le champagne qui se verse au buffet coûte vingt-cinq francs la bouteille. Et les roses se fanent sans que personne ait seulement pris le loisir de respirer la douceur de leur arome, et aucun de ces diamants ou de ces rubis n'enlève une pensée triste à celles qui les portent, et à peine ces jolies lèvres se mouillent-elles à toucher le bord des coupes où pétille le monotone breuvage... Ces contrastes entre l'affreuse réalité de certaines détresses et l'inutile insanité de certains luxes expliquent, mieux que les plus éloquentes théories, pourquoi la rage de détruire simplement une pareille société s'empare, à de certaines heures, de certaines têtes. Le policeman concussionnaire, qui aurait pu être chargé de garder ce bal comme il est chargé de garder les bouges de la Bowery, est aussi orgueilleux de cet excès de misère auquel il nous initie, que son collègue de la Cinquième Avenue doit être orgueilleux du faste de la fête. Il répète jovialement sa phrase de tout à l'heure : « Hé bien! Avez-vous rencontré de par le monde un endroit comme le Bismarck?... » Et sur le seuil, respirant la libre nuit de toute la largeur de ses robustes poumons, il ajoute : « Messieurs, vous comprendrez maintenant ce que cela vaut, une bouffée d'air frais! »

Décidément cet humoriste tient à gagner l'argent de son pourboire, car, nous voyant remués par le spectacle de la sinistre auberge, il nous invite à chasser ces visions de tristesse par une descente dans un nouveau sous-sol, chez un Italien, « où il y a toujours, » nous dit-il, « quelque *jollification.* » — Mot intraduisible, comme le *jolly* dont il dérive, et qui signifie la gaieté plaisante, la farce bon enfant, une certaine grâce brutale et de la santé. — Je lui demande, à ce propos, dans quelle nationalité se recrutent surtout les habitants du Bismarck. D'après lui, les Allemands et les Irlandais dominent. Les Américains proprement dits y sont plus rares. C'est à croire d'ailleurs, quand on fouille ainsi les bas quartiers, qu'il n'y en a pas à New-York, ou qu'ils sont tous riches, tant nous avons rencontré d'étrangers l'autre jour et cette nuit-ci, et nous trouvons de nouveau des étrangers dans la *trattoria* nocturne où notre guide nous introduit. Mais la jollification annoncée se borne à un dialogue avec un patron visiblement embarrassé et furieux dans sa politesse contrainte. Tandis que les trois compatriotes avec lesquels il causait affectent de fumer leurs longs cigares à pailles et de vider leur fiascho de Chianti sans nous regarder, le gros homme blafard aux yeux de procureur nous assure d'un ton qui pue les galères « que nous pouvons tout voir dans sa maison, qu'il n'y a rien à cacher », — il répète : « rien à cacher... » Quelle besogne de conspiration, de contrebande ou de prostitution avons-nous dérangée par notre entrée ? Le policeman, lui, doit le savoir, car il nous tire hors de cette caverne avec le même empressement qu'il avait mis à nous y pousser. Il prétend être au terme de son coin de surveillance. Nous le quittons pour achever cette nuit de basse enquête à travers une série de bals publics et de cafés-concerts. Trois de ces rendez-vous de crapule reparaissent au regard de ma mémoire au moment où j'écris ces lignes, tous trois également tragiques et significatifs. — Le premier est une espèce de bouge avec des tables fixes et un orchestre sur une estrade. Des commis et des militaires s'y pressent, et surtout des marins, toute la basse racaille du port. Des filles vont de groupe en groupe, recrues de fatigue, à la fois ivres et affamées. Trois d'entre elles s'assoient à notre table, et toutes trois demandent du punch au lait, pour se soutenir. Elles le boivent avec une avidité qui fait mal à regarder. Une d'elles avise la doublure du paletot de soie d'un de nous, elle l'étudie curieusement, puis elle s'y caresse le revers de la main, et ce rien de luxe lui donne une petite joie physique qui la fait sourire... — Le second est un cabaret plus décent, avec une arrière-salle où des employés font danser des filles au son d'une musique un peu meilleure. Une d'elles et sa sœur sont évidemment des débutantes. Elles ont dix-huit et dix-neuf ans. Elles sont jolies, douces et fines, dans de pauvres robes noires bordées de rouge. La prostitution n'a encore rien flétri chez elles du charme qui en eût fait des fiancées innocentes, de bonnes femmes plus tard, si le destin eût été autre. En pays Anglo-Saxon il n'y a jamais d'intermédiaire entre cette *girl* délicate qui s'est vendue, ou que l'on a vendue, sans vice, sans séduction, sans remords, comme on l'eût placée dans une maison de commerce, et la créature dégradée, au nez rouge, aux joues couperosées, aux yeux pleurards, à la voix rauque, dont les matelots veulent à peine. L'explication de cette métamorphose, aussi rapide qu'effrayante, est dans l'alcool. Ces deux frêles enfants à visage d'ange boivent dejà du whiskey à plein verre... — Quant au troisième de ces tristes tableaux de faubourg, c'est celui d'un autre bal, tout pareil dans son décor extérieur, seulement de jeunes hommes dansent là, au lieu des filles : des êtres ambigus avec du fard aux joues, du noir aux paupières, du rouge à la bouche. Sur le devant et pour séparer de la rue ce peu équivoque endroit, un *saloon* encore tient ses assises. Comme il n'y a qu'une porte à pousser pour entrer dans le bal, il faut croire que le patron debout derrière le bar et qui sourit aux clients avec un visage eczémateux est, lui aussi, un utile outil d'élection. Les grandes villes et les grandes démocraties ont de ces sentines dans leurs coulisses...

. . . .

18 janvier. — Ce matin nous sommes allés, D***, K*** et moi-même, visiter les deux îles de la rivière de l'Est : Blackwell's et Ward's, où se trouvent les maisons de fous et les pénitenciers. Nous devions rencontrer le détective qui nous accompagnait l'autre jour, M. Clark, à la porte des *Tombs*. C'est la prison municipale de la ville qui contient aussi une cour de police et un tribunal pour les sessions exceptionnelles. L'argot New-Yorkais l'a baptisée de ce surnom funèbre et symbolique, à cause des larges et lourds piliers Égyptiens qui lui font péristyle. Mais le métier de détective ne comporte pas l'exactitude aux rendez-vous, et M. Clark est de service. Il nous fait dire par un de ses policemen qu'il nous rejoindra plus tard, « s'il a fini à temps ». Cela signifie que le brave limier est en chasse, qui sait, peut-être à deux pas de nous, dans une de ces rues? Peut-être le criminel qu'il traque arpente-t-il ces trottoirs d'un pas désespéré, en fouillant du regard une de ces maisons qui nous paraissent si insignifiantes et qui lui seront, à lui, un asile ou une perdition? Elles défilent avec leur banalité énigmatique, sans rien révéler de leurs secrets, tandis qu'un nouveau car, puis un chemin de fer élevé, puis un autre car encore nous conduisent du côté de *Bellevue Hospital*. Une petite jetée de bois, tout auprès, sert de point de départ au bateau-passeur qui emporte, une fois par jour, vers les îles, les condamnés et les parents des fous. Une voiture cellulaire arrive presque en même temps que nous, avec sa charge de forçats. Le peuple l'appelle du classique sobriquet de *Black Maria*. Ces voyageurs qui ne reviendront, s'ils reviennent, qu'après des mois ou des années, descendent insouciamment. Ils s'engouffrent dans des chambres préparées à même les flancs du bateau, tandis que le pont s'encombre de pauvres gens, de femmes surtout, avec des paniers remplis de quelque provision pour un malheureux dont voilà tout le reste de joie. Le bateau s'ébranle. La manœuvre est faite par des hommes en uniforme brun. Plusieurs sont des nègres. Ils achèvent là de purger quelque longue condamnation. Nous commençons de causer avec le *boss,* pendant que cette étrange maison flottante avance sur l'eau crispée et qui clapote d'un clapotement sourd. Nous croisons d'autres bateaux-passeurs, des remorqueurs, des navires de commerce. Un vent âcre souffle sous un ciel contracté par la froide tension d'un noir nuage de neige. Ce rebord de la ville développe une côte râpée, comme souillée, avec une lèpre de constructions pauvres et une sinistre plage où s'amasse l'immonde déchet des approches de capitale. Le *boss,* qui fait métier de transporter de la misère, de la folie et du crime dans ce paysage de masures et de détritus, est un vieillard jovial qui mâche sa chique et darde ses jets de salive avec sérénité, en surveillant son équipe. Il nous ouvre les deux cabines où il a verrouillé les hôtes de la *Black Maria.* Celle des hommes contient environ dix individus. Leur face avilie et neutre n'exprime même plus cette résolution des *tramps,* comme on appelle les chemineaux d'ici, que l'on voit traîner sur les chaussées de New-York et ramasser les bouts de cigare orgueilleusement. Les femmes sont d'aspect plus vivace et plus tragique. Les teintes bilieuses et congestionnées, ces verts et ces roses de la peau que donne l'alcool, leur font un masque de vice sur lequel se détache l'éclat singulier de leurs regards. Toutes vieilles et ridées comme par dedans, avec leurs traits tirés dans une chair flétrie, elles fument des cigarettes, appuyées contre le mur de cette prison qui bouge. Elles sont sept : trois Irlandaises, deux Allemandes, une négresse. La septième seule est une vraie Américaine. Des malheureux qui composent l'équipage du bord, ceux qui ne sont pas noirs, sont pareillement tous des Européens. Un Français se trouve égaré parmi eux, que le *boss* nous indique. Il est de Picardie, et il est venu aux États-Unis après la guerre. Pourquoi? Il ne le confesse pas, non plus que le délit qui l'a conduit d'abord au pénitencier, puis sur ce bateau. Il était portier d'une bâtisse soi-disant meublée, laquelle était en réalité une maison de prostitution. Un détective est venu lui demander une chambre à l'heure, accompagné d'une fille. L'homme n'a pas reconnu le policier. Il a donné la chambre. Voilà pourquoi il est ici, avec ce dur visage que prennent si vite les étrangers établis en Amérique. Il nous raconte son arrivée, les premières années, sa solitude, le travail trop rude, — il était couvreur, — les gens trop implacables. Il doit dire vrai sur ces points. Cela se devine à l'amertume de sa parole. Rien ne survit en lui de la belle humeur nationale, pas même cette blague gouailleuse par laquelle le Latin prend son inutile et dernière revanche quand il est vaincu par une civilisation moins fine et plus forte. Celui-ci est réellement trop vaincu. A constater sa misère dans son infamie, je regrette moins que le chiffre de l'immigration Française sur cette terrible terre soit si bas. Les statistiques la cotent à cinquante mille quatre cent soixante têtes depuis dix ans. Il est venu en Amérique, par contre, durant la même période, un million quatre cent cinquante-deux mille neuf cent cinquante-deux Allemands. Quelle formidable somme d'épreuves certaines, de crimes probables, représente un pareil afflux d'aventuriers! On en frémit, quand on regarde d'un peu près quelque exemplaire authentique pris sur le fait.

Même singulier ramassis d'étrangers et d'étrangères entre les murs des deux asiles, celui des fous et celui des folles, que nous visitons : — le premier, dans la plus éloignée des deux îles, Ward's, — le second, dans la plus proche, Blackwell's. Ce point excepté, ils ressemblent aux autres asiles de même genre, par toute contrée. Je verrai longtemps, parmi les fous, un Allemand venu de Kœnigsberg, qui se croyait le vieil empereur Guillaume. La moustache en croc, il parlait et sacrait en se promenant, avec des gestes de menace. Et parmi les folles, je n'oublierai pas une Norvégienne aux doux yeux couleur de mer, qui jouait, assise au piano, un air très vague, indéfiniment recommencé. L'une et l'autre maison est tenue avec cette parfaite entente de l'aménagement matériel qui distingue l'Amérique et l'Angleterre. Le principe est ici, je l'avais déjà constaté en visitant les hôpitaux de Boston, d'assurer une autonomie à chaque établissement. La maison doit se suffire du grand au petit. Il faut qu'elle ait sa boulangerie pour fabriquer son pain, sa blanchisserie pour lessiver son linge et le repasser à la machine, son laboratoire pour composer ses propres remèdes. Avec une telle indépendance, l'initiative est nécessairement plus forte. S'il y a une expérience à tenter, une invention à essayer, plus n'est besoin de passer par la filière administrative et d'attendre l'ordre central. Tout se paie, et cette absence de contrôle qui semble si admirable à des victimes du despotisme de l'État, comme nous, pourrait bien avoir ses funestes côtés. Nous en avons l'impression à quelques mots que nous dit triomphalement un des docteurs. Nous demandons la permission de voir les fous furieux. — « Nous n'en avons pas ici, » répond-il. — « Comment cela ? » insistons-nous. — « Nous n'en avons pas, » répète-t-il. — « Mais quand ceux qui ne sont pas furieux le deviennent ? » — « Oh ! Nous les avons bientôt domptés. » — « Pouvons-nous voir vos appareils ? » — « Nous n'avons pas d'appareils, » répond le médecin avec fierté, « nous estimons que la contrainte physique est dégradante pour le patient, nous préférons employer la contrainte chimique, — *the chemical restraint...* » — « *They drug them to death...* Ils les droguent à mort... » nous dit K***. A-t-il raison ? Toujours est-il qu'après cette phrase, nous croyons surprendre dans les prunelles des malades la stupeur abêtie de l'opium ou de la morphine, quoique le docteur nous affirme que ces deux substances sont proscrites du traitement. Dans cet hospice de fous règne une morne terreur, au lieu que dans l'asile des folles nous demeurons touchés par un air de douceur, presque de gaieté. Les salles et les corridors sont parés de fleurs en papier, d'arbres de Noël avec des fruits en étoffe, reliques de la fête du mois dernier. Des bananes en drap jaune y alternent avec des oranges en peluche rouge. L'aimable génie du foyer, impérissable au cœur de la femme, cet instinct de maternité qui persiste même dans la folie, a suggéré aux prisonnières une gracieuse et navrante fantaisie : auprès de ces arbres de Noël, de grandes poupées, vêtues de robes tricotées, figurent les enfants pour qui elles ont rêvé de préparer ces cadeaux. Et pourtant, malgré le soin qu'elles ont pris d'orner ainsi leur cachot, elles sont bien des captives et elles le sentent. Elles disent toutes, dans leur pensée, le mot que nous prononce une d'elles, une négresse en cheveux blancs, qui passe une casaque épaisse à une autre. Cette dernière rit de plaisir, dans la chaleur de ce vêtement. — « Comme elle est contente, » fait l'un de nous, « que lui manque-t-il ? » — « *To be free*... d'être libre... ». répond la vieille moricaude ; et elles s'interrompent, l'une de son agrafage charitable, l'autre de son rire, pour regarder par la fenêtre avec des nostalgies d'animaux en cage. Quel triste symbole de la liberté pourtant que cet horizon, que cette grande plaine de l'île, stérile et nue ! Des arbres y poussent, si maigres, dans un terrain vague, verdâtre d'un gazon usé, comme pelé. Des lignes grises y serpentent, qui sont des chemins abandonnés et défoncés. Des nuages bas traînent au ciel, et deux bâtisses érigent là-bas une architecture de caserne. L'une est le *Workhouse,* la maison de charité, l'autre est le pénitencier.

C'est par la visite de ce bagne que nous terminons notre journée. M. Clark nous conduit maintenant. Il nous attendait devant la maison des folles. Comment le chien de police a-t-il su que nous étions là, justement là et pas ailleurs? Nous ne nous étonnons pas trop de son flair professionnel, non plus que de la voiture découverte par lui — comment encore? — dans cette plaine déserte. Nous n'avons pas roulé dix minutes que nous commençons de voir les galériens qui travaillent à des terrassements. N'étaient leurs costumes blancs à larges raies sombres, on les prendrait pour des ouvriers ordinaires occupés à une besogne ordinaire. L'absorption dans le labeur est un trait si Américain que ces forçats ne se distinguent point des ouvriers libres. Ils n'ont pas une physionomie plus triste que celle des mécaniciens sur leurs locomotives ou des fondeurs dans leur usine. Les chiourmes se font plus fréquentes à mesure que le large bâtiment sur la hauteur se fait plus proche. Nous y voici. Cette fois nous n'avons pas besoin de parlementer, comme à la porte du Bismarck. Notre guide se sent chez lui dans cette vaste caserne, dont il est un des plus habiles pourvoyeurs. Nous la parcourons à sa suite, intéressés surtout par la galerie des cellules où nous retrouvons l'esprit pratique du pays. Leurs fortes grilles de fer ouvrent le long d'un couloir très large qui permet la surveillance la plus aisée. Elles sont étroites, hautes et ménagées de façon à permettre l'établissement dans le mur de deux lits superposés comme ceux des cabines dans les paquebots. Une pancarte au-dessus de l'entrée porte le nom des condamnés. J'en lis quelques-uns qui corroborent mes observations de ces derniers jours. La plupart ne sont pas d'ici. Les peines sont courtes, de six mois, d'un an, de deux ans au maximum. En général, une amende s'y ajoute, de cent, de deux cents, de cinq cents dollars. Quand les condamnés n'ont pas d'argent, ils acquittent cette amende en travail, à raison d'un dollar par journée. Le régime est humain, presque confortable, si l'on songe aux âpretés de misère de la Bowery. Réveillés à cinq heures et demie, les hommes prennent, à six heures et demie, du pain et du café, de la viande à midi, du pain, de la soupe et du café à cinq heures et demie. A six heures, ils sont enfermés avec la permission de lire jusqu'à dix. Leur bibliothécaire est assis à une table, dans une des galeries, classant des fiches. Même sous la livrée du bagne, sa physionomie intelligente et sérieuse, ses mains fines, son application tranquille attestent le *gentleman*. C'est un étranger encore, un Anglais d'une excellente famille, coupable d'avoir soutenu une vie de club, de sport, de jeu et d'élégance, à coups de chèques trop habilement fabriqués. On l'emploie à la besogne dont il a paru le plus capable, et il en est de même pour les autres. Les ateliers sont peuplés ainsi d'ouvriers qui exécutent au rabais d'excellent ouvrage. Il y a, dans les pavillons qui entourent cette bâtisse centrale, une forge et une menuiserie, une cordonnerie et une serrurerie, ainsi de suite pour tous les corps de métiers. Nous voyons défiler des tailleurs, des peintres, des relieurs, des horlogers qui besognent paisiblement. Il ne leur eût pas fallu vivre d'autre sorte, au temps de leur liberté, pour être heureux. On leur rendra cette liberté, et pas un d'eux, nous assure M. Clark, ne gardera, même au plus faible degré, cette habitude du travail qu'ils semblent pourtant avoir contractée. La plupart sont des récidivistes. Ils ont pris, quitté, repris le chemin de l'atelier disciplinaire, sans que cet emploi actif de leurs heures durant cette servitude légale ait modifié la perversion de leur volonté. Quelle est donc la pièce si profondément faussée dans le rouage intérieur? Dans ce pays de toutes les entreprises, on on a essayé, pas très loin d'ici, à Elmira, de créer un pénitencier réformateur, une espèce d'hôpital moral, pour atteindre justement cette pièce intime. Il ne paraît pas avoir donné beaucoup de résultats, et l'on en arrive à cette conclusion pessimiste que la meilleure solution de ces problèmes, comme de tous ceux qui touchent aux plaies sociales, est simplement une bonne et forte police. Cette idée est affreuse. Elle semble pourtant conforme à la nature. Certains hommes naissent renards, loups et tigres; d'autres naissent chiens de garde. Cette vision d'une dualité foncière dans la race humaine, je l'avais eue en marchant dans les rues de New-York derrière Bazarow et M. Clark. Je l'ai de nouveau en entendant ce dernier dire à haute voix : « Tiens, voilà de mon gibier!... » Et il nous désigne un tourneur, un garçon de vingt ans, râblé et vigoureux, avec une face ignoblement vicieuse. — « Je l'ai arrêté de cette main, » insiste M. Clark, en ouvrant et refermant ses doigts velus. L'autre se penche sur son travail, sans paraître avoir reconnu le policier. Il se retourne aussitôt que M. Clark a repris sa marche, et il l'accompagne d'un regard chargé de haine et de terreur, en échangeant quelques paroles avec un voisin. Il y a des rêves de coups de couteau donnés par derrière dans ce regard-là. Mais le limier de M. Byrnes n'en a pas plus cure qu'un chien, qui a forcé une bête et qui en court une autre, n'a cure du regard furieux ou suppliant de la première...

. . . .

Des pages semblables, j'en pourrais extraire par centaines de mon journal de voyage. Celles-ci suffiront-elles à rendre concrète l'objection que mon ami de New-York dirigeait contre l'optimisme, un peu officiel et voulu, des deux grands archevêques catholiques? En tout cas, elles suffisent à poser en pleine lumière le fait qui me paraît dominer toute l'histoire du mouvement social aux États-Unis, et qui en éclaire les apparentes contradictions. Ce fait, c'est la présence, dans les classes d'en bas, d'un contingent étranger, si considérable qu'à de certaines minutes l'Américain, né en Amérique de parents Américains, apparaît comme une espèce d'aristocrate, trop fier pour servir des maîtres quels qu'ils soient, trop intelligent pour s'assujettir aux petites besognes de détail, et comme naturellement destiné par son imagination, par sa persévérance, par sa volonté, à enrégimenter dans ses entreprises des cohues d'immigrants dont il emploie et paie brutalement la main-d'œuvre. Ce paradoxe exagère à peine la réalité. Il suffit, pour s'en convaincre, de regarder une table de statistique, celle par exemple que les almanachs des journaux publient à chaque fin d'année. Ces chiffres incontestables donnent de ce contingent étranger un dosage plus significatif, quand on sort de ces bas quartiers de New-York où les Italiens, les Allemands, les Irlandais, les Polonais, les Juifs, les Chinois grouillent et se débattent dans une telle misère. En premier lieu, notez que cette formidable immigration est très récente. De 1789 à 1820, à peine si deux cent cinquante mille colons débarquèrent d'Europe aux États-Unis. Cela ne faisait pas neuf mille hommes par an. Les nouveaux venus de cette période se perdaient, se noyaient bien vite dans le milieu Américain qui possède encore un remarquable pouvoir d'assimilation. Mais ce pouvoir a sa limite. Et à travers les chiffres, on voit monter le flot qui peu à peu va la dépasser. A partir de 1820, c'est par année que le nombre des immigrants augmente jusqu'à se décupler, à se centupler presque. Il est de vingt-trois mille trois cent vingt-deux en 1830, de quatre-vingt-quatre mille soixante-six en 1840. Les événements de 1848 et ceux de 1849 ont pour conséquence de porter ce chiffre, pour l'année 1850, à trois cent soixante-neuf mille neuf cent quatre-vingt-six. La guerre Franco-Allemande et la Commune ont un contre-coup plus violent encore sur cet envahissement du Nouveau-Monde par les désespérés de l'Ancien. Dans l'année 1872, c'est par quatre cent quatre mille huit cent six; dans l'année 1873, c'est par quatre cent cinquante-neuf mille huit cent trois, que se comptent les expatriés qui viennent ici chercher, — quoi? Ils ne le savent pas eux-mêmes. Pour mesurer dans son ensemble cet étonnant phénomène d'une marée d'hommes, de nations plutôt, déferlant sur ce continent, les chiffres d'ensemble deviennent nécessaires. Dans les deux périodes décennales qui précédèrent celle où nous sommes, les États-Unis ont reçu d'Europe plus de trois millions d'immigrants entre 1871 et 1880, entre 1881 et 1890 plus de cinq millions et demi. La population s'est donc augmentée d'un douzième, dans ces dix dernières années-là, par voie d'accession étrangère, et cette accession était uniquement, exclusivement composée d'ouvriers. Feuilletez maintenant un guide quelconque, vous trouverez qu'à Chicago, sur un million cent mille habitants environ, il y a quatre cent mille Allemands, deux cent vingt mille Irlandais, quatre-vingt-dix mille Norvégiens, Danois ou Suédois, cinquante mille Polonais, cinquante mille Bohémiens. A Milwaukee, plus de la moitié de la population est composée d'Allemands. Ils sont deux cent cinq mille. Il y a cent cinquante mille Allemands à Saint-Louis. Denver, qui comptait trente-cinq mille habitants en 1880, en compte cent cinquante mille aujourd'hui, soit cent quinze mille de plus, tous mineurs et tous étrangers. Saint-Paul et Minneapolis sont des villes Scandinaves, et San-Francisco est tout entière peuplée d'immigrants de toutes provenances, y compris vingt-cinq mille Chinois. Devant cette évidence d'une invasion à l'intérieur, si violente et si récente, comment ne pas reconnaître que ces nouveaux venus ne sauraient, pour la majorité, être Américains que de nom? Oui, les États-Unis se sont assimilé les arrivants avec une rapidité merveilleuse, quand le travail était surtout un travail rural, quand les grandes villes modernes n'existaient pas encore, — avant 1840, il n'y avait pas en Amérique une seule cité de cinq cent mille âmes; — quand surtout ces arrivants, dispersés aussitôt dans les fermes, ne formaient pas cette cohue, compacte et presque solide, irrésistible et formidable comme un élément. Ce pouvoir d'assimilation fut miraculeux encore, voici trente ans, lorsque la guerre de Sécession recréa et retrempa la conscience de l'âme Américaine dans la communauté de la discipline et du danger. On en peut donner une preuve entre mille, bien petite mais bien remarquable. Avant cette guerre, des Allemands, sous le prétexte de réunions de gymnastique, avaient fondé un groupe de sociétés révolutionnaires avec ce titre : *Socialistischer Turnenbund.* Avant 1860, toutes étaient radicales, internationales et Germaniques. La guerre finie, elles se sont retrouvées naturellement nationales et conservatrices, pour tout résumer d'un mot, Américaines. Mais depuis ces trente dernières années, par quels moyens cette assimilation se serait-elle exercée sur ces masses serrées qui s'engouffrent hâtivement dans le labeur des grandes villes industrielles ? Ces innombrables débarqués de la veille peuvent bien se teinter d'Américanisme, ce qui signifie le plus souvent, pour eux, dépouiller le faible résidu de préjugés moraux qui leur restait de leur vie précédente. Ils apprennent même à baragouiner la langue, quoique le plus grand nombre continue de parler leur idiome natal. — La preuve en est que sans cesse dans les tribunaux les accusés et les témoins ne sont interrogés que par interprètes. — Mais que leurs idées changent, que leurs aspirations profondes se modifient, que leur âme enfin se métamorphose, ce serait folie de le supposer. Une fois sur le sol des États-Unis, ils demeurent les violents et les désespérés qu'ils étaient sur le bateau d'arrivée, d'autant plus qu'ils ont rencontré dans ce pays de leur dernière illusion la même nécessité du labeur quotidien que dans le vieux monde, et une concurrence plus âpre encore. Ils avaient débarqué avec toutes les dispositions morales qui font le révolutionnaire, et ils sont restés des révolutionnaires, prêts à suivre ceux d'entre eux qui ont transporté d'Europe ici leurs fiévreuses et farouches utopies, leur fureur d'agitation et leurs procédés d'embrigadement. Ainsi s'explique le soudain développement, dans cette libre démocratie, du socialisme le plus incompatible avec tout le passé des États-Unis, avec toutes leurs tendances, avec toute leur constitution, et il éclate en désordres aussi formidables que les grèves récentes de Chicago et de Californie, en aventures aussi grotesquement sinistres que la formation de l'armée de Coxey et sa marche sur Washington. Regardez-y de près. Ce n'est pas une guerre sociale que ces épisodes annoncent, c'est une guerre de races. Le véritable ouvrier Américain, car il existe, est bien l'homme que dépeignaient monseigneur Gibbons et monseigneur Ireland, laborieux, sérieux, respectueux de la loi, fier, par-dessus tout, de la Constitution à laquelle il obéit avec orgueil, et sans haine pour le capital. Mais à côté de lui, grouille la foule immense des ouvriers de race étrangère, animés d'idées étrangères, ignorants de l'histoire d'un pays qui ne leur représente qu'une dernière partie à jouer contre le sort, ne comprenant pas ce pays, je dirai presque le haïssant de toute la déception qu'ils y ont subie. Voici quelques mois, j'entrevoyais, en longeant le Mississipi, une Amérique d'autrefois sous l'Amérique d'aujourd'hui, et une première lutte d'extermination entre les Peaux-Rouges et les Anglo-Saxons du dernier siècle. C'est de nouveau à une question de conflit entre des gens de sang ennemi qu'aboutit cette seconde poussée de civilisation. La grande République, issue des premiers colons du Massachusetts, si intimement, si nécessairement Anglo-Saxonne dans sa langue et dans ses lois, sera-t-elle soulevée, brisée et détruite par ces éléments étrangers, qu'elle ne semble plus absorber et transformer de même depuis ces dernières années? La lutte des classes n'est ici qu'une apparence. Il y a tout au fond un duel ethnique, et on peut en suivre les péripéties dans l'histoire du *labour movement,* comme on dit ici, détail par détail, presque année par année.

Un des économistes les mieux renseignés de ce pays, M. le professeur Richard Ely, a écrit cette histoire avec beaucoup de conscience et d'impartialité. Quoiqu'il se soit placé à un simple point de vue d'analyste, la suite des faits qu'il expose montre aussitôt cette alternance de l'un et de l'autre courant, du courant Américain et du courant étranger, dans cette vaste coulée de l'inondation ouvrière. Ainsi au confluent de certains fleuves les deux nuances des eaux persistent longtemps sans se mélanger. Voulez-vous la voir à l'œuvre toute seule d'abord, cette âme Américaine? Regardez-la travailler dans les premiers essais d'organisation communiste qu'elle a tentés et qui, par les folies de leur principe, dépassent encore les pires utopies du collectivisme le plus extravagant. Vous la trouverez pareille à elle-même, toute volonté et par suite préoccupée d'abord des problèmes de responsabilité, toute action, et par suite profondément, intimement réaliste dans le détail de son entreprise, même quand le but final est une chimère. Voici, par exemple, la communauté des *Perfectionnistes* d'Oneida, œuvre insensée, s'il en fut, dans sa première conception. Un ancien étudiant de Yale, assisté d'autres étudiants de la même université, l'avait fondée. Ces jeunes gens étaient si enivrés de leur absurde logique qu'ils inscrivirent dans leur programme le *free love,* l'amour libre, sous le prétexte que l'exclusivisme est aussi coupable à l'occasion des personnes qu'à l'occasion des propriétés. Vous étudiez les règles pratiques d'une société établie au rebours de l'instinct le plus profond de la nature humaine, celui de la famille, et vous demeurez frappé de voir que ces utopistes de doctrine sont, dans l'application, des hommes d'une psychologie très sagace et très sûre. Vous les voyez, pour ne citer qu'un détail, organiser dans cette étrange communauté le *mutual criticism,* le droit de critique publique et réciproque, « afin, » disent-ils, « d'utiliser cette force perdue d'observation qui, dans le monde, est dépensée en bavardages et en inutiles médisances. » Vous considérez le résultat financier de leur tentative, et vous constatez leur habileté d'administrateurs par le bilan de leur liquidation. Ayant, en 1881, renoncé à leur programme de réformes pour se réduire à une simple société coopérative, l'actif se trouva être de six cent mille dollars pour deux cents personnes, — soit quinze mille francs par tête. Or ils avaient commencé avec d'infimes ressources. Examinez de même une autre communauté, non moins exceptionnelle dans ses principes, celle des *Shakers* de Mount Lebanon. Par-dessous le mysticisme religieux, ce qui domine chez eux c'est la connaissance pratique et sage des conditions vraies de la vie humaine. Daniel Fraser, un des plus âgés d'entre les frères, allait répétant sans cesse : « Les deux bases de la moralité sont le travail de la terre et l'hygiène. » Des habitudes régulières, une nourriture scientifiquement choisie, des maisons bien drainées, des chambres bien ventilées et d'une température constamment surveillée, — telles sont les minuties auxquelles descend leur Éthique et à de plus humbles encore. « A Mount Lebanon, » raconte le professeur Ely, « j'appris à fermer une porte sans que personne pût entendre le moindre bruit : — C'est une leçon en shakérisme, me dit Daniel Fraser, c'est le shakérisme réduit à une pointe d'épingle... » Vous reconnaissez là, sous une forme ingénue et qui fait sourire, le sentiment du scrupule et la surveillance de soi. Ce n'est qu'un cas particulier du sentiment aigu de la responsabilité. Vous y retrouvez aussi ce réalisme innocent de la vie conventuelle qui assure si vite la richesse avec de très faibles ressources. Tout se tient dans une pareille communauté, et un pareil degré de discipline ne saurait aller sans des vertus supérieures d'ordre et d'économie. Sommes-nous assez loin de l'atmosphère où se déchaînent les révolutionnaires modernes?

Mais les Perfectionnistes, mais les Shakers ont essayé des tentatives d'un ordre social très isolé et très arbitraire. Les caractéristiques de l'âme populaire, aux États-Unis, se marquent avec une netteté plus perceptible encore dans le développement des simples associations ouvrières. Car ces associations ont été vraiment l'œuvre des travailleurs, une sorte d'outillage civique fabriqué par eux pour leur usage et d'après leurs besoins profonds. Ici les deux courants sont d'autant plus visibles que le second n'est apparu qu'après le premier et très tard. Jusqu'au lendemain de la guerre de Sécession, les sociétés formées par les ouvriers manifestaient, presque sans exception, les traits distinctifs de la race Anglo-Saxonne dans sa variété Américaine. Ce furent d'abord les *trades-unions,* toutes professionnelles et toutes locales comme celles d'Angleterre : ainsi l'association des typographes de New-York et celle des *house-carpenters* de Boston, fondée en 1812. Le programme de cette dernière société se rattache bien à la lignée de ces esprits dont Robinson demeure le type idéal, parfaitement indifférents aux vastes théories générales, mais positifs et moraux, avec une force d'initiative très personnelle au service de leurs intérêts, et d'ardentes convictions chrétiennes. La charte des Charpentiers porte qu'ils se liguent dans le but « de gouverner par eux-mêmes leurs propres affaires, d'administrer leurs propres fonds, d'étudier les inventions particulières à leur art, d'assister les ouvriers sans emploi par des prêts de monnaie, de secourir les malades et leurs familles... » Si on eût parlé à ces braves gens d'une réforme universelle, si on leur eût prêché une refonte violente des rapports entre l'employeur et l'employé, une croisade du travail contre le capital, ils n'auraient certes rien compris à ces dangereuses paroles. Ils voulaient amender leur condition de travailleurs en tant que travailleurs, parce qu'en effet cela seul est pratique et moral, à la fois conforme au précepte de rendre à César ce qui est à César et vraiment utile, d'une utilité certaine, immédiate. N'est-ce pas d'ailleurs la formule entière du problème social : améliorer le riche en tant que riche, le noble en tant que noble, le bourgeois en tant que bourgeois et l'ouvrier en tant qu'ouvrier ? Ce même esprit de réalisme chrétien et de patients progrès continue d'animer les unions plus larges qui, à partir de 1825, relient entre elles de ville en ville les ouvriers de même métier, ou qui syndiquent les ouvriers de métiers différents dans la même ville. En 1833, Ely Moore, le président des *General trades-unions* de la cité de New-York, dans une adresse célèbre qui fut le premier manifeste du socialisme Américain, parle uniquement « d'élever la condition intellectuelle et morale des travailleurs, de réduire la ligne de démarcation entre l'ouvrier et le patron, de mieux administrer les intérêts pécuniaires du pauvre ». Et cette société des *General trades-unions* prévoyait déjà le danger des moyens violents, car un des articles du réglement défendait « qu'aucun corps de métier se mît en grève pour obtenir des gages plus élevés sans que le motif de cette grève eût été examiné par le conseil central ». Tel était d'ailleurs le nationalisme des ouvriers Américains à cette période, qu'un de leurs chefs, Stephen Simpson, de Philadelphie, dénonçait, dans un manuel devenu aussitôt très populaire, et avec une indignation toute puritaine, les mœurs, les idées et la littérature de l'Europe comme la source de tous les abus aux États-Unis. Un autre grand conducteur d'ouvriers proclamait la nécessité « d'arrêter l'empiètement étranger, et d'interrompre sa pernicieuse influence sur la santé morale et politique du pays ». De fait, les associations qui vont se multipliant jusqu'en 1860, sont presque toutes, profondément, jalousement patriotiques. Elles le demeurent non seulement dans leurs titres, mais dans leurs revendications qui ne supposent jamais aucun bouleversement. Une limitation plus humaine des heures de travail, une distribution plus généreuse des secours, des facilités plus grandes d'éducation, une échelle plus équitable des salaires, ces idées très raisonnables et très modérées passent et repassent sans cesse dans les programmes. Pour les réaliser, les ouvriers s'attachent toujours à l'emploi des moyens les plus pratiques, les plus conformes aussi au vieux génie Anglo-Saxon d'initiative et de liberté : ils provoquent des souscriptions personnelles, ils préconisent d'habiles manœuvres électorales, ils lancent des journaux, ils étudient des problèmes techniques. Ainsi l'association des chapeliers d'Amérique, fondée en 1854, s'occupe d'abord de la question des apprentis. Elle prétend limiter leur nombre, pour limiter du même coup le nombre des ouvriers entre qui se répartira le travail. A suivre ces ligues diverses, dans leurs efforts et dans leur propagande, on se sent pris d'un profond respect pour une si consciencieuse recherche du mieux, pour une si virile acceptation du sort, pour une énergie si continue et si lucide. On comprend ce que valait, ce que vaut encore le Yankee de bonne souche, celui dans lequel s'est imprimée la forte tradition des premiers colons de la Nouvelle-Angleterre, et l'on se rend un compte bien exact de l'étonnante déviation soudain introduite dans ce mouvement par le second courant, celui qui a rendu possibles des discours tels que ceux de M. Debs à Chicago, dénonçant une des grandes compagnies du pays, comme un chef de barbares dénonçait une ville à ruiner : « *We will side-track Pullman and his cars together...* — Nous mettrons hors des rails Pullman et ses cars tout ensemble, » et accusant le gouvernement de despotisme militaire, pour le plus légitime emploi de police.

C'est au lendemain de la guerre de Sécession que l'influence étrangère commença de se rendre perceptible, en même temps que l'immigration allait augmentant d'année en année. Pendant la guerre même, tous les Américains de naissance ou de cœur étaient à l'armée, et la main-d'œuvre étrangère remplaçait la main-d'œuvre nationale. Ce remplacement continua pendant la période qui suivit et qui fut marquée par une énorme poussée d'industrie. En 1860, les États-Unis possédaient cinquante mille kilomètres de voies ferrées; ils en possèdent deux cent quatre-vingt-un mille. Pour de semblables travaux et poussés avec cette furie, il fallut des bras et des bras, et, comme d'autre part les moyens de transport devenaient de plus en plus faciles, les immigrants affluèrent. L'Atlantique s'ouvrit comme grand exutoire par où s'écoula tout ce que la vieille Europe, et en particulier l'Allemagne, contenait de mécontents. Cette dernière contrée, la vraie patrie du socialisme révolutionnaire, avait, après 1848, envoyé en Amérique les premiers agitateurs qui aient semé, sur ce sol de volonté réaliste, des paroles d'absurde bouleversement et de sanglante utopie. Elles n'y devaient germer que vingt ans plus tard. Un tailleur de Magdebourg, Wilhelm Weitling, emprisonné dans son propre pays, puis proscrit pour délit de propagande, avait débarqué à New-York. Tout de suite, aidé par Henry Koch, un Allemand encore, il avait fondé une société révolutionnaire Allemande : le *Arbeiter Bund*. Un troisième Allemand, ami de Karl Marx, Weidemeyer, ne tarda pas à se joindre à eux. Ces trois hommes peuvent être considérés comme des échantillons très remarquables d'un type devenu aujourd'hui commun aux États-Unis : celui de l'agitateur cosmopolite, qui importe dans un pays dont il ne sait rien, ses théories de révolution construites d'après les abus d'un autre. Ils avaient tous les trois, à leur débarquement, toutes leurs convictions faites et tout leur caractère. Weitling était âgé de quarante ans, Henry Koch de trente-deux, Weidemeyer avait passé sa jeunesse à conspirer dans sa terre d'origine. Aucune de leurs idées n'était Américaine, et aucune des manifestations qu'ils provoquèrent, sans résultat immédiat d'ailleurs, ne fut Américaine. C'est ainsi qu'un club de communistes s'étant fondé à New-York, sous leur direction, en 1857, ils s'avisèrent de célébrer, l'année suivante, — quel anniversaire? Celui de l'insurrection de Juin à Paris. Plusieurs milliers d'hommes et de femmes y prirent part, qui appartenaient à tous les pays, excepté à l'Amérique. Cette société, cette fête et ce club étaient le prologue du grand drame d'internationalisme qui se joue aujourd'hui de Boston à San-Francisco. Ce mot même d'international n'était guère prononcé alors. Maintenant, et surtout depuis qu'en 1872, le grand conseil de l'Association Internationale des travailleurs s'est transporté à New-York, il se retrouve dans des centaines de programmes et dans des milliers d'articles, publiés par des journaux qui s'impriment en plusieurs langues. Même lorsque le mot n'y est pas, cet esprit international se reconnaît à l'altération essentielle des principes sur lesquels reposaient les sociétés vraiment Américaines. Plus de déclarations religieuses d'abord. Que les ligues aient nom le *Socialistic Labour Party* ou l'*International Workmen Association*, qu'elles s'appellent l'*International Working People Association* ou le *Central Labour Union*, les S. L. P., comme les I. W. A., comme les I. W. P. A., comme les C. L. U. se rencontrent dans une même absence d'idées chrétiennes. L'arrogance du matérialisme a remplacé chez leurs *leaders* la solennité à demi mystique des ouvriers encore imbus de l'esprit des *Pilgrim Fathers* : « *The Church,* » disent-ils brutalement, « *finally seeks to make complete idiots out of the mass, and to make them forego the Paradise on earth by promising a fictitious Heaven**. » Avec le Christianisme, l'humilité du cœur s'en est allée, et cette noble soumission aux lois fondamentales de la vie humaine, formulées une fois pour toutes dans le Décalogue. Sans doute certains orateurs répudient encore la violence dans les moyens, tout en se proposant la révolution comme but. Il suffit de regarder à la pratique pour reconnaître que le fond de leur pensée à tous est conforme à la terrible

* « L'Église en fin de compte cherche à rendre la masse complètement idiote. Elle lui apprend à sacrifier le paradis ici-bas à un ciel imaginaire. »

phrase de la déclaration de Pittsburg : « *Destruction of the existing class rule, by all means, i. e. by energetic, relentless, revolutionnary and international action* *. » — Partant plus de solutions lentes et sages, plus de ce positivisme intelligent et volontaire qui est l'essence même de l'âme Américaine. Plus de tradition non plus. C'en est fini de ces rappels de la grande guerre d'indépendance qui rapprochaient les pauvres et les riches dans un commun orgueil d'appartenir au plus libre des peuples. Les enfants terribles du parti exprimaient le sentiment que les autres dissimulent à peine, lorsque, déployant le drapeau noir à Chicago en 1884, ils s'écriaient : « C'est la première fois que cet emblème de la faim et du désespoir apparaît sur le sol Américain. Il atteste que ce peuple est arrivé aux mêmes conditions que les autres peuples... » Ce que ces internationalistes pensent de l'Amérique, un de leurs organes, *die Freiheit,* le disait brutalement : « Le juge Lynch est encore le meilleur tribunal et le moins coûteux de ce pays-ci... » Vous reconnaissez dans toutes ces tendances l'obscur et violent socialisme Germanique, dont sont issus le nihilisme Russe et l'anarchisme Français. C'est lui que des millions d'Allemands ont apporté avec eux depuis ces trente ans, lui qui bouillonne à travers des grèves monstrueuses comme celle de Chicago. C'est lui

* « Détruire la loi des classes, telle qu'elle existe, par tous moyens, c'est-à-dire par une action énergique, infatigable, révolutionnaire et nternationale. »

qui a coulé son métal destructeur dans les cadres des associations formées si solidement et si pratiquement par les premiers *Trades-Unionists*. Grâce à lui, ces associations se sont enflées et déformées. De véritables armées, dont les soldats ne se connaissent pas, se sont organisées sous le prétexte de fédérations ouvrières. Des généraux les manœuvrent, qui sont ou des étrangers, ou des fils d'étrangers, parfaitement indifférents à l'heureux avenir du pays où ils ont reçu l'hospitalité, comme à son histoire passée. Même les sociétés qui gardaient, comme les Chevaliers du Travail, la tradition du grand Idéalisme Chrétien, et qui voulaient permettre à l'ouvrier « de cultiver sa nature divine », sont poussées par des chefs nouveaux dans le sens de la révolution internationale, et M. Debs a pu s'écrier, l'autre mois, avec un orgueil qui, lui du moins, était encore Américain par la conception du *record* : — « Nous allons inaugurer la plus grande grève de chemins de fer que le monde ait jamais vue. » — Ce sinistre déclamateur avait cent vingt mille hommes derrière lui, cent vingt mille malheureux qui n'étaient que des mécontents et dont il a fait des affamés !

Il se rencontre parfois qu'un illustrateur de journal enferme dans le hasard heureux d'une caricature le résumé de toute une situation politique ou sociale. C'est ainsi qu'un dessin du *Fun*, vers la fin de la grève de Chicago, a ramassé, en une légende et trois figures, toute la portée de cette grève et tout son enseignement. Le traditionnel Jonathan est debout auprès d'un *rocking-chair,* les mains dans ses poches. Du coin de sa bouche rasée, il fume un cigare qu'il laisse éteindre. Il oublie même d'achever son verre de *whiskey and soda,* posé sur la table du bar. Son maigre et mélancolique visage aux pommettes saillantes, encore allongé par le bouc légendaire, exprime une méditation profonde. Il porte sur son gilet les treize étoiles, qui représentent les treize États primitifs, et qui se retrouvent sur ses monnaies. En face de lui, un policier colossal a saisi par le collet un personnage qui pourrait être aussi bien un paysan Russe qu'un ouvrier Bavarois, avec une chemise de flanelle, des pantalons rentrés dans de hautes bottes et un chapeau de feutre mou : « J'ai dû vous arrêter, Debs. Ce n'était pas une grève, c'était une révolution... » telle est la phrase que Jonathan prononce avec le flegme sérieux de quelqu'un qui a compris et qui veut. Qu'a-t-il compris ? C'est que les nouveaux venus sont en train d'accomplir chez lui un travail irréparablement hostile à toutes ses idées, à toute sa conscience, à tout son passé. Ce qu'il veut, c'est empêcher à tout prix, dût-il mourir à la tâche, cette désintégration de sa patrie. Ce formidable mouvement de Chicago aura eu cela de bon : le problème a été posé avec une si tragique netteté, qu'il a bien fallu prendre parti. Ce sera l'honneur de M. Cleveland d'avoir agi avec cette rébellion de l'Ouest, toutes proportions gardées, comme Lincoln jadis avec le Sud.

Mais ce premier épisode n'est vraisemblablement qu'un prologue encore. Regardant la carte des États-Unis et pensant qu'à partir de Chicago jusqu'au Pacifique toutes les villes de cet immense pays sont peuplées de ces nouveaux venus, on entrevoit la possibilité menaçante d'une scission entre ces deux morceaux du vaste continent, qui n'ont plus rien en commun, ni les souvenirs, ni les idées, ni les aspirations, ni même la langue. De nouveau l'image de Lincoln vous apparaît, avec son masque tout pareil à celui du Jonathan de la caricature, et vous concevez que s'il revenait dans son Chicago qui s'est Germanisé si terriblement depuis sa mort, il dirait aussi le mot de combat : « *Bound to stop you...* — Il faut que je vous arrête... » — De même que la question de l'esclavage n'a été qu'un champ de bataille où se sont heurtés deux types de civilisations contradictoires, celle du Sud et celle du Nord, il semble par instants qu'à l'heure présente l'Est et l'Ouest aillent cherchant, eux aussi, un terrain sur lequel se mesurer, ou plutôt l'Amérique des Américains avec l'Amérique des étrangers. Le *Silver Bill* fut un de ces terrains. La grève de Chicago en fut un autre. La question sociale en est un, mais permanent, et sur lequel se livrera peut-être cette bataille décisive. Les grandes formules de réformes générales n'ont ni plus de sens, ni plus d'adhérents sincères aux États-Unis qu'elles n'en ont en France. L'infinie complexité d'une civilisation ne se modifie pas au gré de nos révoltes, même les plus justifiées, ni de nos théories même les plus intelligentes. Sauf un petit nombre d'insensés, tout le monde admet, dans le for intérieur, cette trop évidente vérité, quoique presque tout le monde dise le contraire : il n'existe pas vraiment de question sociale, puisque aucune intelligence n'est capable de se représenter les données complètes de la société, et par conséquent de mesurer exactement l'effet d'une réforme un peu profonde. Mais par-dessous ces problèmes que chacun sait insolubles, d'autres forces palpitent, réelles et irréductibles. L'instinct de la race en est une, et c'est aux États-Unis que l'on peut le mieux le constater. Du jour où l'excès de l'immigration aura vraiment créé deux Amériques en Amérique, le conflit entre ces deux mondes sera aussi inévitable que celui de l'Angleterre et de l'Irlande, de l'Allemagne et de la France, de la Chine et du Japon. Ce n'est pas contre son patron que l'ouvrier Américain de New-York, de Philadelphie et de Baltimore sera conduit à faire la guerre. C'est contre l'ouvrier étranger que son patron et lui finiront par s'entendre. En résumé, il s'est élaboré dans cette vaste Démocratie une forme de civilisation très particulière, Anglo-Saxonne dans son origine. Une autre est en train de s'élaborer à travers les associations cosmopolites, et qui n'a rien de commun avec la première. Si cette seconde force aboutit, par des grèves trop générales et par des illégalités trop violentes, à une maladie de toute la vie nationale, la guerre civile éclatera. Les pessimistes prétendent que cette guerre est très proche. Les optimistes font observer que l'immigration d'une part semble diminuer, d'autre part que l'assimilation, pour être devenue plus lente et plus difficile, s'accomplit cependant d'une façon irrésistible, et que ces étrangers s'américanisent un peu davantage chaque année, presque chaque jour. Ils démontrent que le Christianisme continue de disputer au matérialisme les masses révolutionnaires, et que les pasteurs protestants rivalisent de zèle avec nos évêques catholiques, quand il s'agit du peuple. N'est-ce pas un ministre réformé qui a jeté ce beau cri que l'on croirait échappé au cœur généreux de monseigneur Ireland : « Le problème, disent les théologiens, est d'introduire les masses dans l'Église. J'affirme, moi, que le problème est d'introduire l'Église dans les masses. L'Église, c'est le levain. Les masses sont la pâte qu'elle seule soulèvera... » Les optimistes ajoutent qu'en Amérique les capitalistes sont des hommes encore pénétrés de l'énergie primitive, et qu'ils sauront au besoin défendre leurs intérêts avec une vigueur personnelle bien différente de la spirituelle faiblesse des nobles de 89, ou de l'indolente lâcheté des petits rentiers Européens de 1894. Dès aujourd'hui n'opposent-ils pas aux ligues ouvrières des ligues aussi intransigeantes sous les titres divers d'*Associations*, de *Combinations*, de *Pools*, de *Trusts* et de *Consolidation?* Pour le psychologue, qui aperçoit dans cette société Américaine une expérience sans analogue, les années qui vont venir seront plus intéressantes ici que partout ailleurs. Car après avoir constaté toutes les nouveautés de ce Nouveau-Monde, on demeure étonné de reconnaître que ce continent traverse au fond, sous des formes particulières, les mêmes crises que l'Ancien. Si le problème social n'est, aux États-Unis, qu'un problème de nationalités, le problème politique de l'Europe, armée jusqu'à en mourir, est-il autre chose? Tant il est vrai que les idées et les constitutions, les doctrines et les systèmes ne sont que des apparences, sous lesquelles travaille un petit nombre de faits, toujours les mêmes, depuis que le monde est monde, toujours irréductibles et réels comme la durée et comme l'étendue, conditions premières et dernières de tout notre être, de toute notre activité, de nos triomphes et de nos désastres; — et parmi ces faits le plus irréductible, le plus réel, le plus essentiel, le seul essentiel peut-être, demeure la Race.

FIN DU PREMIER VOLUME

TABLE

Paris. — Imp. A. Lemerre, 25, rue des Grands-Augustins.

ŒUVRES

DE

Paul Bourget

Édition elzévirienne

Poésies (1872-1876). *Au bord de la Mer.* — *La Vie inquiète.* — *Petits Poèmes.* 1 vol. . . . . 6 »
Poésies (1876-1882). *Edel.* — *Les Aveux.* 1 vol. . . . . 6 »
L'Irréparable. — *L'Irréparable.* — *Deuxième Amour.* — *Profils perdus.* 1 vol. . . . . 6 »
Cruelle Énigme. 1 vol. . . . . 6 »

Édition in-18

ROMAN

L'Irréparable. — *L'Irréparable.* — *Deuxième Amour.* — *Profils perdus.* 1 vol. 3 50
Pastels (*Dix portraits de femmes*). 1 vol. 3 50
Nouveaux Pastels (*Dix portraits d'hommes*). 1 vol. . . . 3 50
Cruelle Énigme. 1 vol. 3 50
Un Crime d'Amour. 1 vol. 3 50
André Cornélis. 1 vol. 3 50
Mensonges. 1 vol. 3 50
Le Disciple. 1 vol 3 50
Un Cœur de femme. 1 vol. 3 50
Physiologie de l'Amour moderne. 1 vol. 3 50
La Terre promise. 1 vol. 3 50
Cosmopolis. 1 vol 3 50
Cruelle Énigme (*Collection Guillaume-Lemerre*) 1 v. in-18. 4 »
Un Scrupule. 1 vol. in-32 illustré par Myrbach. . . . . 2 »
Un Saint. 1 vol. in-32 illustré par Paul Chabas. . . . . 2 »
Steeple-Chase. 1 vol. in-32 illustré par André Brouillet. . 2 »

Essais de Psychologie contemporaine. (*Baudelaire.* — *M. Renan.* — *Flaubert.* — *M. Taine.* — *Stendhal.*) 1 vol. 3 50
Nouveaux Essais de Psychologie contemporaine. — (*M. Dumas fils.* — *M. Leconte de Lisle.* — *MM. de Goncourt.* — *Tourguéniev.* — *Amiel.*) 1 vol. 3 50
Études et Portraits. (*I. Portraits d'écrivains.* — *II. Notes d'esthétique.* — *III. Études Anglaises.* — *IV. Fantaisies.*) 2 vol. . . . . 7 »
Sensations d'Italie (*Toscane. Ombrie Grande-Grèce*). 1 vol. 3 50
Outre-Mer (*Notes sur l'Amérique*). 2 vol. . . . . 7 »

Cosmopolis, roman. 1 vol. in-8°, illustré par *Duez*, *Jeanniot et Myrbach*. Broché 10 fr., relié 15 fr. (*Épuisé*).

Paris. — Imp. A. Lemerre, 25, rue des Grands-Augustins. 4.-2213.

www.ingramcontent.com/pod-product-compliance
Ingram Content Group UK Ltd.
Pitfield, Milton Keynes, MK11 3LW, UK
UKHW020602230726
13926UKWH00005B/2151